传媒艺术类应用型本科教材

刘艳欣　郑焕然◎主编
张智宇　程会娜　王冰雪　王　菁　张玮红◎副主编

单排轮滑球教学与训练

Inline Hockey
Teaching and Training

中国国际广播出版社

前　言

单排轮滑球项目，隶属于中国轮滑协会，是一项集竞技、健身和娱乐于一体的团队协作性球类运动项目。近年来在我国迅速兴起的单排轮滑球，受到许多运动爱好者，特别是青少年的青睐，是“健康中国”的重要组成部分，更是响应第24届冬季奥林匹克运动会（简称2022年北京冬奥会）“轮转冰”发展战略，为我国冬季奥林匹克运动会（简称冬奥会）项目输送大量后备人才，还带动轮滑球相关体育产业发展。但该项目发展较晚，在技术、战术、科学选材等方面科学研究较为滞后，尤其是相关教材较少。本着“服务社会、创新发展、与时俱进、精益求精”的指导思想，本团队致力于编写适合单排轮滑球推广的实用性教学训练教材。

本教材编写组结合近十年团队在轮滑球项目上取得的成果，如本校单排轮滑球队曾多次代表所在省市和学校参加全国比赛并取得优异成绩、相关课程获得省级一流建设课程、本团队获得省级优秀教学团队等，尤其是具备一定的单排轮滑球在高校开展的实践探索经验，并将积极借鉴他人的研究成果，坚持继承与创新、改革与发展等。在编写过程中，本团队从单排轮滑球的运动项目技术发展实际出发，坚持教学性、实用性、科学性和先进性；从项目的教学和训练内容、方法、手段等方面进行突破，争取做到系统化、科学化和可操作化。同时，本教材从技术与战术、教学与训练、一般体能、专项体能等角度进行分析，以满足对知识普及、能力提高、文化传承、实践应用等不同人群的需要，进而为我国单排轮滑球运动的开展和推广做出贡献。

本教材由本教学团队的郑焕然教授和刘艳欣副教授（高级教练）担任主编，张智宇、程会娜、王冰雪、王菁、张玮红等担任副主编。本教材主要内容的大致编写分工如下：程会娜编写“第一章　单排轮滑球运动发展简史”，王冰雪编写“第二章　单排轮滑球教学方法与训练原则”，张智宇编写“第三章　单排轮滑球技术教学”，刘艳欣编写“第四章　单排轮滑球技术与战术训练”，王菁和张玮红编写“第五章　单排轮滑球力量训练”。

本教材所有技术动作示范图片由张智宇、张玮红、侯绪富、张一涵和郭佳乐提供，并已征得相关人员版权使用的同意。在编写过程中，本团队曾参阅并引用兄弟院校和同行的有关教材和资料，在此一并表示感谢！

由于编写人员的水平、经验和时间有限，书中难免存在不妥或者错漏之处，敬请广大读者批评指正。

《单排轮滑球教学与训练》编写组

2023年2月6日

目 录

第一章　单排轮滑球运动发展简史

第一节　单排轮滑球概述

一、单排轮滑球概念

谈到单排轮滑球（Inline Hockey）的起源，我们首先要弄清楚什么是单排轮滑球？单排轮滑球，起源于冰球和轮滑运动，是国际轮滑联合会（FIRS，International Roller-skating Federation）下辖的一个正式竞技体育项目。

付进学和王晓亮在《单排轮滑球教程》中指出，单排轮滑球运动是运动员脚穿单排轮滑球鞋，手持轮滑球杆，在轮滑球场上快速滑行、运球、传接球、射球等，力争将球射入对方球门的对抗性集体运动项目，是一项快速敏捷的轮滑技艺与娴熟高超的用杆技巧相结合的运动项目。这项运动在我国开展较晚，对场地的要求并不是很统一，但这正是这项运动快速推广的重要原因。

单排轮滑球比赛场地可以是木质地面、水泥地面、柏油地面、悬浮地板、复合材料地面等，可以在室外、半室外和室内进行；比赛用球与冰球相比，两面多出数个塑料“疙瘩”，用以减少球与地面接触面积，以减少阻力。双方球员使用球杆将球射入对方球门得分。该项目包括守门员在内，每支球队有5名运动员上场比赛，通常每支球队共有16名运动员。

在比赛规则方面，单排轮滑球大致与冰球相同，只是没有死球和越位规则，更不允许冲撞。在运动员穿着上，单排轮滑球运动员需要脚踩轮滑鞋，冰球运动员则需要脚踩冰刀鞋；单排轮滑球（护胸和防摔裤）要简单一些，单薄一些。

二、单排轮滑球的特点

轮滑球分为双排轮滑球（Rink Hockey）和单排轮滑球。这一竞技运动，在传入我国不到20年时间里，以超乎寻常的惊险刺激体验吸引大众的注意力，成为一大体育娱乐热点项目。

轮滑球来自它的比赛场面速度快，精彩激烈，而且其运用的掩护、阻挡等战术和队员配置和篮球很相近。场地是平整坚硬的水泥地板、木质地板或砖面地板即可，理想场地的地面材质为悬浮地板，理想面积是50米×25米。根据场地的主要用途（比赛或教学）、适用年龄群体（幼儿、青少年或成年人）等，场地可以在长宽比为2∶1，尺寸为60米×30米、44米×22米、40米×20米、30米×15米、20米×10米等范围内。

轮滑球融合冰球和马球两种运动项目的特点，以个人技巧和团体协作为基础，比赛规则宽松，具有很强的对抗性，运动器材为单排或双排溜冰鞋，故分为单排轮滑球和双排轮滑球两个组别进行比赛。目前，我国双排轮滑球开展相对较少，单排轮滑球开展较为广泛。本教材主要介绍单排轮滑球。

第二节　轮滑运动的起源与发展

一、轮滑运动的起源

随着体育运动不断发展，人们为了解决在无冰季节或者无冰场地可以更好地从事滑冰和冰球运动，逐渐在此基础上演变为轮滑运动和轮滑球运动，其中单排轮滑球运动是结合冰球和轮滑运动发展起来的运动之一。在介绍单排轮滑球运动之前，我们先了解一下轮滑运动的起源和发展。

（一）初期阶段

轮滑运动是从滑冰运动发展而来，是在不结冰的季节进行类似冰上运动的训练而产生。学界对轮滑运动的起源有几种不同的说法。

第一种说法是，溜冰鞋的雏形诞生于1100年，猎人把骨头装在长皮靴的脚掌位置，帮助他们在冬天打猎。1700年，有个苏格兰人创造了第一双溜冰鞋，他希望能在夏天模拟冬天溜冰，就在鞋底装上长木条。正是在这一年，爱丁堡成立第一家溜冰俱乐部。

第二种说法是，轮滑起源于荷兰。早在18世纪初，荷兰的滑冰爱好者为了一年四季都能享受滑冰的乐趣，创造了轱辘溜冰运动。他们用皮带将4个大木头轴捆绑在鞋子底下，在光滑的地面上滑来滑去，新颖独特。这种轱辘溜冰后来在英国、比利时、法国等欧洲国家也流行起来。

第三种说法是，第一双轮滑鞋是英国人发明的。1760年，伦敦乐器制造商约瑟夫·梅林决定手工制造一双有金属轮子的长靴。1761年，他把自己的杰作带到伦敦工业博览会上展示给热情的观众时却发生了意外。在不知道如何刹车、如何控制那双靴子的情况下，他撞向一面价值500英镑的镜子，不仅人受伤了，而且把镜子打破了。这件事被媒体报道后引起了巨大轰动，轮滑也因此被视为一项“危险的运动”，在相当长一段时间内受到人们冷落。

1819年，法国人伯第特·布莱特首次获得制造溜冰鞋的专利权。他制造的溜冰鞋是在木制鞋底安上排列成一行、尺寸大小相同的小滚子，而这些滚子多数是硬木的，甚至还有名贵象牙的，工艺精致。但这种溜冰鞋不能做曲线或弧形运动，只能向前滑行，活动范围和花样受到限制，因未达到预期效果而没有广泛流行。

（二）正式推广阶段

真正将轮滑运动推广开来的是美国人詹姆斯·普利姆普顿。他于1863年设计了一款新型溜冰鞋，用金属轮子代替木质轮子，不仅安全灵巧，而且可做曲线或弧形滑动，吸引了众多溜冰迷。同年，在纽约市，一座耗资10万美元的轮滑运动场问世，这项新兴运动很快风靡美国。三年后，詹姆斯·普利姆普顿开办第一座室内溜冰场。1881年，滚珠轴承制成的轮子出现，将轮滑运动推向新的高潮，并由娱乐性向竞技性发展，先后出现花样轮滑、速度轮滑、轮滑球等比赛项目。

1866年，在美国成立的纽约轮滑运动协会，成为最早的轮滑运动组织。

1879年，英国成立国家滑冰协会。4年后，轮滑运动隶属于该会管辖。1884年，英国首次举办全国轮滑锦标赛。

1892年4月1日，国际轮滑联盟在瑞士成立，使轮滑运动向正规化、国际化方向发展。

20世纪初，轮滑运动在美洲和欧洲得以广泛开展，有关国家纷纷成立速度轮滑俱乐部。

1908年，英国修建了世界上最大的轮滑场。

1910年，欧洲开始出现轮滑球赛。

1924年4月，瑞士、英国、德国和法国发起成立国际滚轮溜冰联合会（Federation-International Roller-Skating）。1952年，国际滚轮溜冰联合会改为现名国际轮滑联合会。国际轮滑联合会的工作用语为英语、西班牙语和法语，总部设在西班牙巴塞罗那。目前，全世界共有98个国家和地区加入该协会，分属国际轮滑联合会承认的非洲轮滑联合会、亚洲轮滑联合会、欧洲轮滑联合会、大洋洲轮滑联合会和泛美地区轮滑联合会。

1926年，第一届欧洲轮滑锦标赛举行，参赛国有英国、法国、德国等6个国家。

1940年4月28日，在罗马举行的第43届国际奥林匹克委员会会议上正式承认轮滑项目的国际联合会。这一决定，使轮滑运动很快从欧洲传至北美洲、南美洲、非洲、大洋洲等地，各地相继开展轮滑锦标赛。

1995年，娱乐与体育电视网（ESPN，Entertainment and Sports Programs Network）第一届极限运动会把轮滑运动推向繁荣。

到21世纪，轮滑运动成为一种时尚休闲运动，风行世界各地。

2010年，轮滑成为第16届亚洲夏季运动会（简称广州亚运会）正式比赛项目。

目前，轮滑运动既是一种休闲运动，也是一项全世界青少年为之倾倒的竞技体育运动。

（三）在中国的发展

在我国，轮滑运动最初被称为“旱冰”。1986年，原国家体育运动委员会（1998年改组为国家体育总局）正式将其命名为“轮滑运动”。轮滑运动包括速度轮滑、花样轮滑和轮滑球三个项目。轮滑运动在我国流行大约始于19世纪30年代，但长期以来一直作为群众性娱乐活动和杂技表演项目。轮滑运动真正成为体育运动竞赛项目，是在20世纪80年代。

我国于1980年正式成立中国轮滑协会，并于同年9月加入国际轮滑联合会，于1986年加入亚洲轮滑联合会。

1982年5月，我国在上海首次举办“金雀杯”速度溜冰全国邀请赛，丹东、青岛、郑州等城市的多名运动员参加了比赛，其中花样轮滑作为表演项目。

1983年10月，第一届全国轮滑锦标赛在北京举行。

我国从1985年开始参加国际比赛。1985年8月，长春第一汽车制造厂速度轮滑代表队参加了在美国举行的男子第16届、女子第13届世界速度轮滑锦标赛，其中曲爱红获女子1500米第15名，女子团体获总分第9名。

1985年10月，黑龙江省速度轮滑代表队和花样轮滑代表队参加了在日本举行的第一届亚洲轮滑锦标赛，其中张晶敏获300米第4名和1500米第5名，史淑花获5000米第4名，颜彤丹和崔勇分别获5000米和10000米第6名，速滑获团体总分第4名（8个国家和地区参加）。1987年9月，我国轮滑代表队在韩国参加了第二届亚洲轮滑锦标赛。我国运动员获3枚银牌、3枚铜牌、5个第4名、3个第5名和3个第6名。

2014年，全国首届青少年单排轮滑球锦标赛在沈阳举行。

2016年2月1日，国际轮滑联合会授予南京“世界轮滑之都”称号。南京成为世界上第一座，也是唯一一座获此荣誉的城市。

2016年9月，2016年世界速度轮滑锦标赛在南京举行。

2017年9月上旬，由国际轮滑联合会创办的首届世界全项目轮滑锦标赛在南京举行，首座世界轮滑博物馆落户南京，地点确定在南京奥林匹克博物馆。

2018年和2019年的全国轮滑锦标赛（全项目）均在浙江丽水举行。

2019年全国少年轮滑锦标赛在广东省顺德举行。

受新冠疫情影响，2020年至2022年的全国轮滑锦标赛停办。

二、轮滑运动形式

轮滑运动可以增强臂、腿、腰、腹等的肌肉力量和各关节的灵活性，对提高平衡能力有特殊效果，而且对心脑血管和呼吸系统的机能有改善和增强作用。青少年参与轮滑运动，可以从中得到启发和磨炼。

轮滑鞋主要分为双排轮滑鞋、单排直列式轮滑鞋和其他形式的轮滑鞋。双排轮滑鞋滑行技巧不太好掌握，正被逐渐淘汰；单排直列式轮滑鞋是当前主流。

单排轮滑鞋又可以分为休闲轮滑鞋、竞速轮滑鞋、极限轮滑鞋、单排轮滑球鞋等。单排轮滑鞋出现和相关技术发展，极大推进了单排轮滑球运动的推广普及。

1992年，双排轮滑组别的轮滑球项目出现在第25届夏季奥林匹克运动会

（简称巴塞罗那奥运会）舞台上，这也是唯一一个在本届奥运会上出现的轮滑项目。随着轮滑运动发展和器械改进，轮滑运动逐渐形成12个运动项目，分别是速度轮滑、自由式轮滑、花样轮滑、极限轮滑、单排轮滑球、双排轮滑球、轮滑回转、轮滑速降、滑板、轮滑阻拦赛、轮滑场地障碍追逐赛、小轮车等。

第三节　轮滑球运动的起源与发展

轮滑球运动是近年来我国兴起的一项体育运动，我国南方的广州、香港等仍称之为溜冰球，哈尔滨、长春等称之为旱冰球，台湾称之为溜冰曲棍球，澳门称之为雪屐曲棍球。这项运动是运动员脚穿轮滑鞋，手持球杆，在一定规则条件下，把轮滑与打球结合在一起的运动。

轮滑球比赛在围栏围起来的平滑场地上进行。比赛时，每支球队上场5名运动员，包括一名守门员、两名前锋和两名后卫。他们脚穿轮滑球鞋，手持曲形球棍，在场上滑行、运球、传球、射门等，相互进攻或防守，最终以射中球门多者为胜利者。轮滑球比赛速度快，紧张激烈，既有很高的观赏价值，又是培养和锻炼青少年身心健康的一项有益体育运动。

单排轮滑球运动是轮滑球运动的一种。轮滑球又叫作轮滑曲棍球，分为单排曲棍球和双排曲棍球，是冰球的变种运动。本书着重介绍的单排轮滑球就由单排曲棍球发展而来。

一、单排轮滑球的起源

轮滑曲棍球起源于英格兰，但这项运动在西班牙、葡萄牙、阿根廷等拉丁语系国家更为盛行。关于轮滑球运动的介绍主要分为两派：一派以北美国家为主，主要是关于单排轮滑球运动的；而另一派以欧洲国家为主，主要是关于双排轮滑球运动的。本书主要介绍单排轮滑球的相关技术和特点。

随着轮滑运动不断发展，尤其是轮滑鞋不断改良，到19世纪晚期轮滑球逐渐出现，尤其是滚珠轴承于1884年应用在轮滑鞋中，进一步促进了轮滑球运动开展。1910年，欧洲开始出现轮滑球赛。

直到1979年，美国冰球运动员斯科特·奥尔森和布伦南·奥尔森（Scott Olson and Brennan Olson）兄弟二人为了在球季之余继续练习冰球，在家乡明尼苏达州明尼阿波利斯城将轮子装在刀底座之内，设计了第一双单排轮滑鞋。这种轮子排列成一条直线的溜冰鞋，英文名为In-line Skate，这就是单排轮滑的正式名称。奥尔森兄弟还对他们的溜冰鞋重新进行了设计和制作。他们根据轮滑鞋原理，采用现代材料聚氨酯做轮子，制造了如今的单排轮滑鞋。这标志着现代单排轮滑球运动的诞生。他们将二人开办的公司命名为ROLLERBLADE，也就是现今“直排轮滑”的同义词。他们将单排轮滑鞋应用于冰球训练运动，突破了在规定时间才能到冰球馆打冰球的限制。

其中，斯科特·奥尔森于1983年成立专门生产单排轮滑鞋的器材公司，促使这项运动迅猛发展。随后，这家公司开始研发各种不同用途的轮滑鞋，1994年更是把简易刹车系统引入轮滑鞋生产领域，推动轮滑成为一种时尚休闲运动，风行世界各地。

这种单排轮滑鞋问世以后，孩子可以不受限制地随时随地打冰球了。他们可以在一段空闲的街道或马路上，用物品或球鞋摆两个球门，手持冰球杆，脚踩轮滑鞋，就打起冰球。所以，最初10年间，人们把这种游戏称为街道冰球（Street Hockey）。由于单排轮滑球对场地没有严格要求，这项运动很快风靡全球。

轮滑曲棍球是一种快节奏的运动项目，也是一种有身体接触的运动项目。与冰球不同，轮滑曲棍球没有蓝线或者防守区域，再加上上场运动员比较少，比赛节奏很快；传统上有两个20分钟时间段的比赛，或者四个10分钟时间段的比赛。

二、轮滑球运动组织的产生与发展

19世纪初，轮滑运动在英国诞生后，在欧洲和美国逐渐流行起来，特别是受到某些王室贵族青睐，如意大利王室就在王宫内组织过轮滑观赏节，更以娱乐和运动的形式普及开来。但某些喜欢竞争和刺激的人不满足于速滑和舞蹈一类的活动。19世纪70年代末，英国人设计了一种脚穿轮滑鞋打球的游戏，称之为滚轮溜冰球（rind polo）。当时，他们开始在伦敦的丹麦高地溜冰场进行这种比赛性质的游戏，吸引了众多观众。随着参加人数增多，器材和比赛方法不断改进，出现了业余滚轮滑冰曲棍球协会（Amateur Hockey Association）。这是英国，也是世界上最早的轮滑球组织。此后，该项活动在西欧普及开来。1913年，英国人将该协会改名为国家滚轮溜冰曲棍球协会（National Hockey Association）。

1924年4月21日，德国、法国、英国、瑞士等四国代表在瑞士召开会议，正式成立国际滚轮溜冰联合会，决定将轮滑球作为一项重要活动来开展。1926年，第一届欧洲轮滑球锦标赛举行，英国、法国、德国、意大利、瑞士等6个国家的球队参加了这项赛事。

自1936年起，国际滚轮溜冰联合会轮滑球委员会开始举行正式的世界轮滑球锦标赛。

随着轮滑运动发展，1940年4月28日，在罗马举行的第43届国际奥林匹克委员会会议上正式承认轮滑项目的国际联合会。这一决定使轮滑球运动很快从欧洲传到北美洲、南美洲、非洲、大洋洲等地，各洲也相继开展轮滑球锦标赛。经过第二次世界大战期间停赛后，1947年又恢复世界锦标赛，并由三年一届改为每年一届。1952年，国际滚轮溜冰联合会正式更名为国际轮滑联合会。亚洲的日本于同年加入该组织，成为国际轮滑联合会的亚洲最早会员国，也使轮滑球运动遍及五大洲。自1956年起，改为每两年一届。由于参赛队数不断增多，自1984年起分为A组和B组两组，两组同年举行比赛。自1988年起，A组锦标赛在单数年举行，B组锦标赛在双数年举行，采取升降级制度；A组第10名至第12名有资格次年参加B组的比赛，B组前三名有资格翌年参加A组的比赛。

国际轮滑球委员会（Comite International de Rink Hokey）是国际轮滑联合会下设的三个项目国际委员会之一，主管轮滑球相关事务。它在遵守国际轮滑联合会章程的前提下定有自身的章程和竞赛规则，安排世界锦标赛，推动轮滑球运动发展。

国际轮滑球委员会常设一个执委会，由一名主席、一名副主席和四名委员组成，其中一名委员担任国际仲裁委员会（Commission International Arbitres）主席，主管有关规则和裁判方面的事务。国际轮滑球委员会每两年召开一次会员代表大会，由执委会决定时间、地点、主持会议人选等。

三、单排轮滑球国际发展

（一）开展现状

轮滑球运动开展100年来，有些国家极为重视这项运动，设有职业俱乐部，各个梯队比赛制度十分严格，形成了一套连贯网络体系，十分有利于该项运动发展进步，再加上器材和科研很发达，使它们在世界轮滑球运动上立于不败之地。例如，葡萄牙、西班牙、意大利、阿根廷等四个国家几乎包揽世界锦标赛的前三名。此外，德国、巴西、智利、英国、美国等也具有相当高的水平。我国于1990年首次参加世界锦标赛。

（二）重要事例

第一，国际轮滑联合会按照冰球规则修改成轮滑球规则，并定于1995年举办世界锦标赛，目前每次约有20个国家参加，并同时举办女子组和青少年男女组的锦标赛。

第二，国际冰球联合会自1996年开始，也是每年一届，目前已经有20多个国家参加，分为AB两组和加入B组的资格赛，但目前仅限于男子比赛（现在已改为两年一届）。

第三，2005年举行的第十一届亚洲轮滑锦标赛，单排轮滑球作为表演项目。

第四，2010年（台湾）、2012年（合肥）、2014年（海宁）、2016年（丽水）的亚洲轮滑锦标赛，都是综合型轮滑项目比赛，单排轮滑球也包括在内。

四、单排轮滑球国内发展

（一）开展现状

中国的轮滑球运动起步较晚，但发展速度较快，尤其是为迎接2022年北京冬奥会，我国出台了许多政策，鼓励在少冰缺冰地区进行轮滑运动训练，通过“轮转冰”跨项选拔冰球运动后备人才，在国际比赛中取得了突出成绩。我国自2003年起正式开展单排轮滑球运动，随后每年都会有大大小小的比赛。从最初一场比赛只有将近10支轮滑球队参加，现今发展到有40多支球队参加。可见，这项运动在我国发展十分迅速。

根据近些年来的轮滑队伍统计数据，国家较大比赛的参赛队伍一般来自北京、上海、广东、江苏、安徽、天津等省份，大部分来自经济发达省份，而西北地区和西南地区很少有成熟的单排轮滑球队，甚至没有球队。可见，我国单排轮滑球运动发展速度可观，但是没有达到全国普及的程度。

单排轮滑球除了全国普及程度不高，还有其他一些亟待改进的地方：宣传不到位，参与人口基数增速缓慢；场地、器材等短缺，难以满足需求；教练员水平参差不齐，综合水平有待提高；科学研究力量薄弱，影响训练水平；等等。

（二）重要事例

2004年5月，中国冰球协会在北京举办首届陆地冰球教练员/裁判员培训班。

2006年，中国轮协翻译了国际轮滑联合会的规则，同时制定单排轮滑球运动员等级标准。

2007年7月26日，广州珠江职业技术学院承办首届全国单排轮滑球锦标赛。

2007年11月，中国轮滑协会派队参加首届亚洲轮滑球锦标赛，并夺得冠军。

2008年，组建国家队参加世界单排轮滑球锦标赛，获得第三名的好成绩。

2010年5月，在合肥第四届全国体育大会上，单排轮滑球首次进入全国性运动会。

2017年，在天津举办的中华人民共和国第十三届全国运动会，增设轮滑冰球项目。

2024年，内蒙古自治区举办的中华人民共和国第十四届全国冬运会，增设轮滑冰球项目。

（三）发展概况

1980年9月，中国加入国际轮滑联合会，速度轮滑和花样轮滑率先组队训练并参加比赛。轮滑球运动起步较晚，广州、哈尔滨、长春、北京等城市的爱好者，在不知具体规则也没有正式场地和器材的情况下，脚穿简易轮滑鞋，手持冰球杆进行了轮滑球练习。这是在速度轮滑和花样轮滑的影响下，群众自发的轮滑球运动。

1988年夏，我国组建第一支轮滑球队伍——广州轮滑球队，并在广州举行了首届由广州、香港和澳门参加的希尔顿杯穗港澳旱冰球邀请赛。这是中国大陆举行的首次轮滑球比赛。由于澳门开展轮滑球运动的历史悠久，澳门队的技术和战术具有一定的水平。通过比赛和交流，我们对轮滑球运动的技术、战术、比赛规则等有了进一步了解。同年11月，长春市和哈尔滨体育学院组建北方的两支轮滑球队，由一批年轻冰球运动员改项从事轮滑球运动，并进行了正式训练。第二年年初，又有几个单位相继组队，准备迎接首届全国轮滑球锦标赛。

1989年6月份，第一届全国轮滑球锦标赛在吉林省白河林业局举行，共有5支球队参赛。比赛结果是：白河林业局一队（即长春队）获冠军，哈尔滨体育学院队获亚军，白河林业局二队获季军，浙江前卫队获第四名，山东队获第五名。8月份，长春队到澳门参加第二届穗港澳比赛，并以3∶1战胜澳门队。此次比赛初步取得国际比赛经验，为参加亚洲比赛奠定了基础。

1989年9月，为迎接10月中旬在我国杭州举行的第三届亚洲轮滑锦标赛，原国家体育运动委员会组建由哈尔滨体育学院队和长春市队组成的第一支中国轮滑球集训队，进行了系统的轮滑球训练。首次参加国际正式比赛的中国轮滑球队，经过全体队员的顽强拼搏，分别以4∶1、7∶3、11∶0、8∶1和6∶2战胜澳门队、印度队、日本队、韩国队和中华台北队，以五战全胜的悬殊比分荣获冠军。中国队雄踞榜首，对国内外影响很大，震动了亚洲轮滑球界。

中国队的成功之路在于：第一，采用科学便捷的选材方法，把熟练掌握冰球技术、战术意识强、心理素质好的队员选为轮滑球运动员。第二，把科学研究同训练比赛紧密结合在一起，及时掌握各队的信息，有的放矢，为实现竞赛最高目标而努力。第三，加强赛前训练，把技术、战术、身体机能水平和心理素质调整到最佳状态参加比赛。第四，积极稳固地进行防守是取得胜利的基础。在五场比赛中，中国队总共失7分，平均每场失1.4分，是8支球队失分最少的球队，这是防守成功的标志。第五，抓住战机，配合简练，以快制胜，出其不意，攻其不备，中国队5场比赛共得36分，平均每场得7.2分，是进攻成功率最高的队，以11∶0大胜日本队是综合进攻能力的表现。

1990年7月，全国轮滑球锦标赛在广州举行，参赛球队名次依次是林业体协队（长春队）、哈尔滨体育学院队、佳木斯队、广州队、白河林业局队和浙江前卫队。赛后选拔组建国家队，于11月到澳门参加第29届世界轮滑球B组锦标赛，在有22支球队参加的世界大赛中，取得了第8名的成绩；在亚洲8支球队中列澳门之后居第二名，并取得参加1992年巴塞罗那奥运会轮滑球表演赛的资格。

为鼓励先进和推动轮滑球运动进一步发展，1991年8月，原国家体育运动委员会向在国际比赛中有突出贡献的运动队、教练员和运动员颁发了轮滑球运动贡献奖，哈尔滨体育学院轮滑球队和长春市轮滑球队被授予轮滑球运动集体贡献奖，哈尔滨体育学院轮滑球队的一名教练和长春市轮滑球队的一名教练和五名队员被授予轮滑球运动个人贡献奖。

1991年8月，全国轮滑球锦标赛在杭州举行，林业体协队、哈尔滨体育学院队、佳木斯队、白河林业局队和华南理工大学队分获第一名至第五名。1991年12月，在香港和澳门举行的第四届亚洲轮滑锦标赛的轮滑球比赛中，中国队以5∶4险胜日本队，但不敌拥有多名葡萄牙裔运动员的澳门队，列居第二名。

1992年8月中旬，第四届全国轮滑球锦标赛在长春体育学院举行，竞争结果顺序是林业体协队、哈尔滨体育学院队、佳木斯队和白河林业局队。

表1-1　2007年至2019年全国轮滑球锦标赛成绩一览表

举办时间	比赛场地	比赛成绩		
		组别/比赛名称	名次	球队名称
2007-07-26—07-31	广州珠江职业技术学院	男子组	1	北京体育大学队
			2	大连陆冰体育俱乐部队
			3	北京浩沙陆地冰球队
			4	东莞劲道体育用品公司队
			5	北京新源科技队
			6	深圳队
			7	天津外国语学院队
			8	广州协和高中队
			9	上海队
			10	广州珠江职业技术学院队
		女子组	1	广州协和高中一队
			2	广州协和高中二队
			3	广州珠江职业技术学院队

续表

举办时间	比赛场地	比赛成绩		
		组别/比赛名称	名次	球队名称
2008-04-16—04-20	北京体育大学	男子组	1	北京体育大学鹏翰队
			2	哈尔滨常军商务队
			3	大连陆冰体育俱乐部一队
			4	天津外国语学院队
			5	北京新源科技队
			6	大连陆冰体育俱乐部二队
			7	唐山队
		女子组	1	北京体育大学米高队
			2	大连陆冰体育俱乐部队
			3	广东省协和队
			4	广州市协和队
2009-05-28—06-03	秦皇岛市北戴河区	男子组	1	北京亮典华晟队
			2	辽宁省队
			3	广州市协和队
			4	青岛明奥队
			5	北京新源科技队
			6	天津外国语学院飓风队
			7	河北省唐山市山鹰队
			8	大连开发区十中队
		女子组	1	北京体育大学队
			2	哈尔滨体育学院烟台宏源时装队
			3	广东省协和队
			4	大连开发区第十高中队
			5	广州市协和队
			6	广东省珠海市第二中学队

续表

举办时间	比赛场地	比赛成绩		
		组别/比赛名称	名次	球队名称
2010-01-28—01-31	广州市协和中学	成年男子组	1	北京体育大学鹏翰队
			2	大连开发区队
			3	广州协和中学队
			4	香港队
			5	深圳南山外国语学校队
			6	美姿贺队
			7	广州市第四中学队
			8	天津外国语学院飓风队
			9	华南理工大学队
		成年女子组	1	广州协和中学队
			2	北京体育大学队
			3	广州市第四中学队
			4	深圳南山外国语学校队
			5	美利集团队
			6	广州市76中学队
		青少年男子组	1	深圳南山外国语学校一队
			2	珠海市第一中学队
			3	广州协和中学队
			4	广州市76中学队校二队
			5	广州市第四中学队
			6	深圳南山外国语学校二队
		青少年女子组	1	广州市第四中学队
			2	广州协和中学队
			3	珠海市第二中学队
			4	深圳南山外国语学校一队
			5	美利集团队
			6	深圳南山外国语学校二队

续表

举办时间	比赛场地	比赛成绩		
		组别/比赛名称	名次	球队名称
2010-05-18—05-20	安徽省合肥市	第四届全国体育大会轮滑球赛	1	北京队
			2	辽宁队
			3	天津队
			4	河北队
			5	澳门队
			6	安徽队
2011-10-28—11-01	安徽省池州市	成年男子组	1	北京亮典华晟队
			2	北京体育大学队
			3	哈尔滨体育学院队
			4	北京新源科技队
			5	天津外国语大学队
			6	广州MLGB队
			7	安徽淮南师范学院队
		青少年男子组	1	大连108中学队
			2	广州第四中学队
			3	广东省协和队
			4	珠海第二中学队
			5	广州市协和队 大连第七中学队
			6	东莞华南师大嘉玛学校队
		青少年女子组	1	广州市第四中学二队
			2	广州市第四中学三队
			3	大连108中学队
			4	广东省协和队
			5	珠海第二中学队 广州市第四中学一队
			6	广州市协和队 东莞华南师大嘉玛学校队

续表

举办时间	比赛场地	比赛成绩		
		组别/比赛名称	名次	球队名称
2012-11-10—11-13	广东省广州市骏景中学	成年男子组	1	中国前卫队
			2	佰德北京体育大学队
			3	广东省协和队
			4	哈尔滨体育学院旺通队
			5	珠江俱乐部队
			6	河南理工大学队
			7	北京新源科技队
			8	广州 MLGB 队
			9	天津外国语大学队
			10	华南理工大学队
			11	珠江职业技术学院队
		成年女子组	1	中国前卫队
			2	广州市协和中学队
			3	广东省协和队
			4	广州四中队
			5	广州四中俱乐部队
			6	广州珠江职业技术学院队
			7	中山大学南方学院队
		青年男子组	1	大连 108 中学队
			2	广州市协和中学队
			3	广州旋风队
			4	珠海第二中学队
			5	广州骏景中学队
			6	东莞华南师大嘉玛学校队
			7	岭南画派中学队
			8	广州聚贤中学队
			9	广州南石中学队
			10	大连七中队

续表

举办时间	比赛场地	比赛成绩		
		组别/比赛名称	名次	球队名称
2012-11-10—11-13	广东省广州市骏景中学	少年组	1	中山大学南方学院队
			2	广州骏景中学队
			3	南阳17小学波涛联队
			4	岭南画派中学队
			5	深圳凤凰小学队
			6	广州番禺执信中学附小队
			7	上海七喜俱乐部队
2013-07-28—07-31	辽宁省大连市108中学、大连市红梅小学	成年男子组	1	BAUD佰德北京体育大学队
			2	北京米高队
			3	中国前卫体育协会
			4	广东省琪丰体育用品有限公司队
			5	哈尔滨学院队
			6	哈尔滨体育学院队
			7	天津外国语大学轮滑球队
			8	山东烟台海德集团队
			9	北京新源科技轮滑球队
			10	广州市队
			11	上海大闸蟹冰球队
			12	河北唐山
		成年女子组	1	中国前卫体育协会
			2	广东省琪丰体育用品山鹰队/有限公司队
			3	天津外国语大学轮滑球队
			4	广州市岭南画派纪念中学队
		青年男子组	1	哈尔滨体育学院浩泰轮滑球队
			2	广州市岭南画派纪念中学队
			3	广州市协和琪丰队
			4	大连市108中学队

续表

举办时间	比赛场地	比赛成绩		
		组别/比赛名称	名次	球队名称
2013-07-28—07-31	辽宁省大连市108中学、大连市红梅小学	中少年男子甲组	1	广州市骏景中学队
			2	哈尔滨市第五十五中学队
			3	广州市天河梦之翼轮滑球队
			4	广州市岭南画派纪念中学队
			5	大连金州新区第六中学队
			6	广州市南石中学队
			7	大连六中俱乐部队
		少年女子甲组	1	广州市骏景中学队
			2	广州市南石中学队
			3	大连金州新区第六中学队
		少年乙组	1	北京小狼队
			2	北京市零度阳光俱乐部
			3	大连开发区红梅小学
			4	广州市番禺执信中学附属小学
			5	北京市火龙冰球俱乐部
			6	南阳波涛陆冰俱乐部队
			7	天津黑豹轮滑球俱乐部
			8	大连滑跃兄弟体育策划有限公司
			9	北京喜悦天地体育管理有限公司
			10	广州市天河区棠东小学
			11	上海七喜轮滑球俱乐部
			12	辽宁格斯威沈阳少年轮滑球队
			13	大连陆冰体育俱乐部
			14	广州市天河区棠东小学轮滑俱乐部
			15	大连滑跃兄弟体育俱乐部

续表

举办时间	比赛场地	比赛成绩		
		组别/比赛名称	名次	球队名称
2014-08-27—08-29	辽宁省沈阳市（全国首届少年单排轮滑球锦标赛）	少年男子甲组	1	北京浩克冰峰队
			2	大连启明星队
			3	广州市岭南画派纪念中学队
		少年乙组	1	北京浩克冰峰队
			2	北京零度阳光俱乐部队
			3	南阳波涛陆冰俱乐部队
			4	广州番禺执信HAWKS队
			5	北京市火龙冰球俱乐部队
			6	天津黑豹轮滑球俱乐部队
			7	弃赛
			8	弃赛
			9	哈尔滨市继红小学队
			10	徐州市云兴小学队
			11	大连陆冰体育俱乐部队
			12	辽宁雷奥冰球学校一队
			13	香港巨轮体育协会队
			14	徐州市云龙区文体局队
			15	石家庄中义轮滑球俱乐部队
			16	辽宁雷奥冰球学校二队
2014-11-03—11-05	安徽省池州市	成年男子组	1	BAUD佰德北京体育大学队
			2	北京体育大学教育学院队
			3	广州协和威腾国际体育有限公司队
			4	天津外国语大学队
			5	江西财经大学队
			6	天津飓风轮滑球队

续表

举办时间	比赛场地	组别/比赛名称	比赛成绩	
			名次	球队名称
2014-11-03—11-05	安徽省池州市	成年女子组	1	天津外国语大学队
			2	上蔡县第二高级中学队
			3	广州市协和中学队
		青年男子组	1	广州市协和中学队
			2	大连108中学队
			3	上蔡县第二高级中学队
2016-11-16—11-19	广东省佛山市顺德区	成年男子组	1	美洲狮北京体育大学队
			2	北京体育大学教育学院队
			3	天津市轮滑球代表队
			4	山东地泰菌业有限公司队
			5	广州市MLGB霍斯轮滑培训有限公司队
			6	北京BSU校友队
			7	Miracle轮滑球队
			8	河北传媒学院队
			9	珠海HL队
		成年女子组	1	天津外国语大学－圣巴轮滑球代表队
			2	肇庆漫通文化科技有限公司Timber Wolves队
			3	河北传媒学院队
			4	珠海HL队
		青年男子组	1	广州市骏景中学俱乐部队
			2	南阳波涛陆冰俱乐部疾风队
			3	广州市骏景中学队
		少年组	1	黑龙江省齐齐哈尔市铁锋区第二小学队
			2	广州DRA HAWKS执信队
			3	南阳第二十一小学波涛陆冰俱乐部联队
			4	广州DRA HAWKS祈福队
			5	徐州市云兴小学队

续表

举办时间	比赛场地	比赛成绩		
		组别/比赛名称	名次	球队名称
2017-08-04—08-07	内蒙古鄂尔多斯市	成年男子组	1	美洲狮北京体育大学队
			2	北京体育大学社会体育系队
			3	珠海高远轮滑球队
			4	广州 MLGB 队
			5	北京体育大学校友队
			6	北京体育大学希望队
			7	安徽新华学院队
			8	四川追风队
		少年乙组	1	广州 DRA HAWKS 执信队
			2	南阳波涛陆冰俱乐部
			3	徐州市云兴小学队
			4	贵阳第六频道队
			5	南京市建邺区轮滑球队
			6	成都突击者轮滑俱乐部队
			7	合肥科学岛实验小学队
			8	重庆市石柱县南宾小学队
2018-08-08—08-15	浙江丽水	成年男子组	1	圣巴北京体育大学
			2	美洲狮单排轮滑球队
			3	上海市轮滑运动协会队
			4	天津方蓝“威玛仕”轮滑冰球队
			5	广州 MLGB 队
			6	河北传媒学院
			7	广州 Miracle SK 代表队
			8	珠江学院卡尔特队
		成年女子组	1	上海市轮滑运动协会代表队

续表

举办时间	比赛场地	组别/比赛名称	比赛成绩	
			名次	球队名称
2018-08-08—08-15	浙江丽水	成年女子组	2	天津圣巴女子轮滑球队
			3	河北传媒学院
			4	圣巴九尾狐队
			5	天津方蓝“威玛仕”轮滑冰球队
			6	安徽新华学院
			7	辽宁绿岛队
			8	中南西兰花队
2019-07-25—07-31	浙江丽水	成年男子专业组	1	美洲狮北京体育大学队
			2	广东动感单排轮滑球队
			3	河北传媒学院缔造者队
			4	无
			5	天津市威玛仕全明星轮滑冰球代表队
			6	大湾区交流团
			7	天津飓风轮滑冰球代表队
			8	广州 Miracle SK 队
		成年女子组	1	广州冰科轮滑体育用品有限公司
			2	天津圣巴女子轮滑冰球代表队
			3	南京南湖二中广州协和联队
			4	安徽新华学院
			5	重庆火牛
			6	广州市岭南画派纪念中学
			7	安徽无与轮比轮滑俱乐部
			8	南京小帆体育一队

第四节　单排轮滑球运动装备

一、轮滑鞋

（一）运动员轮滑球鞋

单排轮滑球的轮滑鞋有别于其他轮滑鞋，特点是：鞋硬，鞋帮高，轮架短。鞋硬和鞋帮高可以有效保护脚和踝关节免受球打击，防止受伤；轮架短是指，四个轮轴全在鞋底下面，轮子总体长度稍超过鞋面的长度，滑行时可以灵活地做转弯、急停等动作。现代轮滑鞋的轮子基本上由聚氨酯材料制成，具有较好的韧性和耐磨性，地面条件不同对轮子的硬度要求也不同。较粗糙的地面一般多用硬度为81A的轮子，木地板、专用轮滑球地板等较滑的地面一般用硬度为76A的轮子。

（二）守门员轮滑球鞋

为了保护脚不被球击伤，守门员的轮滑球鞋下半部分围绕鞋体增加一圈厚塑料。此外，守门员轮滑球鞋的轮子较小，一般直径只有50毫米左右，作用是：降低守门员的重心，便于做防守动作；减低轮子被打坏的概率。

图1-1　运动员轮滑球鞋

图1-2　守门员轮滑球鞋

二、球杆

（一）运动员球杆

轮滑球运动员比赛时使用的球杆一般由木头、轻铝合金、塑料、碳素纤维等材质制成。现在使用较多的是碳素纤维球杆，优点是轻巧结实，缺点是成本高、价格贵等。在水磨石地面或其他较粗糙的地面进行练习和比赛时，球杆刃磨损很大，有很多人使用碳素纤维制成的球杆柄，插上塑料制成的球杆刃。

运动员球杆分为左手杆和右手杆。其中，右手握球杆柄端头，左手握球杆中间的称为左手杆，特点是球杆刃有向右弯曲的弧度；运动员左手握球杆柄端头，右手握球杆中间的称为右手杆，特点是球杆刃有向左弯曲的弧度。

（二）守门员球杆

守门员球杆的材质和运动员球杆基本相同。守门员球杆的特点是杆柄下部和球杆刃比运动员球杆宽，可达9厘米宽，杆柄和杆刃结合部可达11厘米宽。杆柄加宽的部分有71厘米。守门员如果右手握杆，球杆刃有向右弯曲的弧度；如果左手握杆，则球杆刃有向左弯曲的弧度。

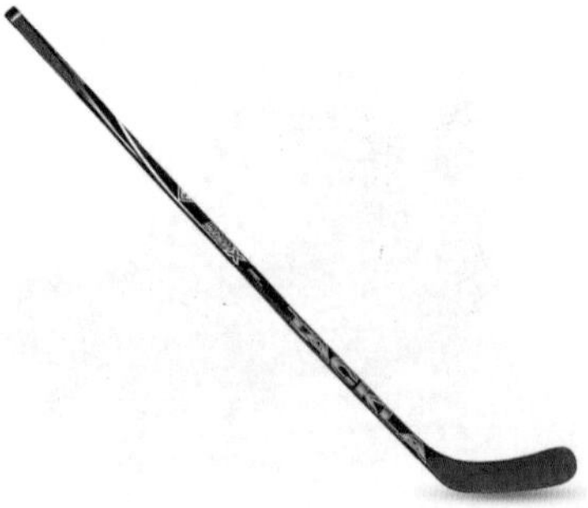

图1-3　运动员球杆

图1-4　守门员球杆

（三）比赛用球

单排轮滑球运动比赛用球由塑料制成，呈扁圆形，两面各有5—6个突起圆点，放在地上时这些圆点与地面接触。因为这些圆点与地面接触面小，摩擦力也小，球可以在地面上快速滑行。有的球的圆点由扁平极硬塑料块镶嵌在球面上，滑度较大。有些国家和地区在没有好的地面条件的场地上使用圆形塑料球，向球内注入一定量的水，以增加重量。

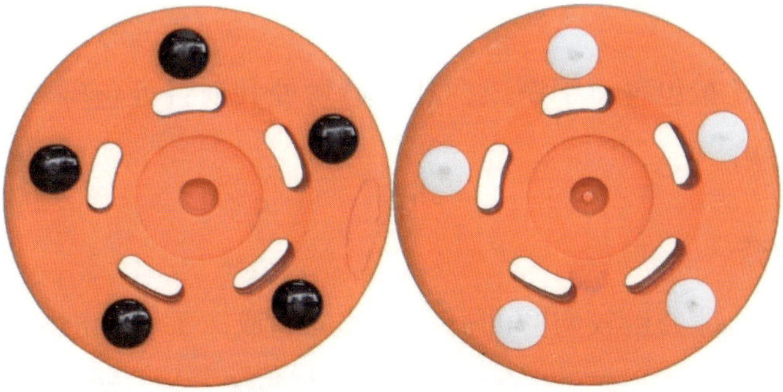

图1-5　单排轮滑球运动比赛用球

三、运动员护具

轮滑球运动员的滑行速度快，球飞行速度也快，为防止摔伤或被球击伤，运动员需要全身穿戴保护用具。他们必备的护具有头盔、护肘、手套、护身、防摔裤、护腿等。青少年运动员或女子运动员还应戴面罩。成年运动员必须佩戴护目镜和护齿。建议穿戴护胸。

（一）头盔

头盔由塑料制成，内衬海绵垫，保护头部免受摔伤或被球、球杆等击伤。青少年运动员和女子运动员必须戴全护面罩。目前，全护面罩多为细钢条焊制的笼子式。

图1-6　全面笼头盔

图1-7　半面罩头盔

图1-8　全面罩头盔

（二）护肘

护肘由尼龙布包裹海绵制成，外面肘弯处和前臂处包塑料硬壳，主要起防止摔伤的作用。

（三）手套

手套的手掌部分由较耐磨的尼龙布或皮制成，手掌背部和手指背部均由尼龙布或革制品包裹海绵。手套主要保护手免遭摔、打、撞或摩擦之伤害。

图1-9　护肘

图1-10　手套

（四）防摔裤

护身主要作用是保护运动员裆部，是一个近似三角凹形的塑料罩，内衬海绵，置于一个尼龙裤衩的裆部兜内。防摔短裤是穿在外裤里面的护具，一般由强弹性尼龙包裹海绵制成，关键部位加有硬塑料壳，如尾骨、大转子骨等处，大腿前面和侧面有海绵。

（五）护腿

护腿外面是塑料硬壳，分为两部分：上面为圆形凹壳，是保护膝盖的；下面是长方形凹壳，保护小腿前面和侧面；两节硬壳由内衬的海绵及布连接起来。

图 1-11　防摔裤

图 1-12　护腿

（六）护胸

护胸是一件较薄的类似棉衣的衣衫，肩部、胸部和肋部有硬塑料片和海绵，以防肩部摔伤或胸部受到球或球杆打击。但穿着护胸比较热，很多运动员不愿意穿。此外，在运动员比较注意自我保护的情况下，这两个部位不太容易受伤，所以规则中没有把护胸列为必备护具。

图 1-13　护胸

（七）比赛外罩衣和外罩裤

规则规定单排轮滑球比赛时运动员必须在护具外面穿外罩衣和外罩裤，不能让护具外露。外罩衣上面印有球队LOGO、队员号码、学校名次、个人姓名等信息。外罩裤是一条用耐磨布料制成的比较肥大的裤子，套在防摔裤和护腿外面。

图1-14　外罩衣

图1-15　外罩裤

四、守门员护具

对守门员来说，必须有更厚的护具才能避免受伤，规则也允许守门员穿较宽大的护具，以利于其防守球门，但对各种护具的尺寸都有一定的规定。

（一）守门员头盔

守门员头盔有不同形式，但必须都戴有全护面罩，面罩的下颌处较长，以保护颈部。此外，守门员头盔的塑料质地较厚且非常坚固，抵抗得住球的大力打击。

图1-16　青少年款守门员头盔

图1-17　成人款守门员头盔

（二）守门员护颈

守门员护颈是由尼龙面料内含海绵制成，用以保护守门员的颈部和锁骨部位。

（三）守门员护胸

守门员护胸是必备护具，是一件较厚的长袖圆领棉服，身体前面部分除了有海绵类材料，还有缝在面料内的排列整齐的大或小的塑料硬片，以抵抗球的大力打击，两边也是同样的设计。

图1-18　守门员护颈

图1-19　守门员护胸

（四）守门员防摔裤

守门员防摔裤是保护髋关节和大腿的重要护具，一般为尼龙布面料，内缝塑料板和海绵类材料以抵抗球的击打，腰和髋关节周围全部受到保护，大腿部分主要保护前面，以防守门员守门时因遭球击打而受伤。

图1-20　守门员防摔裤

（五）守门员护腿

守门员护腿是进行防守的主要护具之一，比较宽大而笨重，但规则规定其宽度为30厘米。护腿的面料一般为比较耐磨的革制品，内部充填较轻但又耐击打的材料，以保护腿部避免受伤。

图1-21　守门员护腿正面

图1-22　守门员护腿背面

（六）守门员挡手

守门员挡手就是握杆的手戴的手套，手背部位是一个长方形厚垫，对射到握杆手一侧的中高球可以用手背的挡手将球挡出。该挡手内侧是一只很薄但很耐磨的皮手套，固定在该长方形厚垫下面。

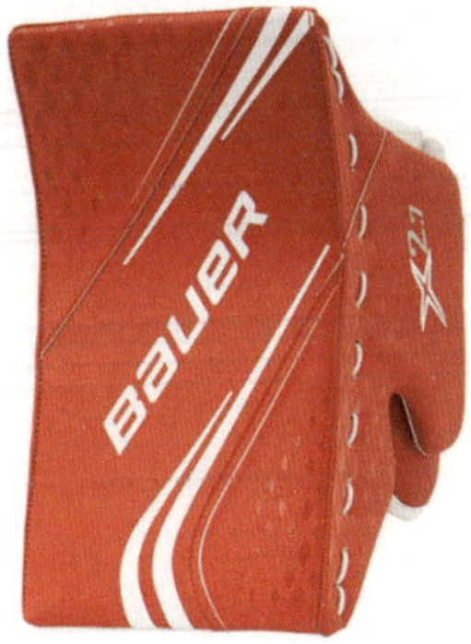

图1-23 守门员挡手正面

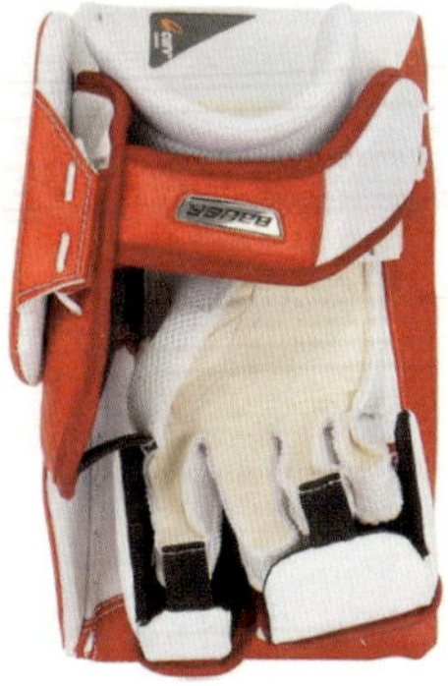

图1-24 守门员挡手掌部

（七）守门员抓手

抓手是守门员非握杆手戴的手套，手套拇指一侧和另四个手指一侧分别延伸出约20厘米长的宽垫，这两片宽垫由结实的绳缝制连接，形成一个兜状的半张开的网兜。对射到该侧手的中高球，守门员会将网兜张开，将球抓入袋内。该抓手一般用结实的革制品缝制在手掌一侧，内有较硬的衬垫，以免抓球时，球将手击痛。

图1-25 守门员抓手背面

图1-26 守门员抓手掌部

思考题

1. 单排轮滑球运动项目特点是什么?

2. 单排轮滑球项目运动员装备有哪些?

3. 单排轮滑球项目守门员装备有哪些?

4. 不同性别、不同年龄运动员和守门员装备有何不同?

5. 项目推广中需要注意的原则和问题有哪些?

第二章　单排轮滑球教学方法与训练原则

第一节　单排轮滑球教学基本概念

单排轮滑球（简称轮滑球）是当今流行的一项户外运动项目。近年来，从事该项目的人越来越多，轮滑球的教学就显得尤为重要。轮滑球教学是教师和学生的双向活动，是通过教师和学生互动来完成的。进行教学前，教师应根据教学大纲规定的内容，根据轮滑球项目特点和教学基本规律，根据学生的实际水平，制定详细的教学方案，并通过落实教学方案，使学生尽快掌握轮滑球的理论知识和基本技能。

轮滑球训练是在教学的基础上，经过反复技术练习，不断改进，提高轮滑球技术和身体机能水平的过程。由此可见，教学和训练之间有着内在的密切联系，是不能截然分开的。

轮滑球教学中的两项基本技术是：滑行技术和球杆技术。轮滑球教学初始阶段的任务是根据这两项技术的特点分别制定的，即针对滑行和球杆技术分别进行教学，但教学顺序可以在同一时期并行展开。当教学进行到一定阶段，学生的两项技术掌握到一定程度，就可以把两项技术结合起来进行教学。

根据运动技能形成的规律，运动技能的形成分为泛化阶段、分化阶段和巩固与自动化阶段。这三个阶段反映了人们认识逐渐提高和深化的过程，也反映了人们的身体素质和技能水平不断提高的过程。

一、泛化阶段产生原因与动作表现

学习任何动作的初期，通过教师讲解和示范与学生实践，只能对该技能获得一种感性认识，对其内在规律并不能完全理解和掌握，往往会出现泛化现象。这会导致不该兴奋的中枢产生兴奋，不该收缩的肌肉产生收缩，具体表现为动作僵硬、不协调，多余动作与错误动作多，动作不连贯，以及节奏紊乱，等等。教师在该阶段教学中应抓住动作的主要环节和学生掌握动作中存在的主要问题，不要过多强调动作细节。应通过简练形象的讲解与正确的示范指导学生实践，使学生建立正确动作的概念，体会完成动作的肌肉感觉。引导学生进行积极学习、练习、思考等，培养学生观察和分析动作的能力，并利用各种方法，如徒手或使用各种教具给予保护、助力或阻力，以及固定和限制动作的方向、路线、幅度、速率等，帮助学生迅速掌握动作。

二、分化阶段产生原因与动作表现

随着学习者对所学动作的反复实践，运动技能会逐步改进和完善，条件反射活动也由泛化阶段进入分化阶段。此时不该收缩的肌肉会得到放松，多余动作会逐渐消除，错误动作会得到纠正，能够比较顺利连贯地完成技术动作，并初步形成动力定型。但这种动力定型还不够稳定，遇到新异刺激（如有外人参观）或较强刺激（如进行比赛）时，错误动作可能会重新出现。在该阶段，教师应重点加强对动作细节的要求，促进分化抑制的建立和发展，使动作日趋准确。

第一，加深对动作内在规律的认识，建立完整动作的概念。

第二，强化正确动作，及时纠正错误动作。

第三，加大动作难度，建立更精细的分化抑制。

三、巩固与自动化阶段产生原因与动作表现

分化阶段之后，学习者通过进一步反复练习，运动技能日趋巩固和完善。此时，不仅动作完成得更加准确、协调和优美，而且动作的某些环节还可能出现自动化现象，即不经大脑皮质有意识地进行控制就能顺利完成动作。“无意识”的自动化动作仍然没有脱离大脑支配。当外界环境变化时，这种无意识活动可立刻转变为有意识活动。巩固与自动化阶段的教学要点是：

第一，对学生提出进一步要求，不断提高动作质量。

第二，经常检查动作质量，防止动作变形。

第三，坚持练习，巩固持久。

第二节　单排轮滑球选材

一、课程的重要性

2022年4月，教育部发布《义务教育体育与健康课程标准（2022年版）》，其中关于新兴体育课程涵盖轮滑项目。2022年7月，国家体育总局办公厅、教育部办公厅和国家发展和改革委员会办公厅联合下发《关于提升学校体育课后服务水平促进中小学生健康成长的通知》，其中全国中小学体育课后服务活动课程22项中有条件的设置项目也包括轮滑项目。国家政策的出台和实施，对轮滑项目在大众层面迅速推广起到决定性作用。

体育项目的普及程度取决于国家政策层面的支撑、大众对项目的认知、基层教学工作者的数量和质量、竞赛培训平台的搭建等。而在这些关键因素中，基层教练的数量和质量又是重中之重。

高校作为基层轮滑教学工作者培养的摇篮，在社会急需应用型人才的今天，越来越多的院校开设轮滑课程，其课程属性不尽相同，有公共选修课、专

业必修课、拓展课等种类。各种类课程对人才培养的目标、要求、质量等也不尽相同。

轮滑运动作为一项能够一年四季开展的项目，其所涵盖的12个项目，如速度轮滑、花样轮滑、单排轮滑球、轮滑速降、轮滑回转、滑板等项目，对应冬奥会项目中的速度滑冰、花样滑冰自由滑、冰球、高山速降、平行回转、单板滑雪等冰雪项目，常常被职业运动员用作非冰雪季节的陆地辅助练习项目。同时，相关运动员也是国家、省、市等各级队伍“跨界、跨季、跨项”选材的重要人才来源。

单排轮滑球是以轮滑球鞋和球杆为工具，利用多变的滑行技艺和敏捷娴熟的球杆技艺，在地面上进行的一种相互对抗的集体性竞技运动。轮滑课程作为单排轮滑球课程的前导课，规定课时中所掌握的滑行技术为后续单排轮滑球课程中专项滑行技术的学习奠定基础。

二、教师（教练）在课程中的作用

不管教师，还是教练，从身份出发，本身都是教育工作者。新时期教师的职能包含教书、育人、传道、解惑等，而课程教学方式的改变，更加突显了学生的主体性功能。课程顺利开展，教学效果明显，均与兴趣有直接的关系。兴趣抑或学习动机，取决于课程本身的教学内容和练习形式与教师的专业能力和循序引导能力。每个人对任何一门课程或者一项专业技术的学习都有一个“适应期—敏感期—发展期—成熟期”的过程。在教学工作中，对学生在学习中所表现出来与预期不符合的征象，教育工作者要给予他们足够的耐心、爱心、细心和责任心，使其能够顺利度过抵触期和瓶颈期，完成正常的课程学习，并在教学过程中影响和发展后备人才。

轮滑球教学是教师和学生的双向活动，是通过教师和学生互动来完成的。进行教学前，教师应根据教学大纲规定的内容，根据轮滑球项目特点和教学基本规律，根据学生的实际水平，制定详细的教学方案，并通过落实教学方案使学生尽快掌握轮滑球的理论知识和基本技能。

三、单排轮滑球选材

轮滑球运动员选材指标主要包括以下几个方面：

第一，身体素质：运动员应具备良好的身体素质，包括耐力、力量和协调性。轮滑球运动需要运动员在高速运动中保持平衡，而良好的身体素质是基础。

第二，技术能力：运动员应具备较高的技术能力，包括速度、灵活性和平衡感。

第三，心理素质：运动员应具备坚韧不拔的精神和良好的心理素质，能够在比赛中保持冷静，应对各种突发情况。

第四，道德品质：运动员应具备高度的组织纪律性和良好的体育道德精神，严格遵守国家体育总局的赛风赛纪和反兴奋剂相关规定。

此外，轮滑球运动员的选材还可以借鉴冰球运动员的选材，冰球运动对运动员的身体素质要求非常高，包括力量、速度、爆发力、耐力、灵敏性、柔韧性、协调性、反应速度、快速观察场面的能力等。同时，冰球运动员的身体形态也十分重要，身材高大、体格强健的运动员更具优势，尤其是身高、指距等指标。机能类选材则要求心肺系统具有较高水平的工作能力，以适应冰球运动的快节奏和高强度。这些选材的指标给轮滑球运动的选材提供了很好的借鉴内容。

第三节 轮滑球教学的任务和内容

轮滑球教学不仅仅是给学生教授轮滑球的专业技能、战术等，更是全面育人的一个过程，包括思想道德教育和意志品质培养，专业技能及其理论的掌握和实践应用，还包括身体素质锻炼等内容。

一、轮滑球的教学任务

第一，通过轮滑球的教学，培养学生良好的思想道德品质和勇敢顽强的意志品质，提高学生积极配合的团队意识，形成良好团队精神和优秀体育道德风尚。

第二，通过轮滑球教学，使学生全面掌握轮滑球运动的理论知识、基本技术和战术，并能够在今后的实践和实战当中灵活运用。

第三，通过轮滑球教学，发展并提高学生的力量、速度、耐力、灵敏、柔韧等身体素质，发展并提高学生的轮滑球专项身体素质。

上面三项教学任务，不是单一存在的，而是互相联系、互相促进、互相影响的，需要融入课堂教学和课下训练的每个环节。在教学、训练等活动当中，教师应注意贯彻这些任务的精神和要求，以更好完成轮滑球教学任务。

二、轮滑球的教学内容

教师应根据新课程标准，结合学校的教学资源和办学理念，确定并完善轮滑球教学的内容，以更好完成任务。轮滑球教学的内容主要包含以下方面：

（一）思想道德教育

第一，在教学中，有机融入课程思政内容，培养学生形成正确的世界观、人生观和价值观。

第二，以轮滑球运动为主要活动内容，塑造学生的健康体魄，培养学生勇敢顽强、积极拼搏的进取精神和竞争精神。

第三，在教学和训练当中，加强对学生的组织性、纪律性和安全性的教育，全面提升学生的综合素质。

第四，在轮滑球课外活动当中，发展学生的个性特长，磨炼他们的坚强意志和优秀品质。

（二）技术和战术

1.轮滑球运动的技术

（1）滑行技术

①双手持杆滑行。

②单手持杆滑行。

③加速滑行：正滑外八字加速，正滑平行式加速，倒滑一步压步加速。

④正滑转倒滑+防守姿势。

⑤弯道压步：正滑顺时针、正滑逆时针、倒滑顺时针、倒滑逆时针等。

⑥急停：冰上急停（平行双刹）、滑雪犁式刹车、倒滑雪犁式刹车、侧A刹、转铲刹等。

（2）球杆技术

①握杆姿势。

②拨球：左右拨球、前后拨球和长拉球。

③运球：双手拖运球、双手拨运球、单手推运球、倒滑拖（拨）运球、压步拖（拨）运球和脚踢球。

④传接球：正手平传球+正手接球（硬接球和缓冲接球）、反手传球+反手接球、腾空球、挑球、留球、留传球、界墙反弹球、弹传球、接地滚球、接腾空球、轮滑鞋接球等。

⑤射门：腕射（拉射）、弹射、挑射、击射、垫射、反手射门和掖门。

（3）守门员技术

守门员技术包括抓球、半分腿挡球、全分腿挡球、双腿侧躺挡球、蝶式跪挡、侧踢球、刀挡球等。

2.轮滑球运动的基本战术

（1）进攻战术

定义：进攻战术就是比赛双方在相互进攻与防守时的配合方法，根据双方的实际情况而采取的个人行动和集体配合方法。

其中，个人战术就是运动员在全队总的战术方案指导下，个人所采取的配合行动。个人战术的内容很多，包括个人在各区的位置及任务，如假动作、接应与跑位、运球过人、盯人、阻截等。

①队员的位置、任务和活动范围。

队员应根据自身的位置完成集体战术的要求，进攻或防守时运用不同的方法和同伴密切配合。

守门员是最重要的球员，也是全队的核心，主要任务是防守本方球门。守门员要同后卫和前锋密切配合，提醒本队队员在场上的位置。主要活动范围在球门区内，不能轻易离开球门的防守位置，特殊情况除外。

前锋和后卫难以区分。场地大，球员少，这就对球员提出很高的要求，他们无论在任何位置，都应该掌握该位置的技术特点。

②控制球和运球过人。

控制球主要分为两种：一种是个人控球、拨球、运球、过人等；另一种是传球，通过传球使球掌握在己方手里。

轮滑球战术主要以控制球权为主，而不像冰球过红线就会打进攻区抢球；双排轮滑球攻区丢球后退回守区站好位置等着防守；等等。

运球过人是一种重要的个人战术，在讲球权的轮滑球比赛战术中更显重要。

运球过人主要方法有：快速拨运或推运球过人，身体虚晃假动作过人，拉杆过人，利用界墙反弹球过人，透球过人，等等。

③摆脱与接应跑位。

摆脱是指队员采用一定的方法摆脱对方的盯人防守或过人后迅速摆脱防守队员的追赶，属于个人战术方法之一。

接应跑位是本队组织进攻时的必要方法，会起到两种作用：一是接应传球；二是吸引对方的防守注意力，为同伴创造更好的机会。

（2）防守战术

定义：防守战术是指守队队员为夺得球权和保护本方球门不被对方射中所采取的措施和手段。

防守的一般原则：防守时，有一些基本原则，运动员必须加以明确。要经常训练培养运动员掌握这些原则，提高防守意识，从而提高全队的防守能力。

①根据对手特点，结合本队的情况制定防守战术。

②全体队员必须明确本队防守战术和任务，熟练掌握盯人技术。

③场上队员都要参加防守，前锋帮助后卫，后卫帮助守门员，形成一个完整的防守体系。失球后，最近的人上前防守，其他人根据具体情况选择适合的位置。注意个人防守位置，尽量不错区或丢位置；如交换防守人，需相互提醒。

④争取在局部造成二抢一的优势。

⑤干扰对方运球队员，使他们不能随意传球或射门。

⑥避免在门前争夺球，在门前要时刻注意补位，注意相互配合。

人盯人防守：人盯人防守是最基本的防守方法。可根据对方的阵型、位置、队员号码等而定，一般形式是两个后卫盯住对方两个前锋，两个前锋盯住对方两个后卫。

盯人分为紧逼盯人和松动盯人。

区域防守：区域防守是当今轮滑球比赛运用最多的全队防守技术，场上球员应在自己的位置上防守。例如，左后卫只在自己的位置阻挡对方在防守区域的进攻。

少防多战术：应采用区域防守，队形为正三角形或倒三角形，根据对手的特点选择己方队形。

少防多原则：第一，逼抢阻截，阻止对方射门和向门前传球；对无球人，可松动盯人。第二，抢球要坚决，避免身体失去重心。第三，积极防守，互相补位，每个人都要兼顾防守两个进攻队员。

（3）进攻战术

①快攻。

埋伏式快攻：由于没有越位，可派一名球员一直在对方门前，找机会接守区长传球射门。

突破式快攻：通过快速的守区传球，运用个人技术，达到超越对手、快速到达前场的形式。

二打一快攻：通过两人积极接应跑动，形成的区域间以多打少快速进攻。

②攻区进攻。

一二一阵型：一名前锋身处对方门前，另外一名前锋和一名后卫身处两侧腰的位置，一名后卫断后，其他三名队员要经常跑动、换位等，以牵扯和调动对方的防守阵型，在其出现漏洞时进行攻门。

二二阵型：又称方形阵型，是一种既便于进攻又便于防守的常用阵型。两名前锋各负责一侧的进攻，但又经常交叉换位，与自己同侧的后卫也紧密配合，加强进攻。

二一一阵型：一种攻守兼顾的阵型，保持两名后卫在后面，以防对方得球后快速反击。这对前锋的能力要求较高——个人能力突出。

③多打少。

菱形站位：和一二一阵型基本相似，指突前的队员在门前遮挡守门员的视线，中间的两名队员站在两个争球点附近，最后一名队员位于靠近中场中间的位置，配合主要以后面三名队员为主，利用三个人的传接配合吸引防守队员上前抢断，使中间两名队员有较多的准备时间和较大的空间进行快拍大力射门。

正方形站位：指突前的两名队员分别站在球门两侧，后面两名球员站在和他们垂直一条线靠近中场的位置。根据防守队员的位置选择进攻重点，如果防守队员以正三角的方式站位，这时进攻队员就应把进攻重点放在靠后的两名队员；如果防守队员选择倒三角的方式防守，进攻方就应把进攻重点放在门侧的两名队员。无论选择任何方式的站位，都要利用传接球的配合把进攻队员调动开，为打门的同伴创造更大空间进行射门。

第四节　轮滑球教学原则的运用

在体育课教学中，没有好的课堂教学设计，就不会有好的教学实践；没有教师对课堂教学的认真设计，课堂教学就难以顺利进行。体育课教学应该遵循体育教学原则，以期优化课堂教学效果，提高教学质量。

在轮滑球教学实践当中，同样应该遵循体育教学的原则。这些原则是教学过程当中客观规律的反映，是指导教学工作的基本要求。

一、主动性原则

我们常说："态度决定一切。"没有好的学习态度，就没有好的学习效果。主动性原则是使学生明确学习轮滑球目的，从而积极独立思考，刻苦顽强学习，把掌握和提高轮滑球的知识、技术与技能，发展身体，增强体质，当作一个主动的而不是被动的过程。大脑皮层具有最适宜的兴奋性，对学习具有浓厚的兴趣与爱好，是取得良好教学效果的基础。这是主动性原则的生理学和心理学依据。在轮滑球教学中，教师要善于充分调动学生学习的主观能动性，使学生积极主动地学习与锻炼。

二、直观性原则

直观性原则是指利用学生的感觉器官和已有经验，通过生动形象的感受，掌握所学的理论知识、专业技术与专业技能。这就需要教师要通过准确的动作示范和精练的语言讲解给学生以条件刺激，并通过反复练习不断加以强化。在轮滑球教学中，需要注意以下方面：

（一）轮滑球动作示范

教师要具有高超的轮滑球专业技能，这是进行正确动作示范的保障。动作示范是教学中最为直观的教学方式，可使学生了解动作的形象、结构和顺序，是技术教学的基本途径。进行动作示范时，应注意以下几点：

首先，示范动作要准确。示范是典范，应该使每个学生都能感到教师示范动作的准确性、熟练性和轻快性，使学生对动作形成正确的印象，并产生跃跃欲试的心理冲动，主动投入轮滑球运动的学习。

其次，在教学示范中，应注意示范的位置、方向和时机。根据教学需要选择最佳时机，展示或强化正确的技术动作。示范方向应根据动作的结构和学生观察的角度而定，常用示范包括正面示范、背面示范和侧面示范，以及错误示范，等等。

再次，动作示范与内容讲解、学生思维等方面紧密结合起来，争取取得最好的动作示范效果。

（二）轮滑球动作讲解

教师需要具有丰富的轮滑球专业知识储备，运用生动形象的语言讲解，才能给学生留下深刻印象，帮助学生理解动作要领，完成学习任务。讲解动作时，教师应注意以下几点：

第一，轮滑球动作讲解，应做到目的明确。教师应根据教学任务、内容、学生的接受能力和存在问题进行讲解。讲解要有计划性和针对性，通过讲解使学生较好理解动作的要领、重点和难点。

第二，讲解语言要生动形象、清楚准确、简明扼要、通俗易懂。教师讲解时口齿要清晰，要用普通话讲解；用词要准确，讲解要简明扼要，善于运用形象的比喻和口诀。

第三，讲解应富于启发性。教师讲解时应善于提出问题，增加师生之间的互动，启发学生的积极思维；提出的问题深浅适度，既有兴趣性，又有启发性，有利于培养学生积极参与的精神。

第四，讲解应注意时机和效果，根据教学的实际情况，把握讲解的时机，有利于提高教学效果。例如，开始上课时，应讲清本堂课的任务和教学内容，做到语言简明，声音洪亮有力。对新的技术动作，应在练习前进行讲解，在讲解动作重点、难点的时候可配合手势和语调的变化，以提高讲解效果。当学生正在做练习的时候，特别是做静止用力和危险性较大的动作时，一般不进行讲解，必要时可简短提示。

第五，动作讲解注意与示范相结合，无论中学生还是小学生，特别是对九年义务教育范畴内的学生，轮滑球动作的讲解应与示范结合起来，使学生获得语言刺激的同时，感受到直观的动作形象，以促进他们较快形成运动表象。

三、从实际出发原则

从实际出发原则是指教学任务、内容、组织教法和运动负荷的安排，应符合学生年龄、性别、体育基础和身体发育水平，并考虑到场地、设备、器材条件和地区季节气候的实际情况，使学生经过努力学习，学会并做到。对不同的身体条件和技术水平的学生，应把一般要求和个别对待密切相结合，因材施教。

四、循序渐进原则

循序渐进原则是指教学的内容、方法和运动负荷的安排，要由易到难，由简到繁，由已知到未知，逐步深化，不断提高。生理科学实验证明，人体各器官、系统的机能活动具有一定的惰性，机体从相对安静状态到进入工作状态，对外界环境的适应与工作效率的提高，都有一个逐渐变化的过程。违背这一原则，就会给学生学习带来困难，影响教学效果，甚至会损害学生身体健康。但易和难、简和繁、浅和深等都是相对的，因对象和条件的不同而有所不同。

五、身体全面发展原则

身体全面发展原则是指在体育教学中，选择全面多样的内容，运用适当的组织教法，使学生身体的各部位、各器官系统的机能、各种身体素质和基本活动能力得到全面协调发展。科学实践证明，人体是在大脑皮层调节下的有机统一的整体，各部位、各器官系统的机能、各种身体素质和基本活动能力之间是相互联系、相互制约的。调节得好，它们就能相互促进、协调发展，使身体平衡发展，体态匀称优美，工作能力提高；否则，就会造成畸形发展，妨碍学生健康成长。

六、合理的运动负荷原则

合理的运动负荷原则是指根据教学任务、教材特点、学生实际和教学条件，使学生身体承受一定的运动负荷，并使之与休息合理交替，以更好掌握技术和技能，有效发展身体，增强体质。运动负荷是指进行活动时人体所能承受的生理负荷。运动负荷过小，达不到教学目的；运动负荷过大，则会损害身体健康，反过来也会影响教学任务的完成。决定运动负荷大小的主要因素是“量”和“强度”。“量”是指完成动作的数量、次数、组数、时间、距离、重量等。“强度”是指完成练习所用力量的大小和机体的紧张程度，包括动作的速度、练习的密度、练习间歇时间的长短、负重的重量、投掷的距离、跳高的高度等。“量”和“强度”要处理适当。“强度”越大，则“量”就要减少；“强度”适中，则“量”可以加大。要以学生能够承担并略微疲劳为度。动作质量对运动负荷的大小有一定关系。应在保证动作质量的前提下，合理安排适宜的运动负荷。

七、巩固提高原则

巩固提高原则是指使学生牢固掌握体育知识、技术和技能，不断发展身体，增强体质，在此基础上不断提高，并在实践中熟练地加以运用。大脑皮层动力定型的形成，是动作技术和技能的形成、巩固与提高的生理学基础。如不及时巩固提高，动力定型将会消退，对教学效果也会产生不良影响。技术和技能的巩固和提高，有助于他种技术和技能的巩固和提高，还能为学习新技术和新技能创造良好条件。各种身体素质和机体工作能力，也要不断巩固和提高。长期中断练习，会导致身体素质与机体工作能力下降。

第五节 轮滑球的教学方法

轮滑球的教学方法是指，教师在给学生讲授理论和技术知识的教学过程当中所采用的方式和方法。概括来说，在体育教学过程中，教师与学生为实现体育教学目标和完成体育教学任务而有计划地采用可以产生教与学相互作用、具有技术性的教学活动。在轮滑球的教学过程中，经常采用的教学方法有以下几种：

一、教师以语言传递信息为主的体育教学方法

（一）讲解法

讲解法是教师通过简明生动的口头语言向学生系统传授体育知识和运动技能的方法。教师可以运用逻辑分析、论证、形象描绘、陈述、启发诱导性设疑、解疑等，使学生在较短时间内清晰获得全面系统的知识。在体育教学过程中，教师应该注意避免过多使用讲解法，不能形成“满堂说”“满堂讲”的局面，要“精讲多练”。但是也不能“只练不讲”，因为“既懂又会”的教学目标要求教师有高超的讲解水平。其实，“精讲”才是高超的讲解水平的体现。

（二）问答法

问答法也称谈话法，是教师和学生以口头语言问答的方式完成体育教学

的方法。它的优点是便于启发学生的思维，培养学生的思考能力和语言表达能力。在上课过程中，有些学生会出现注意力不集中的情况，这时采用问答法可以有效唤起和保持学生的注意力和兴趣。

（三）讨论法

讨论法是指，在教师指导下，学生以全班或小组为单位，围绕课程中心问题各抒已见，通过讨论或辩论活动，获得体育知识或者辅助运动技能学习的一种教学方法。讨论法的优点在于，促进全体学生积极参加学习活动，培养学生的合作精神和参加集体思考的能力，还可以激发学生的学习兴趣，提高他们的学习情绪。

二、以直接感知为主的体育教学方法

（一）动作示范法

动作示范法是基础教学最直观、最基本的方法，是教师运用具体的技术动作和战术方法，使学生直观了解所要学习的动作形象、方法和要领，建立正确的动作概念和模式。它要求教师的示范动作一定要正确、熟练、优美、轻松而自然，使学生建立完整正确的技术动作概念和模式。示范时，教师应注意位置和方向，让每个学生都能看到示范动作的细节，以达到示范的目的和效果。示范时，教师还要综合运用示范动作和语言讲解，讲清楚动作的重点和难点，这样才能达到最佳示范效果。

（二）纠正动作错误与帮助法

纠正动作错误与帮助法是体育教师为了纠正学生的动作错误所采用的教学方法。在体育教学中，学生技能的提高是伴随着动作错误的不断出现与不断纠正而进行的。教学中的动作错误纠正与帮助不仅是学生掌握动作技能的需要，也是避免运动损伤的需要。运用纠正动作错误与帮助法时，应注意以下几个方面：

首先，纠正错误动作和进行帮助时，先应分析技术动作产生错误的原因。

①学生对完成动作不认真或敷衍了事，就会把动作做错。

②学生对所学动作技术的概念认知不清，导致动作错误。

③学生受已掌握相关技能的干扰。

④学生的身体素质不达标，导致错误动作产生。

⑤学生心理素质较差，产生动作错误。

⑥学生在疲劳情况下进行学习和练习，导致产生错误动作。

其次，纠正错误动作和进行帮助的具体方法。

①运用语言和直观的方法，不断使学生建立正确的动作概念和动作表象，用生动准确的描述性语言、手势等，帮助学生明确动作的顺序和要领，运用各种诱导性、转移性的练习，防止他们受已掌握相关技能的干扰。

②根据错误动作的性质，可采用限制性练习法、诱导性练习法、自我暗示法等方法进行纠正。

再次，纠正错误动作和进行帮助的要点。

①指出学生动作错误之时，应注意态度，要认可学生的付出，肯定学生的进步，这样有利于学生接受，增强改错的信心，千万不能讽刺挖苦学生。

②要纠正主要的动作错误。很多时候，主要的动作错误被纠正了，相关动作错误也就随之消除了。

③纠正错误动作和进行帮助时，不能简单地照搬套用，要合理使用各种方法纠正动作错误。

三、以直接感知为主的体育教学方法

（一）领会教学法

领会教学法是体育教学方法指导思想的一项重大改革，从强调动作技术转向培养学生的认知能力和兴趣。它是以“项目介绍”和“比赛概述”作为体育运动的开端，让学生了解该项目特点和比赛规则，使学生一开始就全面了解该运动项目。领会教学法与传统技能教学不同的是：教师不是从基本动作教起，而是先对学生进行“战术意识培养”。教师介绍战术之后，结合实战向学生演示一些临场的复杂情况及其应对方法，对学生进行“瞬间决断能力的训练”，培养学生全面观察情况、判断并把握时机的应变能力，使学生最终可以根据所学的技术和战术，判断“做什么”并选择最佳行动方案——“如何去做”。领会教学法将过去的“从局部开始分解教学”转化为“从整体开始教学到局部教学，再回到整体教学”。这一教学过程有利于使学生从一开始就“领会”项目（特别是集体性的球类项目）的基本概况和概貌，较快形成球类意识、战术概念等。领会教学法的教学模式有如下特点：

①从项目整体特征入手，回到具体技能学习，再回到整体认识和训练。

②强调从战术意识入手，把战术意识贯穿各个教学环节，整体意识和战术为主导的特征很强。

③突出主要的运动技术，而忽略一些枝节性的运动技术。

④注重比赛形式，并在比赛和实战中培养学生对项目的理解能力，教学往往从“尝试性比赛”开始，以“总结性比赛”结束。

（二）循环练习法

循环练习法是根据教学和锻炼的需要选定若干练习手段，设置若干个相应的练习点（或练习站），学生按规定顺序、路线和练习要求，逐点依次练习并循环的方法。它不仅是练习的方法，也是一种教学和组织的方法。循环练习的方式有多种，主要是流水式和分组轮换式两种。循环练习法的特点是，有多个练习手段，练习过程连续循环，练习内容多样，运动量、练习节奏和身体锻炼的部位比较容易调整，可以根据课堂练习需要进行多样化的设计和安排，全面发展学生体能，提高他们的运动能力，还能较好提高学生进行学习和练习的兴奋性。运用循环练习法时，应注意以下几点：

第一，练习手段、练习量、练习强度、练习点和循环练习方式的确定，均应适应教学任务、教学条件、学生的运动能力、场地器材等实际情况，练习站不宜太多，也不宜太少，一般以6个左右为宜。

第二，选用的练习手段应是学生会做的。应将发展基本活动能力的内容、发展身体素质的内容、培养心理品质的内容、激发兴趣的内容、促进学生沟通交流的内容等合理搭配组合在一起，以利于全面锻炼学生的身体和全面完成教学任务。

第三，每个练习站必须有定量、定时、定性等要求。

第四，各练习站的练习要注意负荷大小不同的练习交替安排。

第五，可以从学生最大负荷量的三分之一开始练习，再逐步增大运动负荷，但一般不超过学生最大负荷量的三分之二。练习量大时，强度应相对较小；反之，强度大时，练习量应相对较小。循环练习时，要注意合理安排间歇时间。

在轮滑球教学当中，合理运用各种教学方法进行教学，要吻合教学大纲，还要符合运动技能形成的规律，鼓励学生个性发展，培养学生动手的实际操作能力，培养他们的动口表达能力，培养他们的动脑思考能力。在教学中，要注意培养学生的自我监督、自我检查、自我评定等能力。

第六节　训练原则的运用

运动训练原则对运动训练活动的方式方法加以指导和规范，告诉人们在运动训练活动中如何思考和如何操作，能够取得理想的训练效果。原则是人为确定的。在科学的训练原则指导下，训练就会有进展；训练原则不科学，甚至做出错误选择，就难以把训练做好，甚至会造成严重失误。因此，确定训练的原则极其重要。科学正确的运动训练原则应该是运动训练活动客观规律的反映，应该是运动训练普遍经验的概括和科学研究成果的结晶。为了科学确立能够反映运动训练活动客观规律的训练原则，就要正确认识和把握运动训练活动中人体运动竞技能力的变化、提高与表现的规律。

运动训练原则是人们在运动训练实践活动中感受领悟、提炼概括而确立的。在现代竞技体育100多年的发展历程中，人们对运动训练原则的认识在不断发展变化。在我国竞技体育发展的不同时期，依据人们对运动训练规律和训练工作要求的不同认识，训练也遵循着不同的原则，如三从一大原则、一般训练与专项训练原则、竞技需要原则、导向激励与健康保障训练原则、竞技需要与区别对待训练原则、系统持续与周期安排训练原则、适宜负荷与适时恢复训练原则等。运动训练是一个系统过程。这些原则共同起作用，而绝不是独立存在的。

一、训练的基本原则

（一）竞技需要原则

竞技需要原则是指，根据提高运动员竞技能力和运动成绩的需要，从实战出发，科学安排训练阶段的划分和训练的内容、方法、手段、负荷等因素的训练原则。运用贯彻竞技需要原则，应注意以下训练学要点：

第一，围绕运动训练的基本目标，全面安排好训练和比赛。

第二，正确分析专项竞技能力的结构特点。

第三，按照竞技的需要，确定负荷内容和手段。

第四，注意训练负荷内容的合理结构。

（二）动机激励原则

动机激励原则是指，通过多种方法和途径，激发运动员主动从事艰苦训练的动机和行为的训练原则。遵循这一原则，可启发运动员更高的训练积极性和主动性，培养他们的独立思考能力、创造能力和自我调控能力，及时使他们以最大动力高质量、高效率地完成训练任务。贯彻动机激励原则，应注意以下要点：

1.加强训练的目的性教育和正确价值观教育

注意通过各种教育学和心理学手段，进行训练的目的性教育，使运动员逐步树立起自觉训练的态度和动机。要使运动员认识到获得优秀运动成绩对国家、民族、家庭和个人的重要性及其巨大的社会价值，以此鼓舞激励他们。

2.满足运动员合理的需要

训练之余，教练员要关心运动员的生活，安排好他们的衣食住行，为他们创造良好的人际环境，尽可能使他们在安全、尊严等方面得到必要保障，并引导他们形成“自我实现”的高层次需要，从而产生积极从事训练和比赛的动机。

3.激发运动员参与训练和比赛的兴趣

注意运用符合不同年龄运动员个性心理特征的多种手段，激发运动员参加运动训练和竞赛的兴趣。

4.发挥运动员在训练工作中的主体作用

应使运动员了解训练的目的、任务、要求与安排，并使运动员在一定程度上参与训练方案的制定和运动训练的组织。只有这样，运动员才能变被动式训练为主动式训练。同时，要注意有意识地培养运动员的独立思考能力，提高运动员在各种复杂环境和社会条件下较好控制自身的思想、行为和动作的自控能力和应变能力。

5.注意教练员自身的榜样作用

教练员要特别注意自身的言行，要善于说服教育，杜绝简单粗暴的态度和做法，以自身的知识、能力、表率作用和通过有效训练取得的优异运动成绩来建立权威，取得运动员的信任，并以此激发运动员训练的积极性。

6.注意正确地运用动力

正确运用精神、物质和信息这三种动力，扬长避短，取得理想的效果。

要正确认识和处理个体动力和集体动力的关系，让个体动力在大方向基本一致的情况下得以充分发展，以求得比较大的集体动力的总量。

（三）有效控制原则

有效控制原则是指要对运动训练活动实施有效控制的训练原则。训练时，应准确把握和控制运动训练活动的各个方面或运动训练过程的各个阶段，训练的内容、量度及实施，并对他们进行及时必要的调节，使运动训练活动按照预先设计的方式进行，保障训练目标的实现。贯彻有效控制原则应注意以下三个训练学要点：制定科学的训练方案，高度重视训练信息的采集和运用，及时对训练方案进行必要的修正和完善。

（四）系统训练原则

系统训练原则是指循序渐进的持续组织运动训练过程的训练原则。该训练原则的科学基础是人体生物适应的长期性、训练适应的不稳定性和人体生物适应的阶段性。训练时，应注意以下训练学要点：

1.保持训练的系统性

保持训练的系统性包括：健全多级训练体制，建立和强化正确的训练动机，制定科学的训练方案，提供有力的社会保障。

2.按阶段性特点组织训练过程

运动训练过程的组织实施，必须遵循阶段性特点，有步骤、有秩序地进行。而这一步骤则是按固有程序排列的。例如，全程性多年训练依次分为基础训练阶段、专项提高阶段、最佳竞技阶段和竞技保持阶段，一个连续4—12个月的训练大周期依次分为准备期、比赛期和恢复期，一堂训练课依次分为准备部分、基本部分和结束部分，等等。练习内容的程序性在许多情况下都是不可逆的，必须按照固有程序进行，这样才能取得理想的训练效果。如果忽视训练活动的程序性，就会造成许多不良后果。

（2）前后拨球

前后拨球是在体侧拨球，身体略微转向正手侧，将上手稍推出，在正手侧进行拨球，下手位置可适当做调整。前后拨球同样分为长拨球和短拨球。

（3）斜线拨球

斜线拨球是在体侧直接把球拨向体前，球的轨迹路线为一条斜线，正手侧和反手侧都要练习，配合腰部转体进行。拨球时，可以融入长短拨和前后左右衔接拨球，使之更加顺畅。

图3-38　左右拨球动作示范

图3-39　前后拨球动作示范

（4）脚下配合拨球

正常拨球时，可以有意识地将球拨向任意一只脚内侧，并控制力道，将球踢到球拍上继续控球，双脚都可运用，提高控球灵活性。另一种情况是无意识拨球，将球丢到双脚附近，可移动重心将球踢到球杆上继续控球，提高控球能力。

图3-40　斜线拨球动作示范

图3-41　脚下配合拨球动作示范

2.动作细节

（1）转动手腕

转动手腕是处理轮滑球的基本操作。转动手腕首先会使拍头部分对球产生充分的包裹和环抱效果，便于控制球，甚至提升球感。随着技术的提升，转动手腕对更高级别的控球技术也是非常有用的，因为要保证手臂（尤其是下手）处在不同的位置，甚至做出不同的动作，熟练转动手腕将球控制好，并掌握高质量处理球的动作。

具体的转动方法是，在准备姿势的前提下，将轮滑球置于体前中间位置，双手握球杆，在左右拨球的过程中尝试将两只手的手心分别反转向上，使拍头在拨球时形成“包裹”球的状态；也可以上手单手持杆转动球杆，再换成下手单手持杆，每次都使拍头部分向一侧倾斜，将球“压”住即可。

（2）伸长球杆

无论争抢球还是传接球，处理远离自身的轮滑球时，都要依靠这项重要技术来获得球权。

从正手侧向外伸杆时，上手抓住球杆向下手小臂的方向，下手顺势向上抬到距离上手一拳的位置，甚至可以更近，起到辅助发力的作用；同时降低双手到靠近轮滑球一侧的膝盖，下降重心，这样会使控球距离达到最大。反手侧向外伸杆时同样重心向下向有球侧的膝盖靠近，上手向上手侧前推出，下手跟随并靠近上手，起到辅助发力的作用。

需要注意的是，上手始终不转换握杆位置，只能用下手变动握杆位置。为了进一步扩大伸杆范围，可以降低双手并弯曲靠近轮滑球的膝盖，手和身体贴近地面，便于进一步向外伸杆。

（二）行进间控球

行进间控球指的是运动员在正常滑行过程中，通过一系列个人技术完成对球权的控制，并顺利进行下一步技战术衔接。

1. 双手拖运球

双手拖运球是一项容易养成好习惯的基础技术。双手正常持杆，上手稍微推出，下手略回收，将球置于下手侧，反转手腕使拍头向前压住轮滑球，使球的位置处在拍头中间（弧度最大的位置），上肢前倾，肘关节自然放松，利用下肢滑行速度将球“拖”动，其间要养成抬头观看前方或场地的好习惯，时刻提醒自己不要一直低头看球，初学者可以多利用余光看球。

图3-42　双手拖运球动作示范

2. 双手拨运球

在向前滑行中，双手拨运球是非常实用且稳定的控球方法。与原地拨运球不同的是，行进间拨运球需要向侧前方“推”和“拉”，以此来配合滑行，甚至更快。在转弯、急转、急停、转变方向时，先翻转手腕用拍头将球扣住，再将球拨向要滑行的方向即可。行进间拨运球也需要长短拨球并用，以便躲避防守人的阻截或调整滑行路线。长短拨并用，好处在于使前进流畅灵活。

图3-43 双手拨运球动作示范

3. 单手推运球

单手推运球常用于没有防守人阻截或没有风险时需要快速启动提速的区域。单手推球常用于上手侧，上手推出并单手持杆，上手手腕翻转以球杆弧顶侧（反拍）触球；触球区域在上手侧前方，可适当调整触球区域；同时，要抬头观察对方球员是否阻截等情况，并加速或调整控球的方式。

图3-44 单手推运球动作示范

4. 倒滑运球

倒滑运球与正滑控球相反，上肢直立，可根据场上情况或滑行状态，选择单手或双手握杆，要翻转手腕进行扣球。需要注意的是，要根据向后滑行的快慢适时调整向后拨球的角度和速度。倒滑运球也要长短拨球并用，达到流畅灵活地控球的目的。

5. 脚控球

脚控球是控球的重要部分，尤其是在行进间灵活运用双脚进行控球和辅助，是一项非常重要的技术。脚控球是丢球后用就近脚控制好力量将球踢回球杆上继续控球，也可运用在传接球中。如遇不方便使用球杆接球的情况，可以先用脚停球后再踢向球杆进行控球，也可在球杆失去控制时用脚将球传给队友。

（三）传接球

1. 正手平传球和正手接球（硬接球和缓冲接球）

（1）正手平传球

正手平传球也叫扫传球，是一种稳定准确的传球方式，是基于“平推”动作的正手传球。首先，要抬头观察接球人，将球通过长短拨球配合置于正手侧（下手侧），传球时用拍头根部触球，采用平推的方式，上手将球稍推出，下手辅助发力，使球从根部滚动到拍头部位，球杆随挥拍头指向接球人。传出去的球应是顺时针旋转状态，这会使接球人容易接到球，中途不易出现改变方向、停止等意外状况。

图3-45　正手平传球动作示范（1）

图3-46　正手平传球动作示范（2）

图3-47　正手平传球动作示范（3）

（2）正手接球—硬接球

正手接球的具体位置是下手侧，相对运用较多。将拍头平放在地面上，接球时上肢自然放松，观察传球人传球的方式和来球路线。如果是在滑行中，要根据来球方向积极调整接球的位置和方式。为防止接球后出现不稳定状态，可稍微将球拍向来球方向，接触球后翻转手腕向下发力，将球“扣”在拍头上，以防球弹出。

图3-48 正手接球动作示范

（3）正手接球—缓冲接球

缓冲接球是在硬接球基础上产生的一项延伸技术，优势在于接球后可迅速进行下一个技术动作的衔接。具体技术动作要领是：将球拍迎向来球方向，接触球的瞬间随球的力量向后缓冲，这时可以适当改变球的轨迹路线，并可以根据队员的情况选择下一个连续动作。

2.反手平传球和反手接球

（1）反手平传球

反手平传球是指将球置于上手一侧，利用拍头反侧进行传球。出球方法与正手相似，将球从反拍根部旋转到拍尖后出球并指向传球目标，以达到稳定传球的目的。不要过分转体和移动重心，身体稍向传球方向移动即可。

图3-49　反手平传球动作示范（1）

图3-50　反手平传球动作示范（2）

图3-51　反手平传球动作示范（3）

（2）反手接球

先观察来球，移动到相应位置后双手握杆，把拍头中后部位对准来球，接球时双手手腕要向来球方向向下稍发力，将球控制住。

3. 传腾空球与接腾空球

（1）传腾空球

传腾空球主要是为了越过防守运动员球杆、轮滑鞋等较低的障碍物，将球准确地传到其他运动员球拍上。传腾空球是在平传球的基础上，在球滚动到球拍中部时快速翻转手腕将球拍后仰向上，同时利用短促发力向上移动击球，使球继续在拍头滚动，直至拍尖处出球，然后自然挥动拍头，指向传球方向。反手动作方法相反，原理相同。

（2）接腾空球

接腾空球时涉及两种情况：第一种是高于肩部的球。这种球需要用不持杆的手来接球（多为下手）。用手接球需要注意将球接住后在最短时间内将球放到地面并用球杆进行控球，不能以手持球滑行或者将球抛给队友，否则会被判罚犯规。同时，需要注意来球方向和高度，积极调整接球手的位置和状态，防止手被打伤。第二种情况是不便于用下手进行接球和肩部以下的球，可看准时机双手持杆用拍头部分将球拍向地面或用手挡下后立刻用球杆控球。

4. 挑球

挑球多运用在解围的情况下，主要作用是将球直接向上向己方攻区方向挑出，避免中途有防守队员拦截，从而继续进行攻击。将球置于身体侧前，重心向后，利用拍头前半部分进行“向前—翻转手腕—向上”的动作，两臂向上发力。反手挑球相对正手挑球简单一些，动作方法相反，原理相同。

图3-52　挑球动作示范（1）

图3-53　挑球动作示范（2）

5. 留球和留传球

严格来说，留球和留传球不是真正意义上的传球，更偏向于两人之间的技战术配合。留球和留传球需要两名队员参与，两人在一点一前一后做交叉，运球人在前，同时用余光观察队友的位置、速度和持杆手，并选择时机运用留球和留传球技术将球传到后侧队员的正手侧，使其更具有威力和反应优势；完成后，前侧运动员可选择门口迂回、急转、急停等方式来执行后续战术安排。需要注意的是，两人持杆手相同时，前侧运球运动员只需要将球向后拨，并使用球拍停球，将球“留下”即可。两人持杆手不同时，前侧运动员需要观察后侧运动员球杆位置，后侧运动员积极将球拍放到适合接球的位置；前侧运动员向侧后方运动员正手侧利用反手“传”，将球传向后侧运动员正手即可。留传球的原则是后侧运动员可以快速做出射门或传球动作，这会对防守方造成更大威胁。

一般来说，留球是在两人持杆手一致的情况下采用的技术，留传球是在两人持杆手不一致的情况下采用的技术。

6.界墙反弹球

简单来说，界墙反弹球就是将界墙看作“队友”，通过这个“队友”完成队员与传球目标之间的联系，以合适的角度和力量将球击打至界墙，利用界墙反弹的力量来实现传球的目的。

在实战中运用时，界墙反弹球有两种情况：第一种是传给自己，在向前加速的过程中，人球分过，将球打向界墙一侧反弹，同时迅速向防守人的另一侧加速变向，过人后急转到球反弹的方向继续控球。第二种是利用界墙反弹将球传给队友，传球角度偏大，力量也偏大，具体需要观察队友位置和实际情况，并根据自己的传球经验来调整角度和力量来进行传球。

7.弹传球

弹传球是在正手平传球基础上演变出来的一种隐蔽性强、动作迅速的传球方法。这是利用手腕和前臂爆发力进行传球，传球时重心一般在距离球较近的一侧，将球置于体侧，等球从拍头根部滚动到拍头中间部位时快速向后预摆10厘米—30厘米，利用手腕快速翻转再次击球，并完成拍头后半部分旋转，最后从拍头尖部出球，球拍随挥，拍头指向传球方向。

8.接地滚球

我们在很多时候接到的球不是非常贴合地面的，而是很可能是处于翻滚状态的球，如何将球接好并快速控制住就显得非常重要。这时，要在接球的基础上将重心下压，翻转上手将球拍扣住球并压到正常状态，然后迅速回到控球状态。

9.轮滑鞋传、接球

球传至脚下区域，球杆不便接球时，可使用轮滑鞋的内刃或外刃进行接球，并反弹到球杆适合的位置进行控球，脚要稍作缓冲，避免球被弹走。

处于防守状态时，无法正常使用球杆来处理球，就需要通过轮滑鞋来进行传球和阻截球。

（四）射门

1.腕射（拉射）

腕射，也叫拉射，是最基本的射门方式，上手同侧肩正对球门为闭合式射门，将身体前侧分为A（远球门脚前侧）、B（两腿之间前侧）和C（近球门脚前侧）三个区域进行射门时，将球杆先置于A区，球置于杆刃的根部，球从A区传到C区的同时，从根部滚动到拍尖后顺势挥起球杆，指向目标，下肢远球门侧腿发力向进球门侧腿移动重心。身体正面球门时为开放式射门。先把球拨到体侧偏后，上手向后拉，下手向前推，最后抖腕射门。

2.弹射

弹射是介于拉射和击射之间的一种技术，具有隐蔽性、突然性、得分率高等特点，分为小臂击射和拉弹射。

小臂击射时，重心位于下手同侧脚上，将球放于两脚之间，球拍预摆不超过膝盖，下手发力加速向前挥杆，用杆刃中后部击球，重心随之向前移动。

拉弹射是基于拉射的“二次击球”，给人一种继续运球的假象，起到突然起拍射门的效果。球到B区时，再次突然抖腕发力向前，好像在运球时向前拨球后快速跟上，完成再次击球射门。

图3-54 弹射动作示范（1）

图3-55 弹射动作示范（2）

图3-56 弹射动作示范（3）

3. 挑射

在门前近处时，将球挑向球门上部效果比射下部效果好。挑射常用于门前射门。射门时，用拍头部位进行击球，利用的是“拉—推—挑”的组合动作，起球点在B区或C区。

4. 击射（大力激射）

击射（大力激射）是各种射球方法中力量最大、球速最快的射门方法，多用于远距离射门。原理与小臂击射相似，但球杆预摆较大，预摆至肩高，利用后腿发力增加向前向下的力量，球杆击打部位是球后侧地面，利用球杆韧性将球击出，身体重心向前。

图3-57 击射（大力激射）动作示范

5. 垫射

垫射需要两名运动员互相配合，是比赛中的一种配合技战术，一般是前锋在对方门前利用球拍对本方后卫射向门前的球进行变向或垫上角，以达到在守门员未能做出反应时射门得分的目的。

6. 反手射门

反手射门一般应用于距球门较近的距离，因为反手射球力量较小。但反手射门突发性较强，守门员不易判断射门方向。反手射门与反手传球原理相似，但射门时讲究快速击球。

7. 掖门

掖门是一项威胁较大的技术。轮滑球有其特殊的场地，射门后允许滑行，这就使进攻路线和可选择的技术变得非常多。简单来说，可以从门后乘守门员不备，快速从一侧球门将球掖进球门，达到得分目的。控球运动员加速滑行，从一侧球门进入门后快速急转，将球从另一侧掖进球门。还可以在门后急停后回到原来的方向掖门，具体操作可以根据场上守门员的反应与具体情况而定。

图3-58　掖门动作示范（1）

图3-59　掖门动作示范（2）

图3-60　掖门动作示范（3）

（五）防守阻拦技术

在比赛中，对方球员控制球时，本方球员将球争抢过来或者将对方的球破坏掉，需要运用阻拦技术。常用的防守阻拦技术有以下四种：

1. 戳球阻拦

防守时，防守运动员倒滑面对控球运动员时，戳球阻拦是一项非常有效的选择。要根据对方的滑行速度调整倒滑速度，要比对方稍慢一点，把球杆收在身边，肘部弯曲。控球队员接近时，单手握杆突然发力伸展手臂，用球杆戳向球，将其破坏掉。

需要注意的是，要控制倒滑速度，不宜过快或过慢，过快会导致戳不到球，过慢会导致非常被动。同时，不要过早暴露意图，要细心观察对方的变化，防止被假动作虚晃，向前伸杆时不要将重心过分向前，以免失去重心。

2. 挑杆阻拦

挑杆阻拦是一项非常有效和常用的近距离抢球技术，尤其是突然从控球运动员后侧挑杆破坏球时，效果非常好。防守时，跟随对方运动员，距离足够近时，利用球杆突然从下方挑起对方的球杆并将球拨走。注意，不能过早伸杆暴露意图，要加速滑行并突然挑杆。

3. 扫球阻拦

扫球阻拦也是一种常用的阻拦技术，适用情况较多，应用较为广泛，也延伸出侧面击打等技术。在防守中靠近对方并距离够近时，降低重心，弯腰屈膝，用球杆横向扫向球和对方的球杆。要注意扫球时机，尽量让球杆超前一些，这样会使干扰范围大一些，尽量靠近对方，不然会被对方拉杆加速摆脱掉。

4. 回追阻拦

球权不在己方队员控制下且对方处于突破进攻状态时，离进攻队员最近的防守方队员应快速回追，进行干扰、拦截等，减缓对方进攻速度，为其他队友回到正常防守位置争取时间。

思考题

1. 单排轮滑球的运动员技术包含哪些技术，具体内容是什么？

2. 单排轮滑球运动员的传球技术有哪几种，分别是什么技术？

3. 单排轮滑球中的刹车技术有哪些？

4. 单排轮滑球中有哪几种射门技术适用于距门较近的情况？

5. 单排轮滑球中的防守阻拦技术有哪几种？

第四章　单排轮滑球技术与战术训练

第一节　滑行技术训练

一、正向滑行和倒向滑行练习

如图4-1所示，场地分为四部分。

（一）正向滑行

动作路径：左下1、2、3号三名队员按箭头方向逆时针滑行。

动作规格：单手持杆或者双手持杆，随下肢动作自然摆动。双腿弯曲，膝盖不超过脚尖，蹬收脚保障支撑腿的弯曲角度，以“外刃着地—中刃支撑滑行—内刃蹬地”的三刃滑行姿态向前滑行。上身稍前倾，目视前进方向。

其他练习形式：①双脚向前“画葫芦”前进。②双脚向侧前滑出，比肩稍宽，双脚向两侧发力，跳起收脚并拢落地。重复。③单脚向前“画葫芦”前进。④双脚鱼型前进。⑤固定两脚间距不收脚重心蹬转前进。

（二）倒向滑行

动作路径：右上4、5、6号三名队员按箭头方向逆时针滑行。

动作规格：单手持杆置于体前，上肢随下肢动作自然摆动。双腿弯曲，双脚依次倒画“C”字以保障向后滑行速度。上身稍前倾，肩膀和头向一侧转动，目视前进方向。

其他练习形式：双脚向后“画葫芦”前进。

注意事项：听到哨音后，两组队员自由做正向滑行和倒向滑行的动作转换练习。

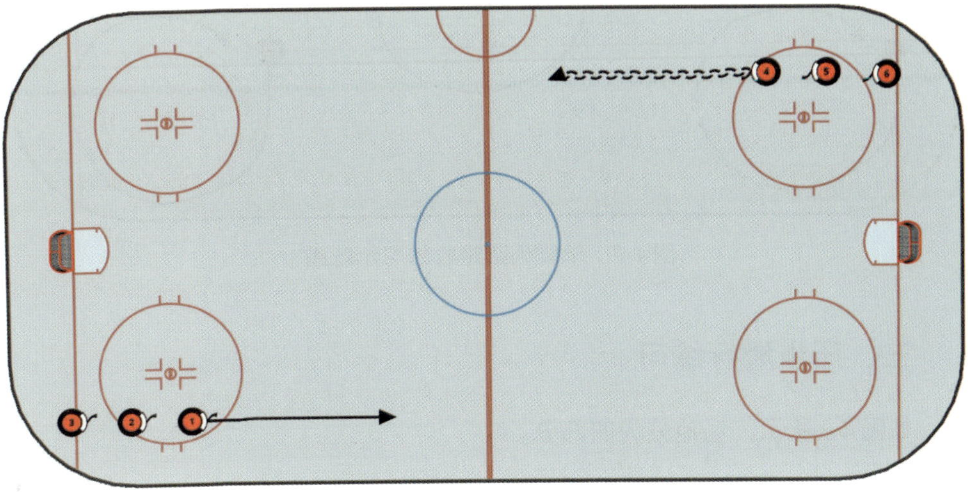

图4-1　倒向滑行练习示意图

二、单脚画弧蹬收练习

如图4-2所示，场地分为四部分。

动作路径：五名运动员按照箭头方向绕争球圈做逆时针方向滑行。

动作规格：单手持杆或者双手持杆，随下肢动作自然摆动。双腿弯曲，滑行时，靠近争球圈的内侧脚不蹬收，远离争球圈的脚做向外画弧的蹬收动作，带动身体前进，重心在两脚间转换，上身向转动方向偏转，目视转动方向。

其他练习形式：①按图示相反方向向前滑行。②按图示方向倒向单脚画弧蹬收。③按图示相反方向倒向单脚画弧蹬收。

注意事项：听到哨音后，五组队员按照教练安排顺序进行轮换动作练习。

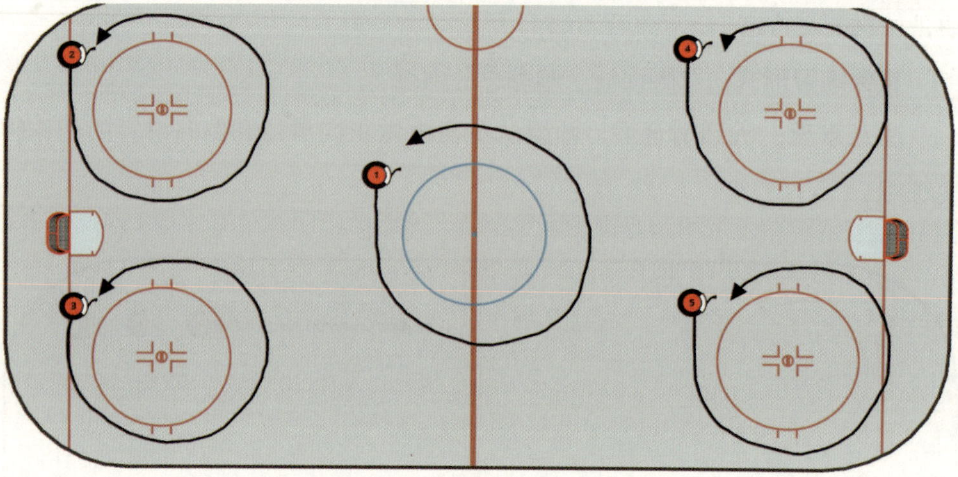

图4-2 单脚画弧蹬收练习示意图

三、压步滑行练习

如图4-3所示，场地分为四部分。

(一) 正向压步滑行

动作路径：左面1、2号两名队员按箭头方向绕端区争球圈作“8”字滑行。

动作规格：单手持杆或者双手持杆，随下肢动作自然摆动。双腿弯曲，滑行转动时用弯道压步的方式转向，上身向转动方向偏转，目视转动方向。

其他练习形式：①按图示方向进行。②按图示相反方向进行。

(二) 倒向压步滑行

动作路径：右面3、4号两名队员按箭头方向绕端区争球圈作“8”字倒向滑行。

动作规格：单手持杆或者双手持杆，随下肢动作自然摆动。双腿弯曲，滑行转动时用倒向弯道压步的方式转向，上身向转动方向偏转，目视转动方向。

其他练习形式：①按图示方向进行。②按图示相反方向进行。

（三）正向倒向转换压步滑行

动作路径：中间5、6号两名队员按箭头方向绕端区争球圈作“8”字正向倒向压步滑行。

动作规格：单手持杆或者双手持杆，随下肢动作自然摆动。双腿弯曲，滑行转动时用倒向弯道压步的方式转向，上身向转动方向偏转，目视转动方向。

其他练习形式：①按图示方向进行。②按图示相反方向进行。

注意事项：听到哨音后，三组队员按照教练安排顺序进行轮换动作练习。

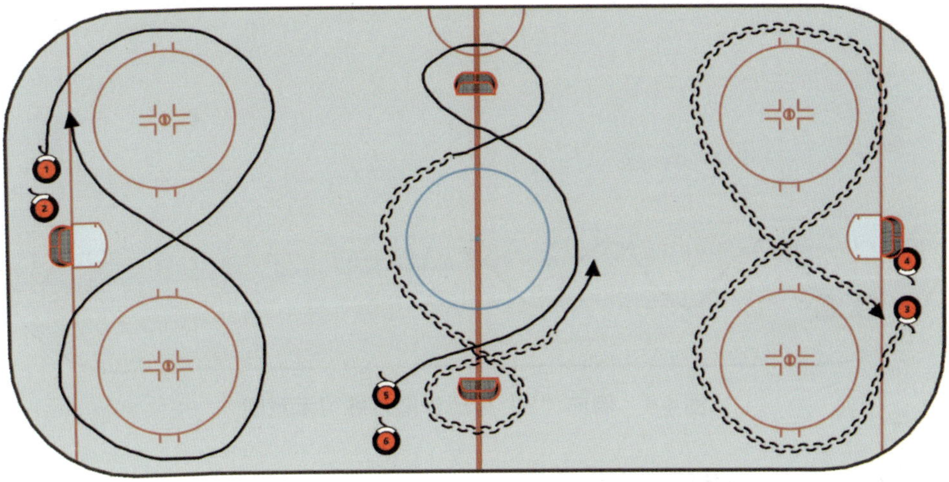

图4-3　正向倒向转换压步滑行练习示意图

四、正向“S”型压步滑行和倒向压步滑行练习

如图4-4所示，场地分为四部分。

（一）正向“S”型压步滑行

动作路径：左下1、2号两名队员按箭头方向逆时针滑行。

动作规格：单手持杆或者双手持杆，随下肢动作自然摆动。双腿弯曲，滑行转动时用弯道压步的方式转向，上身向转动方向偏转，目视转动方向。

其他练习形式：①一步压步转向。②两步压步转向。

（二）倒向“S”型压步滑行

动作路径：右上3、4号两名队员按箭头方向逆时针滑行。

动作规格：单手持杆或者双手持杆，随下肢动作自然摆动。双腿弯曲，滑行转动时用倒向弯道压步的方式转向，上身向转动方向偏转，目视转动方向。

其他练习形式：①一步倒压步转向。②两步倒压步转向。

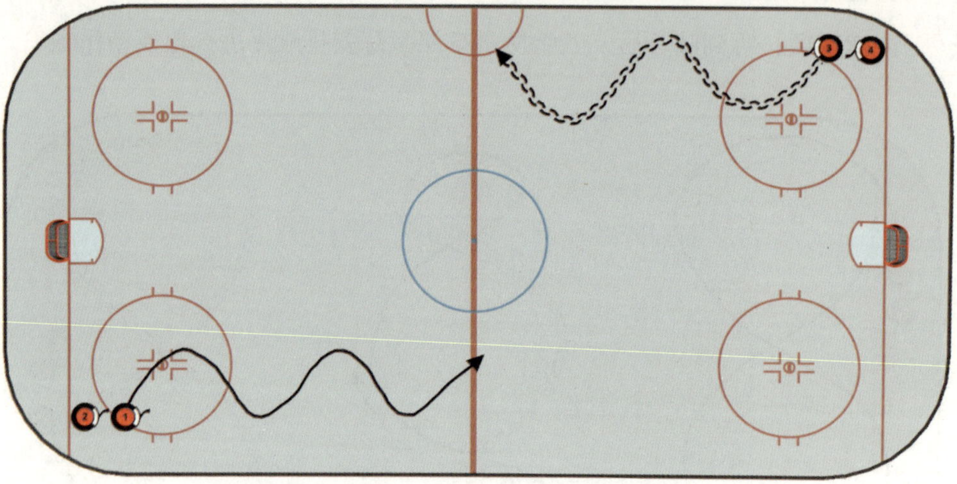

图4-4　倒向“S”型压步滑行练习示意图

五、分组正倒滑转换练习

如图4-5所示，场地分为四部分，并摆放四个轮胎作为标记。

动作路径：左上1、2号两名队员按箭头方向向中场线滑行，过轮胎后变倒滑回到球门线，再变正滑加速至中场线，沿着上面的板墙回到队尾。右下7、8号两名队员同时开始滑行，动作相同。

动作规格：单手持杆或者双手持杆，随下肢动作自然摆动。向前滑行时，加速起动，充分蹬收，过轮胎时运用双脚转向动作变为向后滑行，向后滑行时双脚交替画“C”字，快速蹬转重心，倒滑至球门线时，运用双脚倒压步动作变为向前加速滑行，至中场线结束。

其他练习形式：左上1、2号两名队员和左下3、4号两名队员一起出发，而后是右上5、6号两名队员和右下7、8号两名队员一起出发。

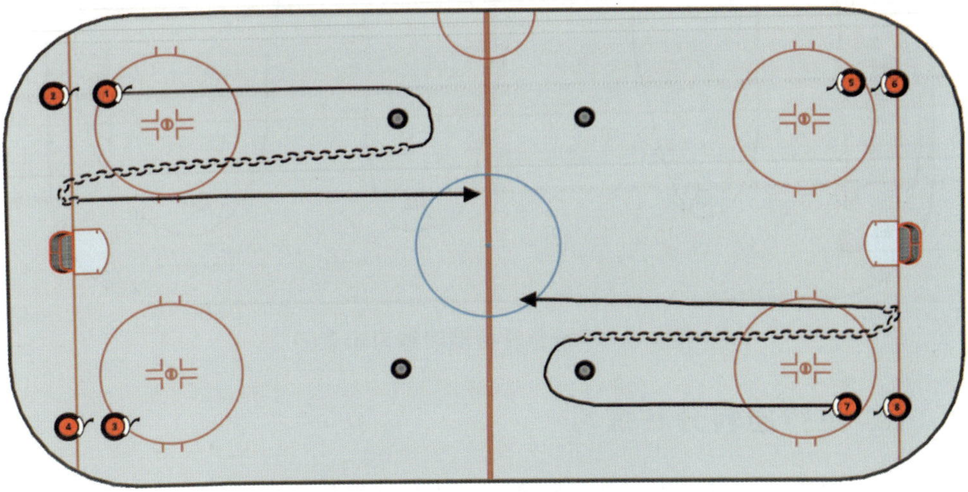

图4-5　正倒滑转换练习示意图

六、平行急转接倒滑练习

如图4-6所示，场地上摆放6个轮胎，用作平行急转的标记。

动作路径：左下1、2号两名队员按箭头方向做两侧平行急转练习并按图示做正滑倒滑转换回到队尾。

动作规格：单手持杆或者双手持杆，随下肢动作自然摆动。双腿弯曲，双脚依次蹬收向前滑行，至轮胎位置时，以轮胎为圆心，向圆心侧双脚倒刃，重心放在内侧脚靠前的位置上，有利于平行急转过轮胎后外侧脚超越内侧脚加速向前滑行。上身向转动方向偏转，目视转动方向。滑出最后一个轮胎后，经球门后至另一侧板墙处，变倒滑，利用双脚交替画“C”字，快速蹬转重心，倒滑至球门线时，变正滑回到队尾。

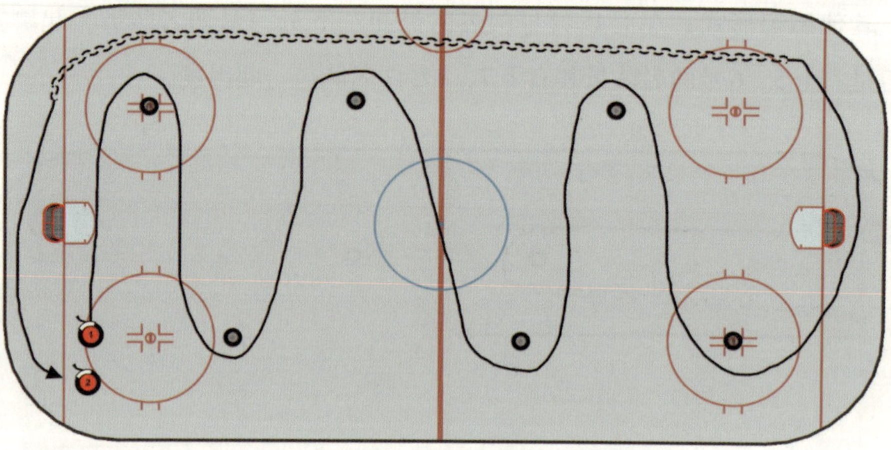

图4-6　平行急转接倒滑练习示意图

七、平行急转分站练习

如图4-7所示，场地上摆放8个轮胎，两两一组，用作平行急转的标记。

动作路径：分四组练习，分别是：1组做绕“8”字型平行急转，2组做顺时针平行急转，3组做逆时针平行急转，4组做绕“8”字型正滑倒滑平行急转。

动作规格：同图4-6中平行急转动作要求。

注意事项：听到哨音后，四组队员按照教练安排顺序进行轮换动作练习。

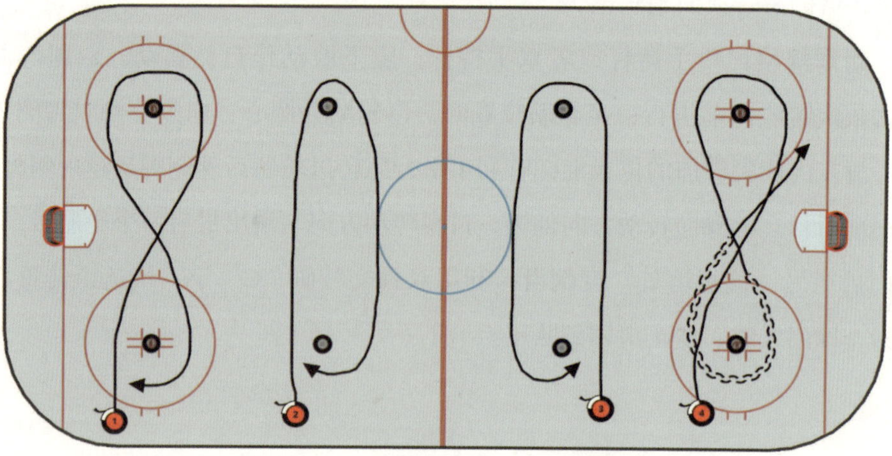

图4-7　平行急转分站练习示意图

八、正滑鱼型过桩练习

如图4-8所示，队员分为四组，场地上摆放4组桩桶，每组5个，用作鱼型过桩的标记。

动作路径：两种练习形式，分别是：1组做鱼型过桩后正滑回到队尾，3组做鱼型过桩后倒滑回到队尾。

动作规格：双手持杆滑行，双腿微屈，双脚并拢，靠髋、膝和踝摆动，利用双脚内外刃向前滑行。倒滑时单手持杆，蹬地动作同上。

注意事项：听到哨音后，四组队员按照教练安排顺序进行轮换动作练习。

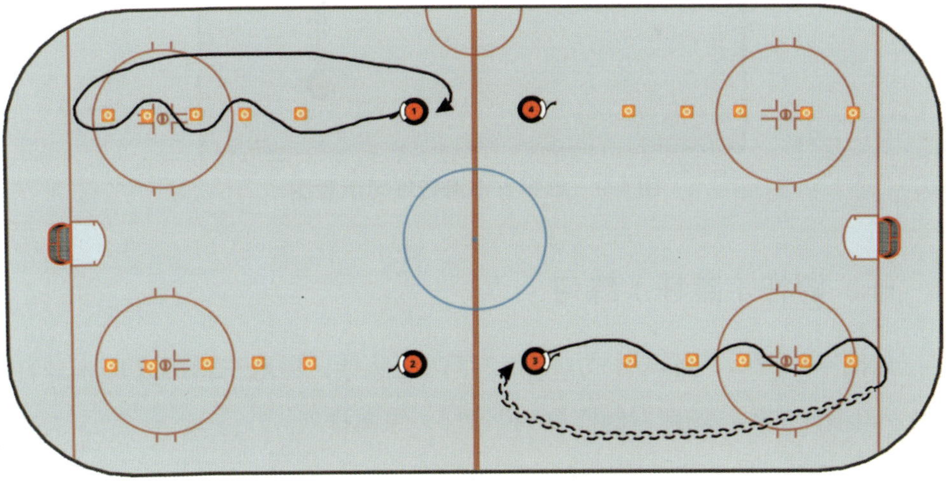

图4-8 正滑鱼型过桩练习示意图

九、单脚支撑滑行练习

动作路径：如图4-9所示，队员分成1组和2组两组。两种练习形式，分别是：1组做单脚支撑向前滑行，2组做单脚支撑向后滑行。

动作规格：双手持杆或者单手持杆滑行，加速后，支撑腿弯曲，单脚中刃站立，上身稍前倾，维持向前或者向后滑行姿态。

其他练习形式：单脚支撑的时候，进行单脚向上跳跃并单脚落地支撑练习。

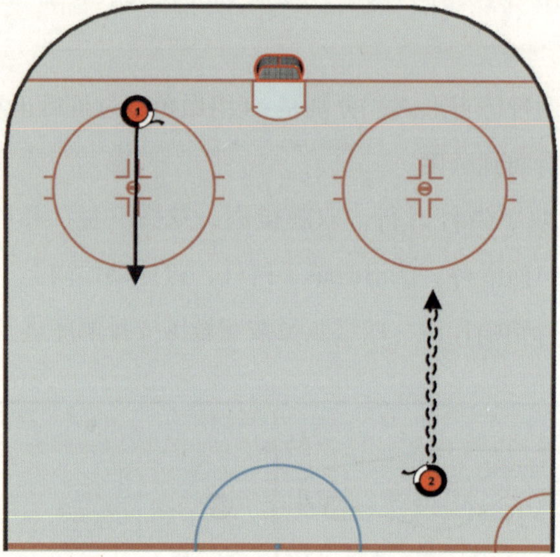

图4-9　单脚支撑滑行练习示意图

十、跨杆（跳杆）练习

如图4-10所示，球队分成1组和2组两组队员；场地左侧摆放10根球杆，5根一组横向排列；场地右侧摆放5根球杆，纵向排列。

动作路径：按照移动路线进行动作练习。

动作规格：双手持杆滑行，滑至摆放在地面上的球杆时，采用正向单脚跨越、侧向外侧脚跨越、双脚跳跃等形式过杆，双膝保持弯曲，过杆时重心随支撑脚和起跨脚进行转换。

其他练习形式：①正向单脚跨越滑行（图4-10，左）。②正向双脚跳跃（图4-10，左）。③侧向压步式外侧脚跨越（左脚起跨和右脚起跨）（图4-10，左）。④正向双脚向侧跳跃过杆（图4-10，右）。⑤正向压步式外侧脚跨越（左脚起跨和右脚起跨）（图4-10，右）。

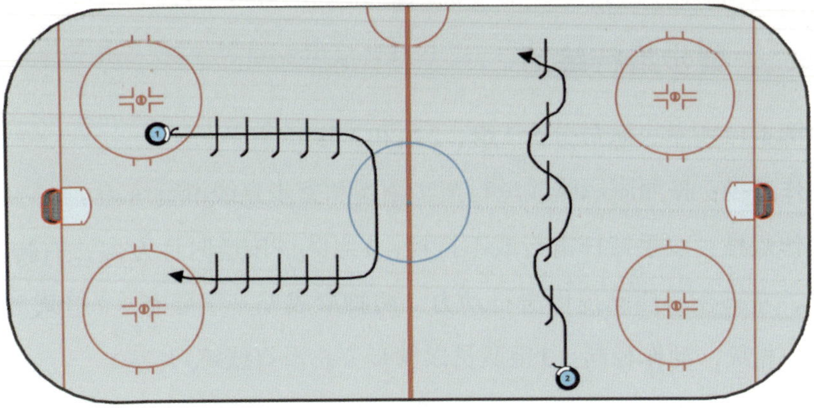

图4-10　跨杆（跳杆）练习示意图

十一、绕杆正滑倒滑转换练习

如图4-11所示，球队分成1组和2组两组队员，场地摆放球杆或者其他障碍物。

动作路径：按照图示路线进行正向滑行和倒向滑行。

动作规格：双手持杆滑行或不持杆，1组队员从球杆右侧滑行球杆上方中间后，利用上身转动带动双脚依次转向，由正滑变为倒滑至球杆左侧，用倒压步形式回到初始位置，重心移至左脚，倒滑转正滑，重复之前动作。2组队员同1组队员方向相反，动作相同。

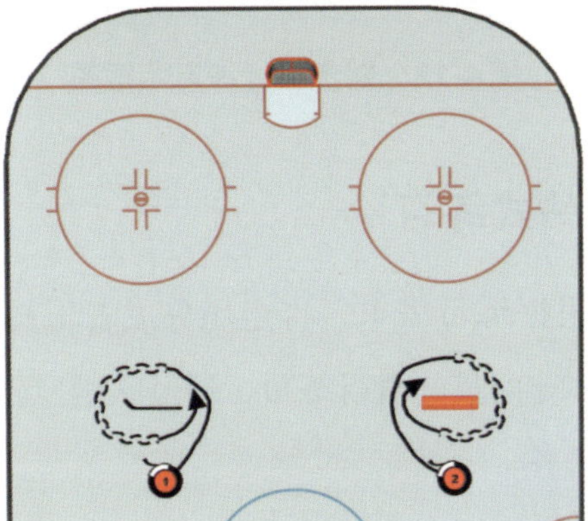

图4-11　绕杆正滑倒滑转换练习示意图

十二、蟹步滑行练习

如图4-12所示，队员分为1组、2组和3组。

动作路径： 按照图示路线进行蟹步画圆和蟹步直线滑行练习。

动作规格： 双手持杆滑行或不持杆，1组队员按逆时针方向，右脚在前控制方向，左脚在后摆动提供滑行动力，两脚形成外一字姿态。2组队员同1组队员方向相反，动作相同。3组队员以蟹步姿态滑直线练习。

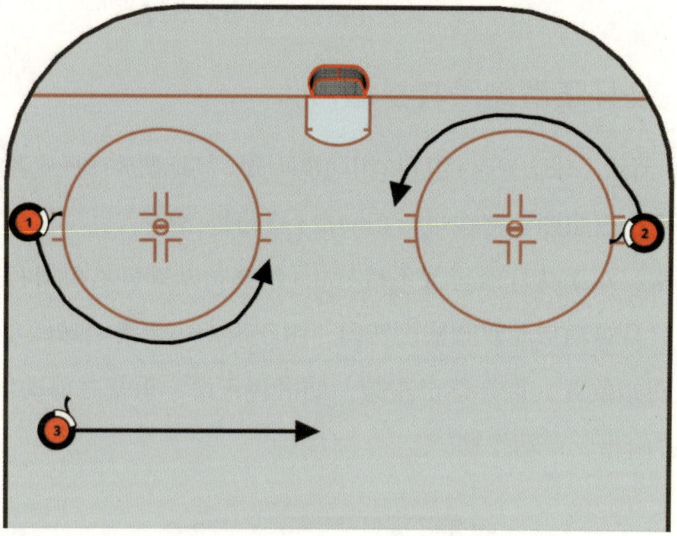

图4-12　蟹步滑行练习示意图

十三、滑行分站式练习

动作路径： 可以根据练习需求，将全场分成若干站点，自行参考前面的练习形式布置运动员和守门员的滑行练习，通过吹哨、轮组等形式进行交换练习，完成训练目标和任务。

第二节　运球技术训练

一、拨球练习

拨球是运球的基础。良好的拨球技术会对后续运球行进、传接球、射门等技术产生深远影响。

练习形式：①体前左右短拨球。②体侧前后短拨球。③体前左右长拨球。④体侧前后长拨球。⑤体前左右长短拨球结合练习。⑥绕一个桩桶进行逆时针或顺时针拨球拍头拉球结合练习。⑦绕两个桩桶进行两个方向的“∞”拨球拉球练习。

二、正向和倒向运球行进练习

如图4-13所示，队员分为两组，左下1、2、3号三名队员为一组，右上4、5、6号三名队员为一组。

动作路径：按照图示路线进行正向运球滑行和倒向运球滑行练习。

动作规格：双手持杆滑行或单手持杆，将球置于体前或者体侧，用拨运球或者拖运球形式向前或向后行进。注意人和球的位置，不要过近。

其他练习形式：①双手体前拨运球滑行。②双手体侧拨运球滑行。③双手体侧拖运球滑行。④单手体前推拨球滑行。⑤听到哨音后，正滑拨球变倒滑拨球（图4-14）。

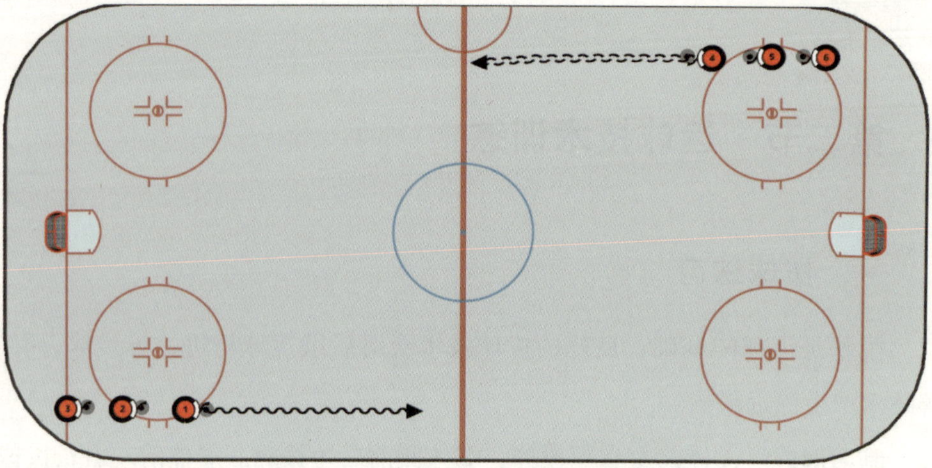

图4-13 正向运球行进练习示意图

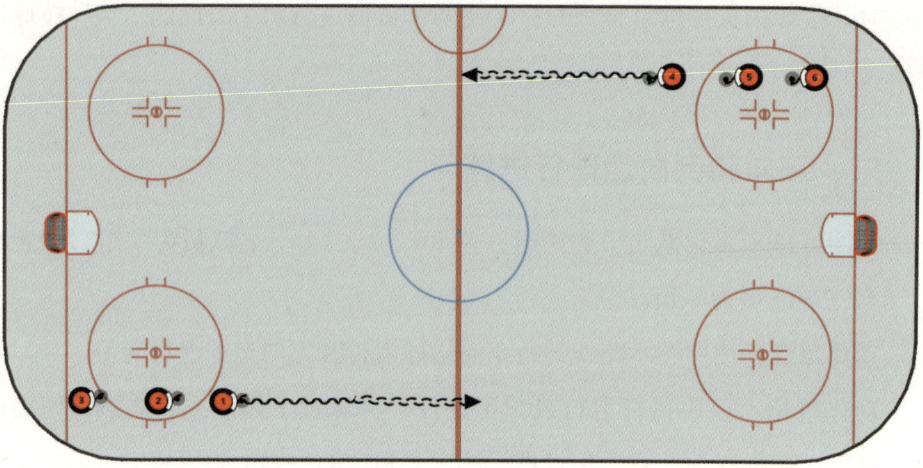

图4-14 倒向运球行进练习示意图

三、运球过桩练习

如图4-15所示，队员分为两组，上面1、2号两名队员为一组，下面3、4号两名队员为一组。场地上下分别摆放5个桩桶或者其他障碍物。

动作路径：按照图示路线进行正向运球过桩滑行练习。

动作规格：双手持杆，将球置于体前或者体侧，用拨运球或者拖运球形式向前行进。注意人和球的位置，不要过近。完成后运球回到队尾。

其他练习形式：①运动员和球走同一路线（图4-15，上）。②运动员双脚在桩桶两侧滑过，球走图示路线（图4-15，上）。③运动员和球走不同路线，按图示路线从桩桶两侧通过（图4-15，上）。④拨运球急转练习（图4-15，下）。⑤拖运球急转练习（图4-15，下）。

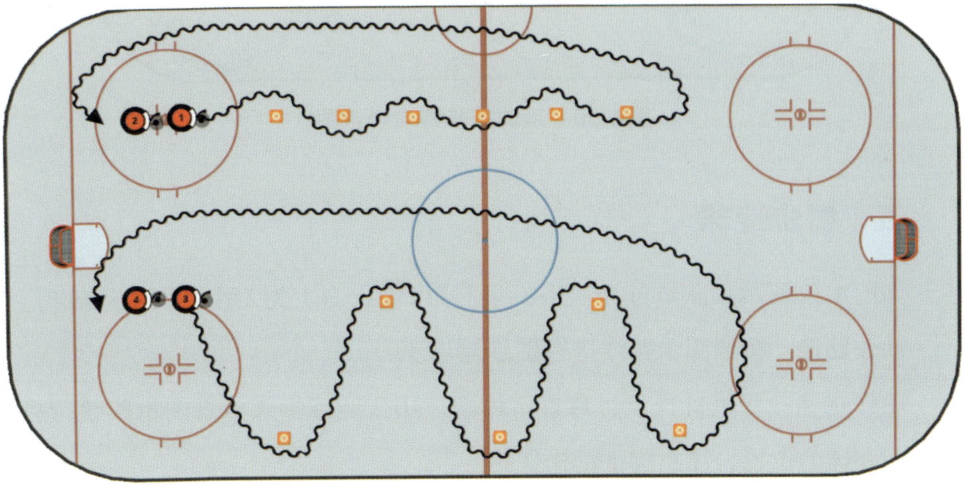

图4-15 运球过桩练习示意图

四、运球压步练习

如图4-16所示，队员分为三组，左下为1组，左上为2组，右边为3组。

动作路径：按照图示路线进行正向运球压步练习。

动作规格：双手持杆，将球置于体前或者体侧，用拨运球或者拖运球形式向前行进。注意人和球的位置，不要过近。完成规定圈数后运球回到队尾。

其他练习形式：①拖运球顺时针压步练习。②拖运球逆时针压步练习。③拖运球绕“8”压步练习。④拨运球顺时针压步练习。⑤拨运球逆时针压步练习。⑥拨运球绕“8”压步练习。

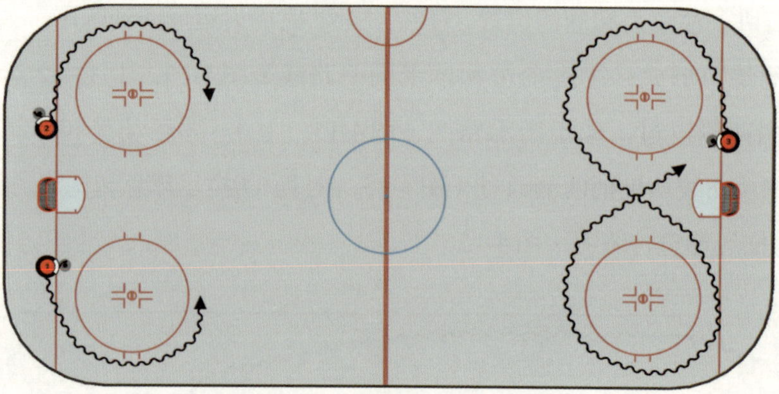

图4-16　运球压步练习示意图

五、蟹步运球

如图4-17所示，队员分为三组，左上为1组，右上为2组，下边为3组。

动作路径：按照图示路线进行蟹步运球练习。

动作规格：双手持杆，将球置于体前，用拨运球形式沿着图示路线行进。注意人和球的位置，注意脚下动作保持。

其他练习形式：①蟹步逆时针运球行进。②蟹步顺时针运球行进。③蟹步直线运球行进。

注意事项：根据安排练习时间来进行分组轮换。

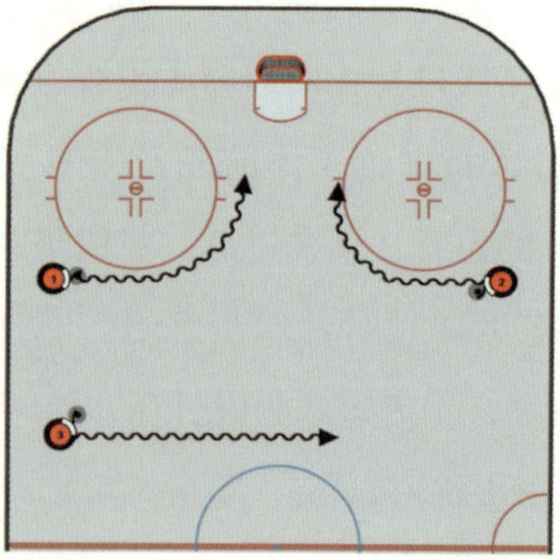

图4-17　蟹步运球练习示意图

六、绕同伴运球练习

如图4-18所示，五个争球圈各为一组。

动作路径：每组当中，有一名队员运球绕另一名队员滑行。

动作规格：控球队员双手持杆，自然控球于身体周围，运用球拍对球的控制围绕另一名队员和他的球杆进行运动。听到哨音后，两人互换。

其他练习形式：①非持球队员双脚打开，球杆伸出，原地不动，持球队员进行透杆练习和透人练习。②非持球队员双脚打开，原地不动，球杆低强度左右摆动，持球队员进行透杆练习和透人练习。③在争球圈内进行1对1运球破坏球练习，球被破坏出圈，交换运球。

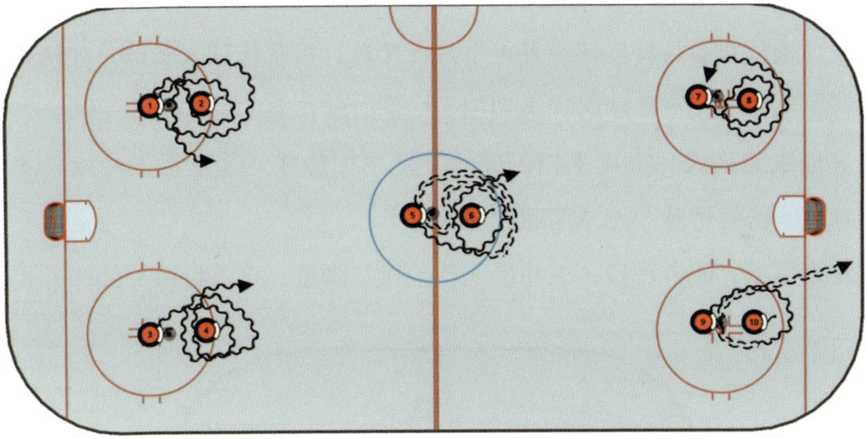

图4-18　绕同伴运球练习示意图

七、手脚配合运球

在单排轮滑球运动中，可以用手抓住空中的球或者用脚踢球（详见附后规则），故需在日常训练中重点练习。

练习形式：①滑行中进行抛球和抓球练习。②滑行中两人互相抛接练习。③滑行中脚内侧踢球行进练习。④滑行中利用脚内侧踢球向异侧前方练习。

⑤滑行中利用脚内侧踢球向异侧前方球拍运球练习。⑥滑行中抛接球，置于体前结合脚踢球练习。⑦原地拨球踢球练习。

第三节　传接球技术训练

一、两人一组传接球练习

如图4-19所示，队员分为两组，1、2号两名队员为一组，3、4号两名队员为一组。

动作路径：两人中间放置一根球杆进行传接球练习。

动作规格：持球队员双手持杆，目视接球人和球拍。接球人双手持杆，根据来球选择双手持杆接球或者单手持杆接球，目视传球人和球。如两人之间有球杆，则需要注意传球时球滚到拍头中部时候拍头的后仰动作。

其他练习形式：①正手扫传球。②反手扫传球。③正手弹传球。④反手弹传球。⑤击打传球。⑥不停球传球。

注意事项：配合硬接、缓冲接、反拍接、脚接、单手杆接等接球方式。

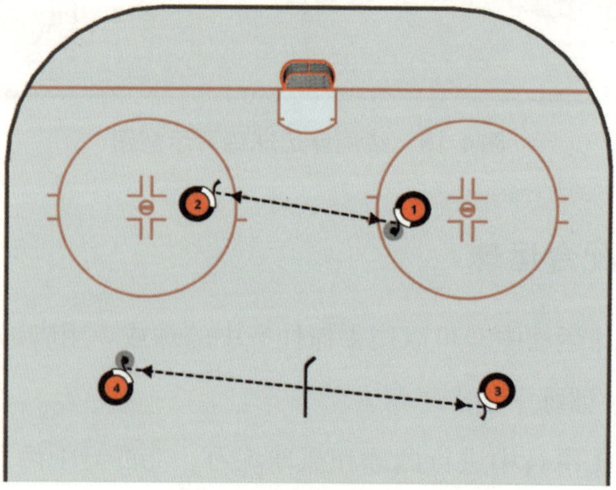

图4-19　两人一组传接球练习示意图

二、界墙传接球练习

如图4-20所示，队员分为三组，左下为1组，左上为2组，右边为3组。

动作路径： 三组队员分别利用界墙进行反弹球练习。

动作规格： 持球队员双手持杆，目视传球位置，在原地或移动中进行界墙反弹球练习，根据反弹回来的球选择合适的接球方式进行处理，再重复练习。

其他练习形式： ①左下，1组，面对界墙做传接球练习（不管使用何种传球方式，尽量保障传、接球能够连续进行）。②左上，2组，按图示方向滑行的同时，利用界墙传接球练习。③右边3、4号两名队员，3组，持球人沿着界墙的直板和弧角板交界的位置，将球传入，使球沿着弧角板或底板、异侧弧角板滑至同伴球拍上。

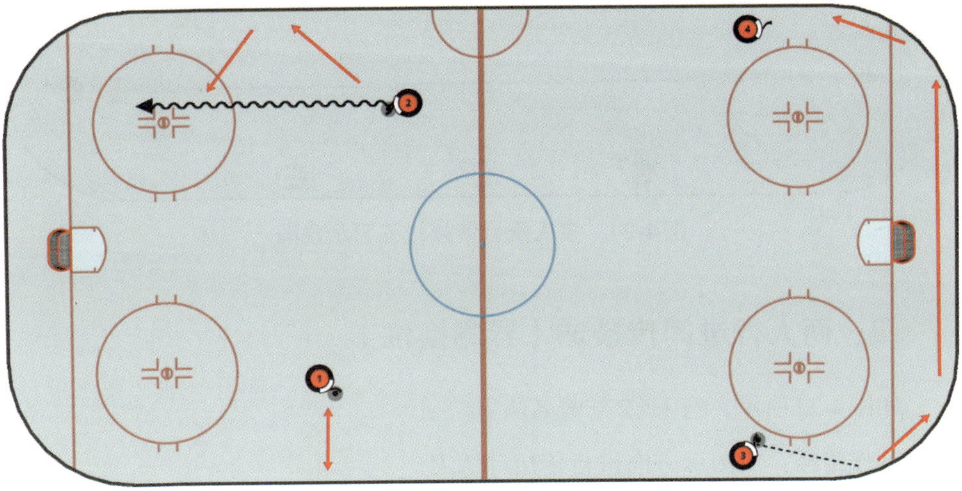

图4-20　界墙传接球练习示意图

三、多人配合传接球练习

如图4-21所示，队员分为两组，上边为一组，下边为一组。

动作路径： 两组队员分别和同伴进行传接球练习。

动作规格：持球队员双手持杆或单手持杆，运球滑行一段距离后，传给第一位队友后继续滑行，接回传球继续运球向前，再传给第二位队员后继续滑行。重复之前动作。目视接球队友及球拍位置，接球时要注意将球拍在体前伸出，给传球人一个明确的传球方向。

其他练习形式：①固定位传球人正手拍传球。②固定位传球人反手拍传球。

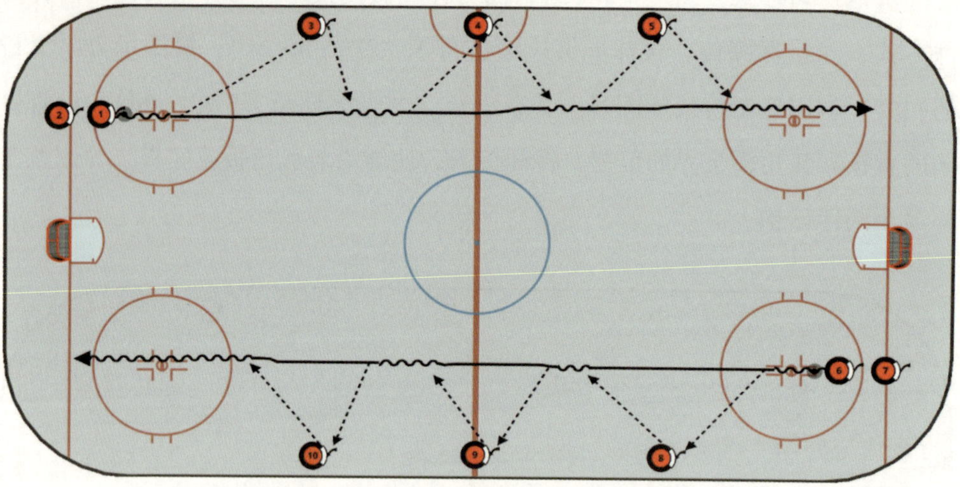

图4-21　多人配合传接球练习示意图

四、两人行进间传接球（异侧换位）

如图4-22所示，有1、2号两名队员。

动作路径：按图示方向进行传接球练习。

动作规格：1号队员双手持杆或单手持杆，运球滑行一段距离后，传给一同滑行的2号队员，2号队员接球后运球行进一段距离，回传给1号队员，重复动作。经球门后到达异侧时，两人互换位置，1号队员到内侧，2号队员到外侧，保持运动的连续性。传球时目视接球队友及球拍位置，接球时要注意将球拍在体前伸出，给传球人一个明确的传球方向。

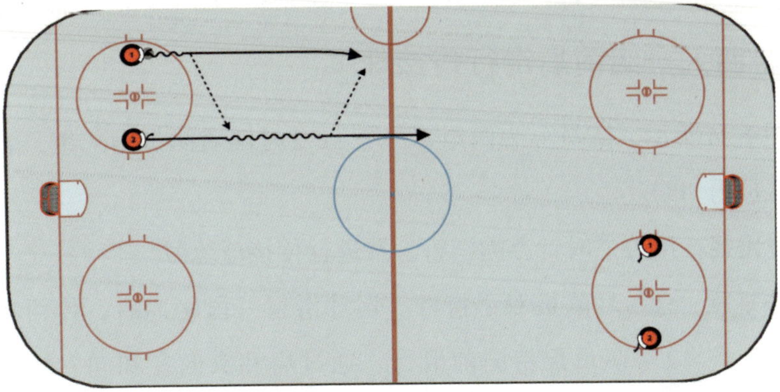

图4-22　两人行进间传接球（异侧换位）练习示意图

五、两人行进间传接球（同侧换位）

如图4-23所示，队员分为两组，左下1、2号两名队员为一组，右上3、4号两名队员为一组。

动作路径： 按图示方向进行传接球练习。

动作规格： 1号队员双手持杆，运球滑行一段距离后，传给一同滑行的2号队员，2号队员接球后运球行进一段距离，回传给1号队员。两人交叉换位，重复传接球动作。右上3、4号两名队员同时开始。传球时目视接球队友及球拍位置，接球时要将球拍在体前伸出，给传球人一个明确的传球方向。

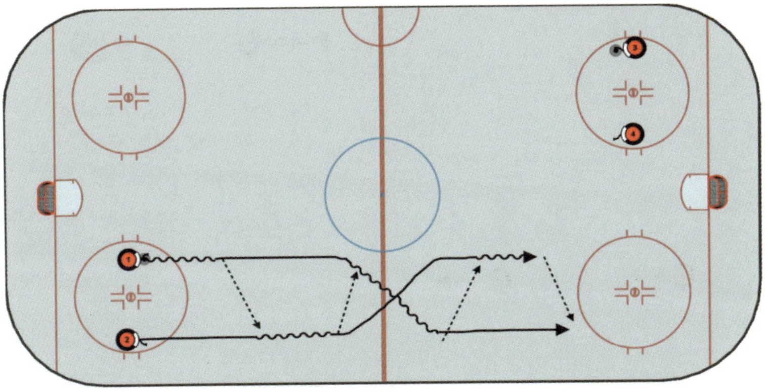

图4-23　两人行进间传接球（同侧换位）练习示意图

六、两人一组前后滑行传接球

如图4-24所示，队员分为两组，左下1、2号两名队员为一组，右上3、4号两名队员为一组。

动作路径：沿着逆时针方向滑行，并进行传接球练习。

动作规格：①1号队员双手持杆，运球滑行一段距离后，传给在前面滑行的2号队员。2号队员保持向前滑行，通过肩和头向左和向右转动，用正手拍和反手拍接1号队员的传球，接到后迅速回传给1号队员，再转动肩和头向另一侧接1号队员传球并回传。重复此动作。两人均保持向前滑行状态。传球时目视接球队友和球拍位置，接球时要注意将球拍在体前伸出，给传球人一个明确的传球方向。②3号队员双手持杆，运球滑行一段距离后，传给在前面倒向滑行的4号队员。4号队员保持向后滑行，用正手拍和反手拍接3号队员的传球，接到后迅速回传给3号队员，再换另一侧接3号队员传球并回传。重复此动作。两人均保持向前和向后滑行状态。传球时目视接球队友和球拍位置；接球时要注意将球拍在体前伸出，给传球人一个明确的传球方向。

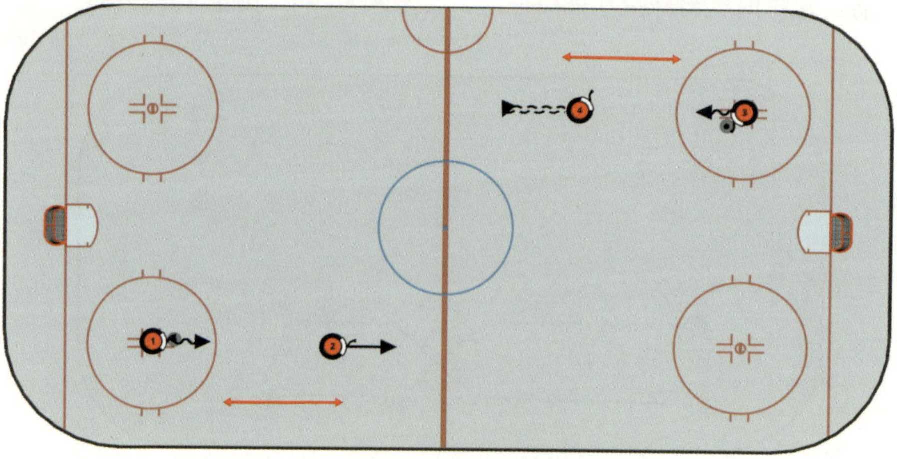

图4-24　两人一组前后滑行传接球练习示意图

七、三人一组传接球练习

如图4-25所示，队员分为两组，分为左边1、2、3号三名队员为一组，右边4、5、6号三名队员为一组。

动作路径：在半场做三人原地或移动中的传接球练习。

动作规格：①三名队员处于相对静止状态。1号队员双手持杆，传球给2号队员，2号队员接球后，传给3号队员，3号队员接球后传给1号队员。重复进行，亦可变换顺序。传球人目视接球队友和球拍位置，接球人要根据来球调整球拍位置和脚下位置，并调整传球方向，保障球连贯地在三人间进行传递。接球形式采用硬接球、缓冲接球、轮滑球鞋接球、单手持拍接球等。②三名队员保持朝一个方向滑行。4号队员双手持杆，运球滑行一段距离后，传给在前面倒向滑行的6号队员，6号队员接球后传给另外一侧向前滑行的5号队员，5号队员传给4号队员。重复进行，亦可变换顺序。传球人目视接球队友和球拍位置，接球人要根据来球调整球拍位置和脚下位置，并调整传球方向，保障球连贯地在三人间进行传递。接球形式采用硬接球、缓冲接球、轮滑球鞋接球、单手持拍接球等。

其他练习形式：①逆时针顺序传接球（图4-25，左）。②向前滑行的两名队员都只给向后滑行的队员传球，由向后滑行队员选择回传球方向（图4-25，右）。

图4-25 三人一组传接球练习示意图

八、传接球“溜猴”练习

如图4-26所示，队员分为两组，左边1、2、3、4号四名队员为一组，右边5、6、7、8、9号五名队员为一组。

动作路径：在半场做多人传接球，一人抢球练习。

动作规格：①图4-26，左：三名队员处于机动状态。球在1、2、3号三名队员之间传递，4号队员站在他们之间进行移动上抢拦截，如抢断传球并获得球权，则丢失球的队员替换中间的队员。重复练习。传球者要灵活运用各项技术，拦截者要积极上抢，破坏传接球。②图4-26，右：规格要求同上。

其他练习形式：可以增加传接者和拦截者的数量。

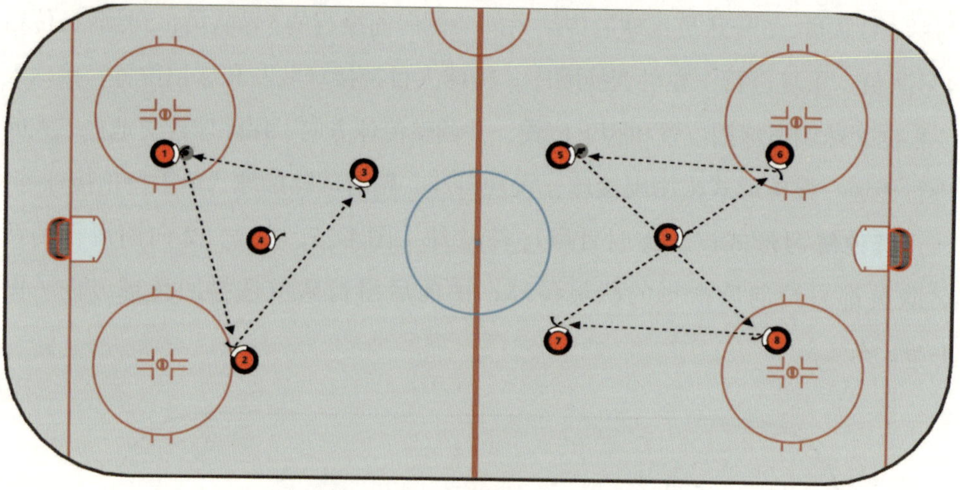

图4-26　传接球“溜猴”练习示意图

九、移动传接球配合

如图4-27所示，队员分为两组，上边1、2、3、4号四名队员为一组，下边5、6、7、8号四名队员为一组。

动作路径：在半场做移动传接球练习。

动作规格：①图4-27，上：1号队员双手持杆运球前行一段距离后，将球传给对面的3号队员，并继续向前滑行过中场线后向界墙方向转弯朝来时方向滑行，同时上身和头转向，将球杆伸出，接3号队员回传球后传球给2号队员，滑至队尾。重复练习。②图4-27，下：5号队员双手持杆或单手持杆向7号队员方向滑行，到中场线附近，接7号队员传球，不停球直接回传给7号队员，滑过中场线后向界墙方向转弯朝来时方向滑行，同时上身和头转向，将球杆伸出，接7号队员传球后运球至队尾。重复练习。待有球队员更换后，按相反顺序重复练习。

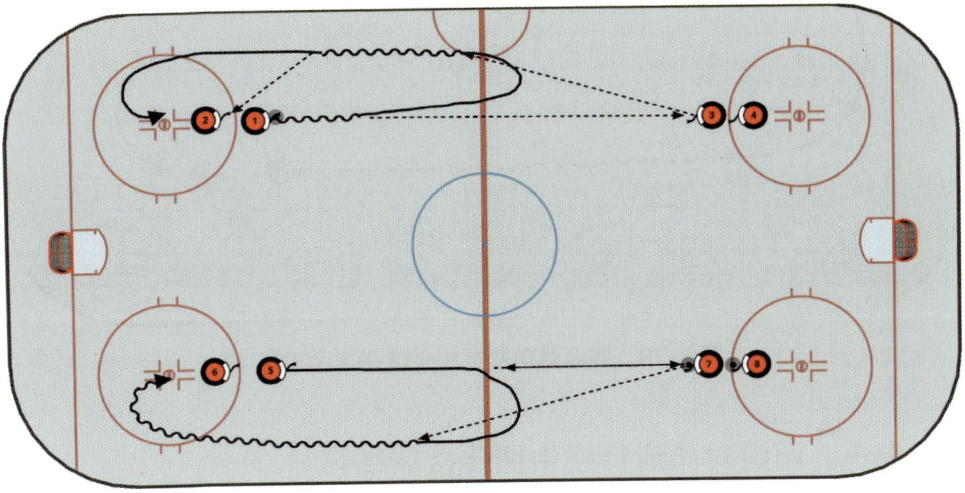

图4-27 移动传接球配合练习示意图

十、两组对向滑行传接球

如图4-28所示，队员分为两组，左上1、2号两名队员为一组，右下3、4号两名队员为一组。

动作路径：在全场做对向滑行传接球练习。

动作规格：1号队员双手持杆运球沿着中圈上面向前滑行一段距离后，将球传给沿着中圈下面对面滑来的3号队员，并继续向前滑行到右下角队尾。3号队员接球后运球向前滑行一段距离后传球给2号队员，后继续滑行到右上角队尾。重复练习。传球时注意对向滑行的伙伴和伸出球拍的方向，要考虑其滑行速度及传球的力度和角度，要传到其行进路线上。

其他练习形式：上下两组都可以持球，上面走一名队员，下面走一名队员，重复进行。

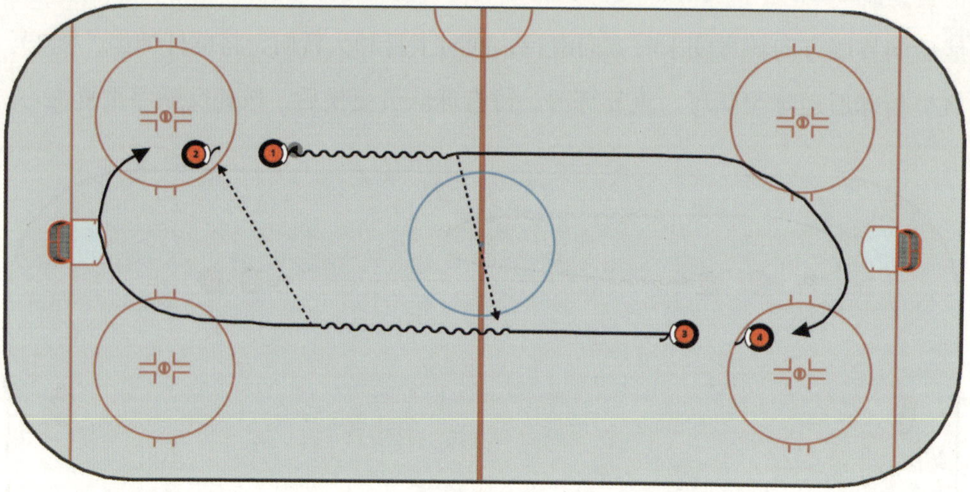

图4-28　两组对向滑行传接球练习示意图

十一、两组对向滑行绕中圈传接球练习

如图4-29所示，队员分为两组，左上1、2号两名队员为一组，右下3、4号两名队员为一组；两组人边上放置两个球堆。

动作路径：在全场做对向滑行绕中圈传接球练习。

动作规格：1号队员双手持杆运球沿着中圈上面向前滑行一段距离后，将球传给沿着中圈下面对面的3号队员，并继续向前滑行绕中圈向来时路线滑行，同时上身和头转向，将球杆伸出，接3号队员回传球后运球至出发队伍队尾。3号队员从球堆拿球重复刚才的练习。传球时注意滑行的伙伴和伸出球拍的方向，要考虑其滑行速度及传球的力度和角度，要传到其行进路线上。

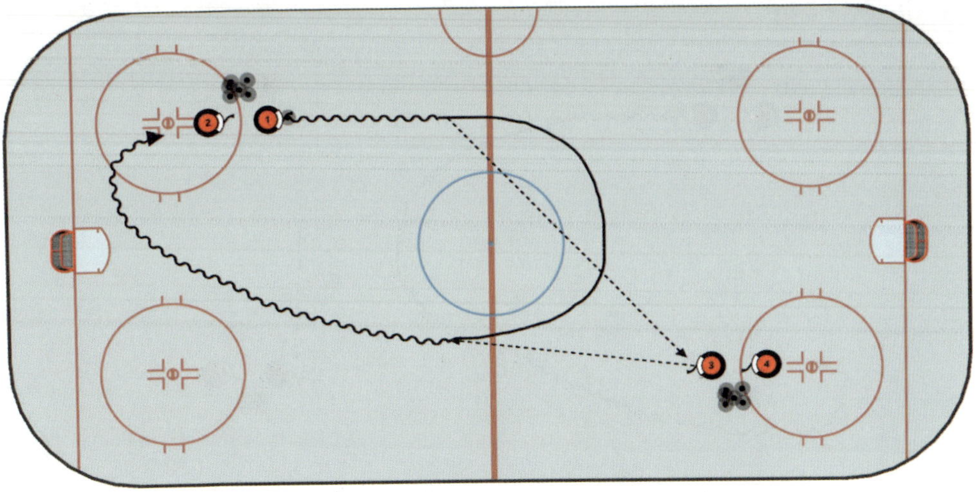

图4-29 两组对向滑行绕中圈传接球练习示意图

十二、绕中圈滑行三人传接球练习

如图4-30所示，队员分为四组，左上1、2号两名队员为一组，右上3、4号两名队员为一组，右下5、6号两名队员为一组，左下7、8号两名队员为一组；每组人边上放置球堆。

动作路径：在全场做绕中圈滑行三人传接球练习。

动作规格：1号队员双手持杆运球沿着中圈上面向前滑行一段距离后，将球传给对面的3号队员，3号队员接球后立即将球传给5号队员。1号队员传球后继续向前滑行绕中圈向左下方滑行，同时上身和头转向，将球杆伸出，接5号队员回传球后运球至左下角队伍队尾。5号队员从球堆拿球重复刚才的练习。3号队员从球堆拿球重复刚才的练习。7号队员从球堆拿球重复刚才的练习。按照“左上—右下—右上—左下”的顺序，重复进行。

注意事项：传球时，注意滑行的伙伴和伸出球拍的方向，要考虑其滑行速度及传球的力度和角度，要传到其行进路线上。

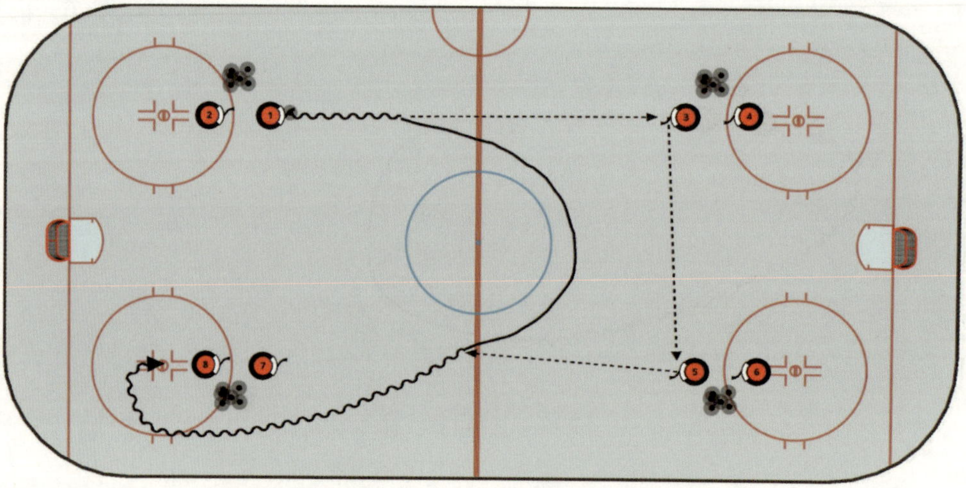

图4-30　绕中圈滑行三人传接球练习示意图

十三、四角传接球练习

如图4-31所示，队员分为四组，左上1、2号两名队员为一组，右上3、4号两名队员为一组，右下5、6号两名队员为一组，左下7、8号两名队员为一组；每组边上放一个球堆。

动作路径：在全场做绕中圈四角传接球练习。

动作规格：1号队员双手持杆运球沿着中圈上面向前滑行一段距离后，将球传给对面的3号队员，1号队员传球后继续向前滑行绕中圈向右下方滑行，接3号队员回传球运球沿着中圈向左下方滑行一段距离后，传球给5号队员，继续向左下方滑行，同时上身和头转向，将球杆伸出，接5号队员回传球后运球至左下角队伍队尾。5号队员从球堆拿球重复刚才的练习。3号队员从球堆拿球重复刚才的练习。7号队员从球堆拿球重复刚才的练习。按照“左上—右下—右上—左下”的顺序，重复进行。

注意事项：传球时，注意滑行的伙伴和伸出球拍的方向，要考虑其滑行速度及传球的力度和角度，要传到其行进路线上。

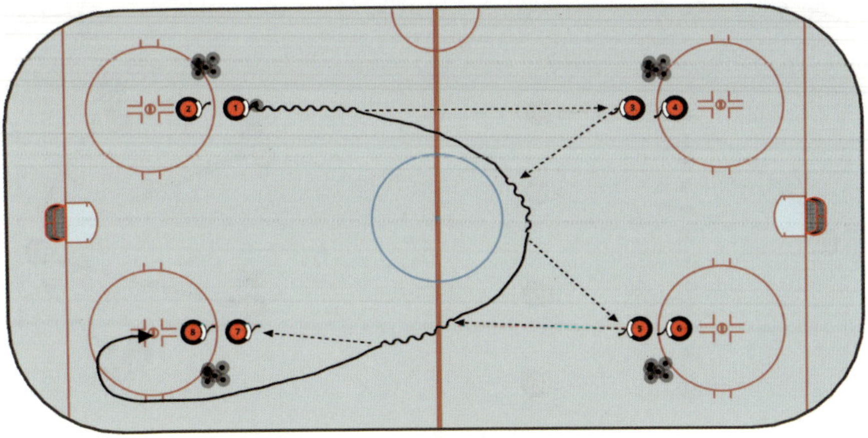

图4-31　四角传接球练习示意图

第四节　射门技术训练

一、滑行射门和原地多球射门

图4-32中，队员分为左右两组，左边1、2、3、4号四名队员为一组和右边5、6、7、8号四名队员为一组；左右两边各摆放一列球和球堆；G代表守门员。

动作路径：进行移动射门和原地多球射门练习。

动作规格：①图4-32，左：1号队员双手持杆或单手持杆向前滑行，至球处双手持杆控制球并将球射向球门，守门员进行守门练习。同组的2、3、4号队员待前一名队员结束射门后，依次进行。射门前注意观察球门和守门员位置，并将重心压在下手同侧腿上。②图4-32，右：5号队员持球原地射门，按照“5—6—7—8—8—7—6—5”顺序完成射门练习。守门员进行守门练习。射门前注意观察球门和守门员位置，并将重心压在下手同侧腿上。

其他练习形式：控制球后可以运球前进一段距离后射门（图4-32，左）。

注意事项：①射门形式包括腕射、弹射、小臂击射、大力激射等技术。②听到哨音后，两边队员互换位置。

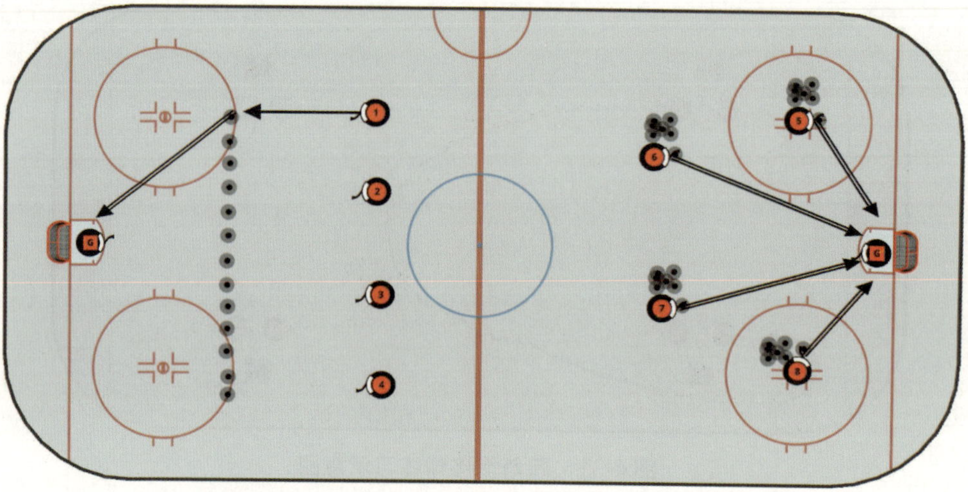

图4-32　滑行射门和原地多球射门练习示意图

二、原地射门和运球射门

如图4-33所示，队员分为左右两组，左边1、2、3、4、5号五名队员为一组和右边6、7、8、9、10号五名队员为一组，每人都持球；中圈摆放两个球堆；G代表守门员。

动作路径：进行原地射门和运球射门练习。

动作规格：①图4-33，左：1—5号队员双手持杆控制球并将球射向球门。守门员进行守门练习。同组的其他队员待前一名队员结束射门后，依次进行。射门前注意观察球门和守门员位置，并将重心压在下手同侧腿上。②图4-33，右：6—10号队员运球射门，同组的其他队员待前一名队员结束射门后，依次进行。守门员进行守门练习。射门前注意观察球门和守门员位置，并将重心压在下手同侧腿上。

注意事项：①射门形式包括腕射、弹射、小臂击射、大力激射等技术。②听到哨音后，两边队员互换位置。

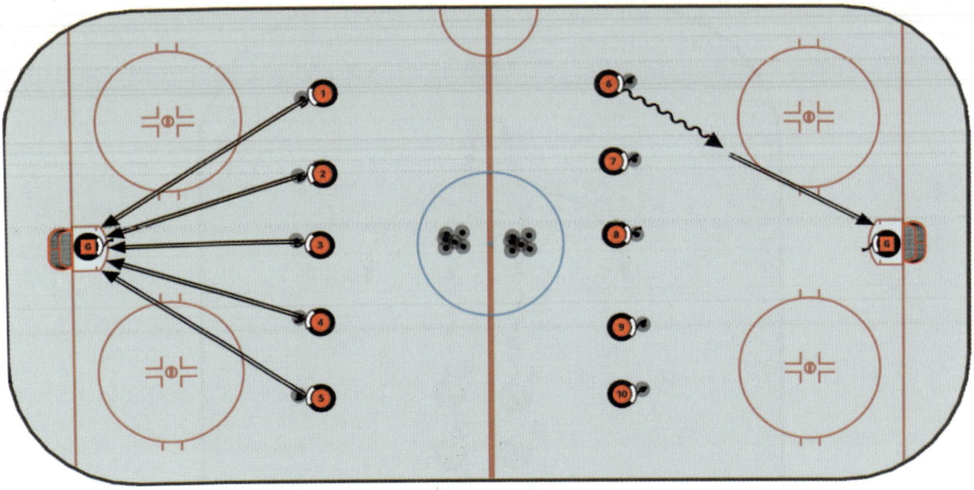

图4-33　原地射门和运球射门练习示意图

三、两路射门练习

如图4-34所示，队员分为左右两组，左边1、2、3号三名队员为一组，右边4、5、6号三名队员为一组，每人都持球；中圈附近放两个球堆。

动作路径： 进行运球射门练习。

动作规格： 所有队员双手持杆运球前进。左侧1号队员先出发，运球向前滑行，射球门的左侧，射门后至球堆捡球滑至队尾；待1号队员射门后，2号队员出发，重复练习。左边一组队员射完后，右侧4—6号队员后出发运球向前滑行，射球门的左侧，射门后至球堆捡球滑至队尾。重复练习。射门前注意观察球门位置，并将重心压在下手同侧腿上，射门的近侧角度。

注意事项： ①射门形式包括腕射、弹射、小臂击射、大力激射等技术。②听到哨音后，两边队员互换位置。

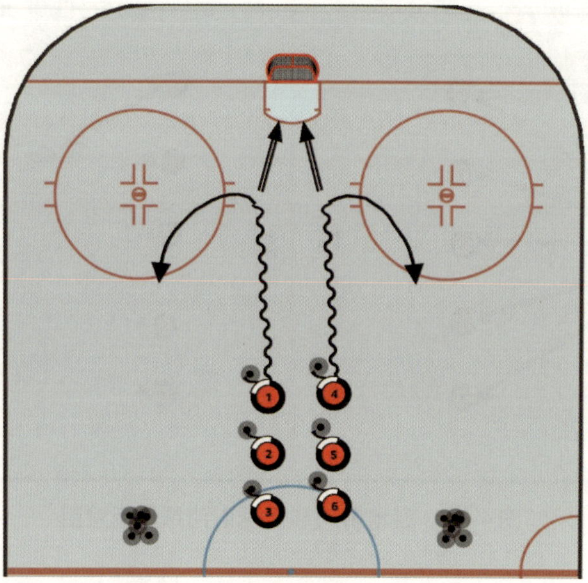

图4-34 两路射门练习示意图

四、三路射门练习

如图4-35所示，队员分为左中右三组，左边1、2号两名队员为一组，中间3、4号两名队员为一组，右边5、6号两名队员为一组，每人都持球；在左侧、中圈和右侧设三个球堆；G代表守门员。

动作路径：进行运球射门练习。

动作规格：所有队员双手持杆运球前进。左侧1号队员先出发，运球向前滑行，射球门左侧，射门后至场地左侧球堆捡球滑至队尾；待1号队员射门后，2号队员出发，重复练习。左边一组队员射完后，中间3、4号队员运球射门中路，射门后至中圈球堆捡球滑至队尾。重复练习。随后，右路5、6号队员运球射门球门右侧，射门后至右侧球堆捡球滑至队尾。重复练习。射门前注意观察球门位置，并将重心压在下手同侧腿上，射门的近侧角度。

注意事项：①射门形式包括腕射、弹射、小臂击射、大力激射等技术。②听到哨音后，三组队员互换位置。

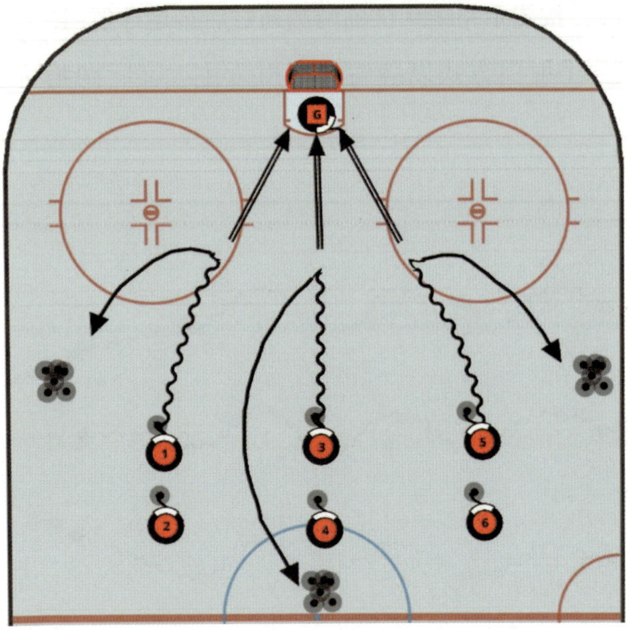

图4-35　三路射门练习示意图

五、运球过桩+射门

如图4-36所示，队员分为三组，左下1、2号两名队员为一组，左中3、4号两名队员为一组和左上5、6号两名队员为一组，每人都持球；每组前面摆设6个桩桶；在每个队伍队尾设三个球堆；G代表守门员。

动作路径：按照图示方向进行运球过桩射门练习。

动作规格：双手持杆，将球置于体前或者体侧，用拨运球或者拖运球形式向前行进。注意人和球的位置，不要过近。运球出桩桶后，向前继续运球完成射门动作后回到队尾拿球等待。1号队员滑到桩桶间一半时，2号队员开始运球滑行；待2号队员滑到桩桶间一半时，3号队员开始运球滑行，依次重复进行。

其他练习形式：①过桩时，队员和球走同一路线后接运球射门。②过桩时，队员双脚在桩桶两侧滑过，球走图示路线后接运球射门。③过桩时，队员和球走不同路线，按图示路线从桩桶两侧通过后接运球射门。

注意事项：①射门方式以腕射和弹射为主。②听到哨音后，变换射门方式。

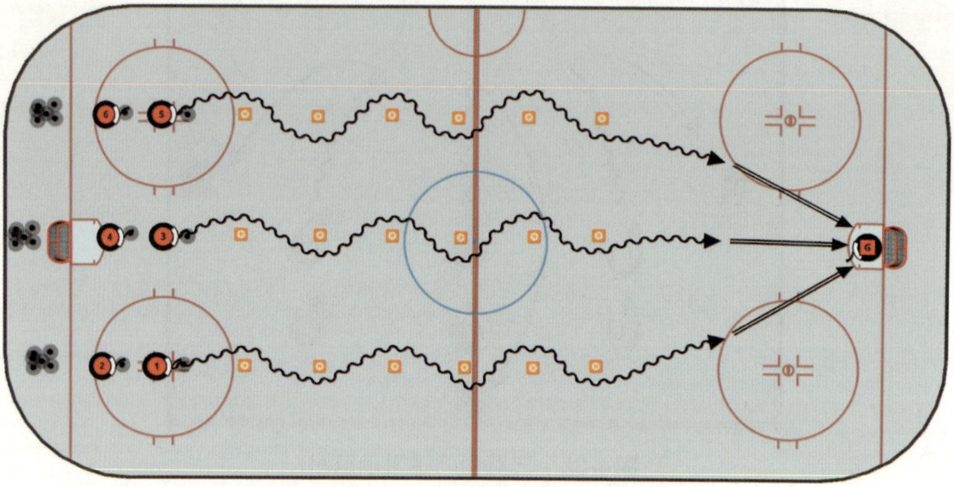

图4-36　运球过桩+射门练习示意图

六、滑行接球运球射门

如图4-37所示，队员分为两组，左边1、2、3、4号四名队员为一组，右边5、6、7、8号四名队员为一组；G代表守门员；在两位教练员边上设置两个球堆。

动作路径：两组队员按照图示方向进行滑行接球运球射门练习。

动作规格：1号队员双手持杆或单手持杆，向前滑行，接底角（或中圈）教练员传球，接球运球向球门方向滑行一段距离后射门。守门员进行守门练习。1号队员射门后回到队尾，2号队员待1号队员射门后出发，同上练习。其他队员重复练习。

其他练习形式：①根据教练员要求进行正拍和反拍接球运球射门练习。②射门方式以腕射和弹射为主。③听到哨音后，变换射门方式或组别。

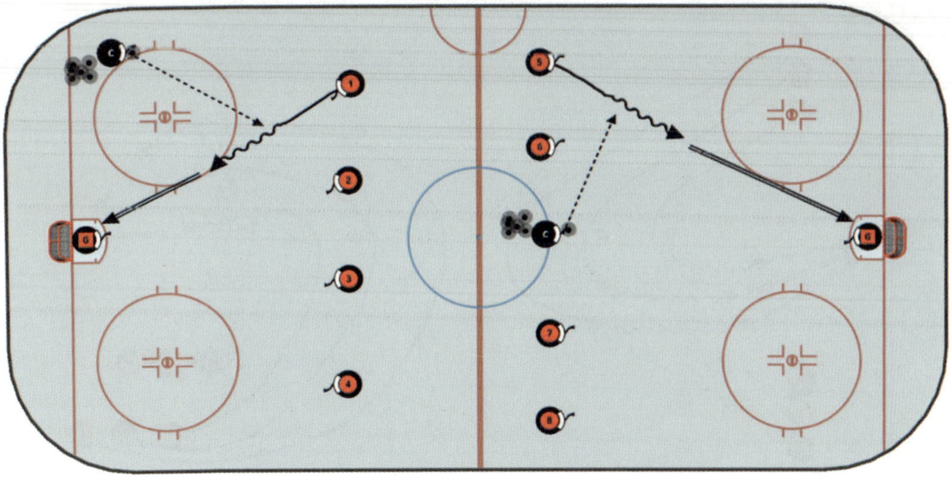

图4-37　滑行接球运球射门练习示意图

七、绕三桩传接球运球射门

如图4-38所示，队员分为两组，左边1、2、3、4、5、6号六名队员为一组，右边7、8、9、10、11、12号六名队员为一组；G代表守门员；在每个半场按图摆放三个轮胎。

动作路径：两组队员按照图示方向进行滑行传接球运球射门练习。

动作规格：①图4-38，左：6名队员在两侧站立。1、2、3号队员双手持杆或单手持杆，按图示向前绕桩滑行，过桩后接4、5、6号队员传球，接球后运球向前滑行一段后射门，射门后站在下面组的队尾。守门员进行守门练习。之后4、5、6号队员出发重复练习，射门后站在上面组的队尾。②图4-38，右：6名队员在同侧站立。7、8、9号队员双手持杆或单手持杆，按图示向前绕桩滑行，过桩后接10、11、12号队员传球，接球后运球向前滑行一段后射门，射门后站在内侧组的队尾。守门员进行守门练习。之后10、11、12号队员依次出发，重复练习，射门后站在外侧组的队尾。

其他练习形式：①根据教练员要求进行正拍和反拍接球运球射门练习。②射门方式以腕射和弹射为主。③听到哨音后，变换射门方式或组别。

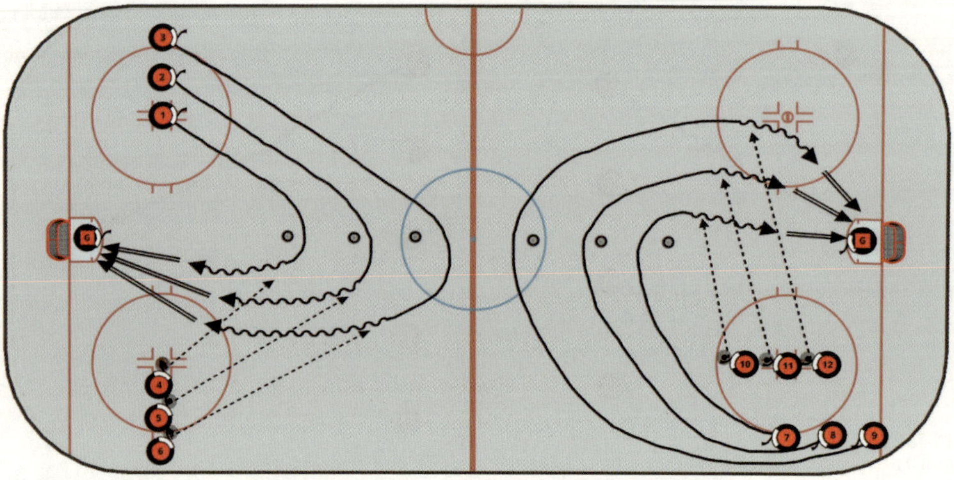

图4-38　绕三桩传接球运球射门练习示意图

八、向前三路滑行传接球射门

如图4-39所示，队员分为三组，右边1、2号两名队员为一组，中间3、4号两名队员为一组，左边5、6号两名队员为一组；G代表守门员；每组边上放一个球堆。

动作路径：三组队员按照图示方向进行滑行传接球运球射门练习。

动作规格：1号队员向前滑行，接3号队员传球，接球后运球滑行射门；3号队员传球后向前滑行，接5号队员传球，接球后运球滑行射门；5号队员传球后向前滑行，接2号队员传球，接球后运球滑行射门。重复练习。每名队员射门后回到队尾。守门员进行守门练习。

其他练习形式：①根据教练员要求进行正拍和反拍接球运球射门练习。②射门方式以腕射和弹射为主。③听到哨音后，变换射门方式或组别，或按照教练员指定顺序完成换位。

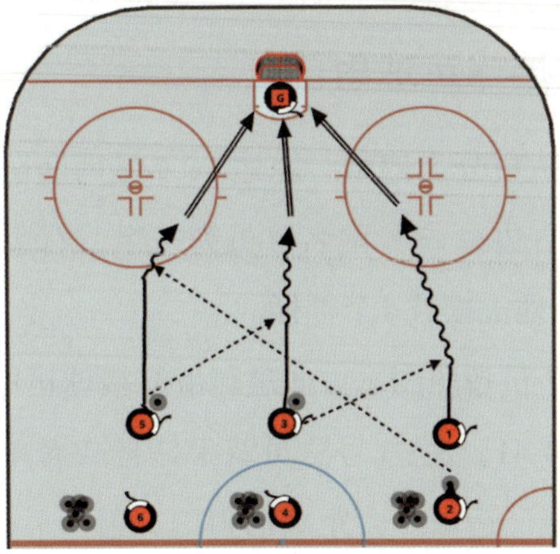

图4-39　向前三路滑行传接球射门练习示意图

九、运球射门接另一侧底角拿球运球射门

如图4-40所示，队员分为两组，左边1、2号两名队员为一组，右边3、4号两名队员为一组；G代表守门员；两边底角各放一个球堆。

动作路径：两组队员按照图示方向进行运球射门练习。

动作规格：1号队员运球向前滑行一段距离后射门，射门后绕门后到另一侧底角，拿球继续按图示路线运球射门后，滑行到队尾。在1号队员完成后，3号队员重复1号队员动作，而后滑至队尾。重复练习。守门员进行守门练习。

注意事项：射门方式以腕射和弹射为主。

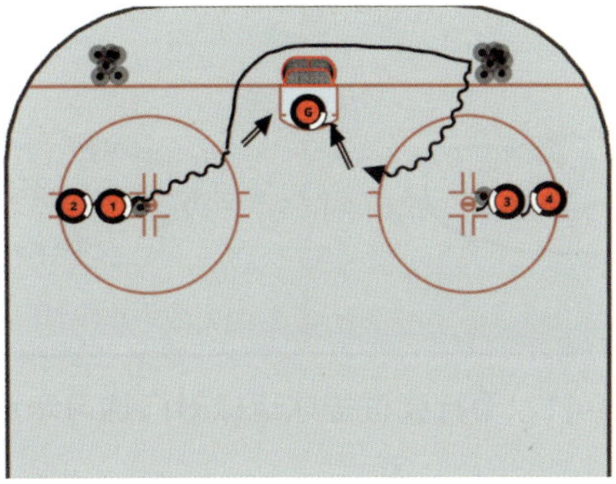

图4-40　运球射门接另一侧底角拿球运球射门练习示意图

十、滑行绕桩接球运球射门

如图4-41所示，队员分为四组，左边1、2号两名队员为一组，左边3、4号两名队员为一组，右边6、7号两名队员为一组，右边8、9号两名队员为一组；G代表守门员；场地上摆放4个桩桶。

动作路径：四组队员按照图示方向进行滑行接球运球射门练习。

动作规格：①图4-41，左：1号队员双手持杆或者单手持杆向前滑行绕桩后接同组2号队员传球，运球一段距离后射门，射门后返回队尾。3号队员待1号队员接球后出发，重复进行。②图4-41，右：6号队员双手持杆或者单手持杆向后滑行绕桩后转成正滑接同组7号队员传球，运球一段距离后射门，射门后返回队尾。8号队员待6号队员接球后出发，重复进行。守门员进行守门练习。

其他练习形式：①射门方式以腕射和弹射为主。②听到哨音后，变换射门方式或组别，或按照教练员指定顺序完成换位。

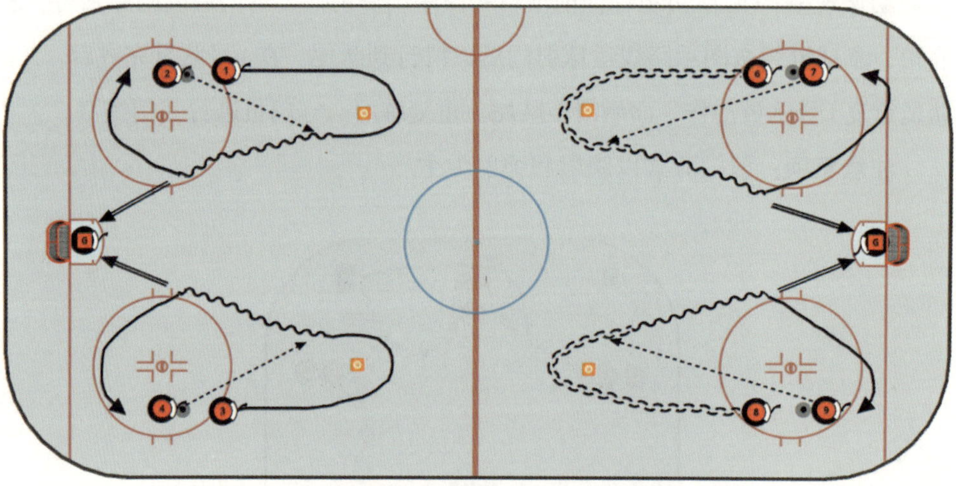

图4-41 滑行绕桩接球运球射门练习示意图

十一、对侧传接球滑行运球射门

如图4-42所示，队员分为两组，上边1、2、3、4号四名队员为一组，下边5、6、7、8号四名队员为一组；G代表守门员。

动作路径： 两组队员按照图示方向进行运球滑行传接球射门练习。

动作规格： ①图4-42，上：1号队员双手持杆运球过中场线后传球给对面的3号队员，随后向界墙滑行转向后接3号队员回传球，运球从队尾经过向左侧球门射门。3号队员传球后，同1号队员一样进行练习。守门员进行守门练习。②图4-42，下：7号队员双手持杆运球过中场线后传球给对面的5号队员，随后向界墙滑行转向后运球从队前经过接5号队员回传球，向右侧球门运球射门。5号队员传球后，同7号队员一样进行练习。守门员进行守门练习。

其他练习形式： ①射门方式以腕射和弹射为主。②听到哨音后，变换射门方式或组别，或按照教练员指定顺序完成换位。

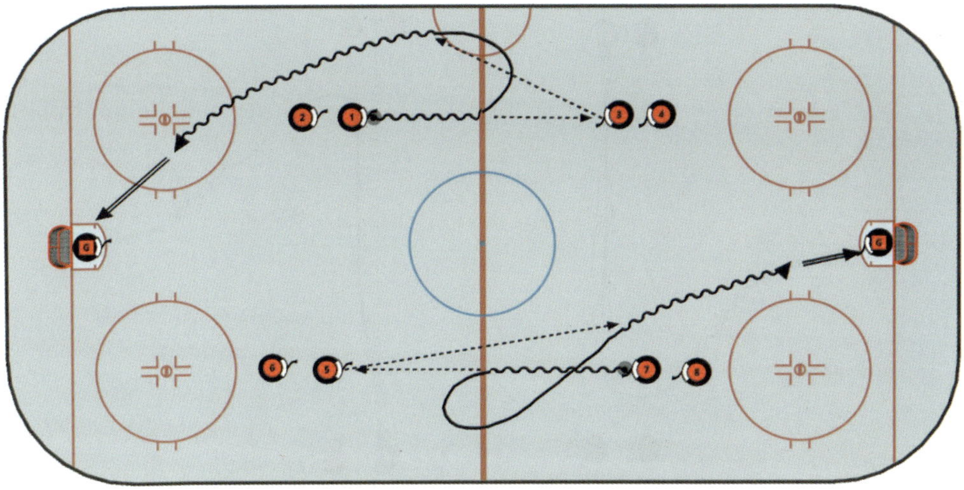

图4-42　对侧传接球滑行运球射门练习示意图

十二、绕远端桩桶滑行传接球运球射门

如图4-43所示，队员分为两组，左边1、2、3、4号队员为一组，右边5、6、7、8号队员为一组；G代表守门员；场地上摆放四个轮胎。

动作路径：两组队员按照图示方向进行滑行传接球运球射门练习。

动作规格：①图4-43，左：1号队员双手持杆运球滑行一小段距离后，传球给异侧板墙的3号队员，随后向3号队员滑行并绕轮胎转向后，接3号队员回传球，运球向左侧球门射门。3号队员传球后，同1号队员一样进行练习。守门员进行守门练习。②图4-43，右：7号队员双手持杆运球滑行一小段距离后，传球给异侧板墙的5号队员，随后向5号队员滑行并绕轮胎转向后，接同侧8号队员传球，运球向右侧球门射门。5号队员传球后，同7号队员一样进行练习。守门员进行守门练习。

其他练习形式：①射门方式以腕射和弹射为主。②听到哨音后，变换射门方式或组别，或按照教练员指定顺序完成换位。

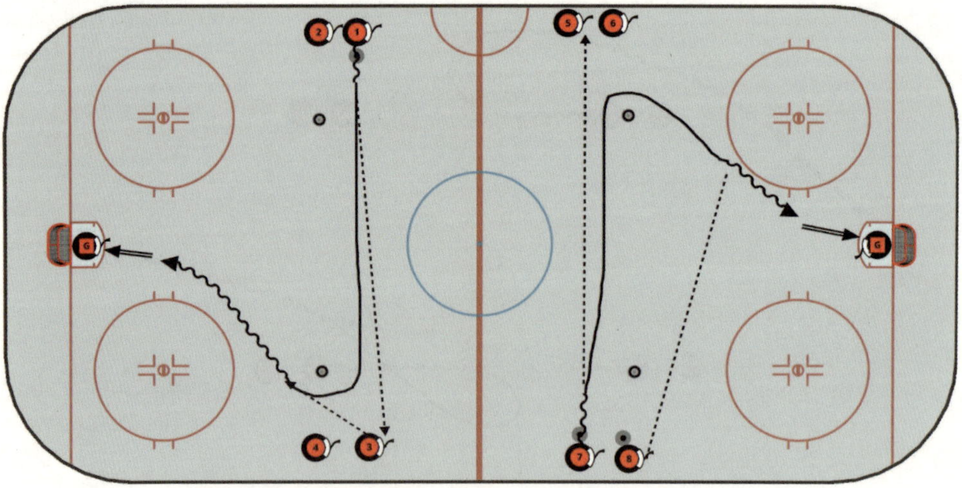

图4-43　绕远端桩桶滑行传接球运球射门练习示意图

十三、绕远端桩桶倒滑正滑转向滑行传接球运球射门

如图4-44所示，队员分为两组，左边1、2、3、4号队员为一组，右边5、6、7、8号队员为一组；G代表守门员；场地上摆放四个轮胎。

动作路径：两组队员按照图示方向进行倒滑正滑转向滑行传接球运球射门练习。

动作规格：①图4-44，左：1号队员双手持杆或者单手持杆倒滑，接到同组2号队员传球后再回传给2号队员，随后运用转身技术变成正滑并绕远端轮胎滑行后，接2号队员传球，运球滑行向左侧球门射门。3号队员传球后，同1号队员一样进行练习。守门员进行守门练习。②图4-44，右：5号队员双手持杆或者单手持杆倒滑，接到同组6号队员传球后再回传给6号队员，随后运用转身技术变成正滑并绕远端轮胎滑行后，接对侧7号队员传球，运球滑行向右侧球门射门。7号队员传球后，同5号队员一样进行练习。守门员进行守门练习。

其他练习形式：①射门方式以腕射和弹射为主。②听到哨音后，变换射门方式或组别，或按照教练员指定顺序完成换位。

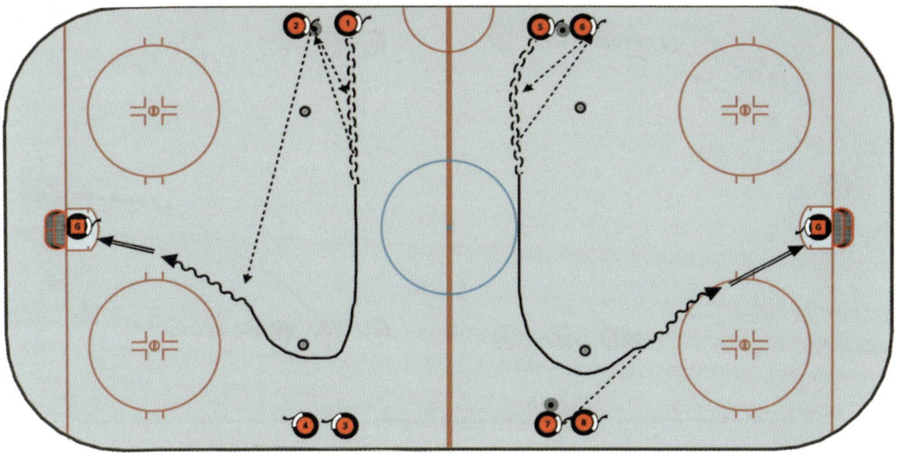

图4-44　绕远端桩桶倒滑正滑转向滑行传接球运球射门练习示意图

十四、绕门后门前传接球射门

如图4-45所示，队员分为两组，左边队员为一组，右边队员为一组；G代表守门员。

动作路径：两组队员按照图示方向进行滑行传接球射门练习。

动作规格：①图4-45，左：1号队员双手持杆或者单手持杆按图示运球滑行绕门后到球门另外一侧，2号队员根据1号队员滑行速度按图示跟滑至球门一侧，1号队员传球给2号队员，2号队员接球后直接射门。1号和2号队员完成后，4号和5号队员重复练习。守门员进行守门练习。②图4-45，右：1号队员双手持杆或者单手持杆按图示运球滑行至球门一侧延长线，2号队员根据1号队员滑行速度按图示向场地中间滑行，1号队员传球给2号队员，2号队员接球后直接射门。1号和2号队员完成后，4号和5号队员进行重复练习。守门员进行守门练习。

其他练习形式：①射门方式以腕射、弹射和小臂击射为主。②听到哨音后，变换射门方式或组别，或按照教练员指定顺序完成换位。

图4-45　绕门后门前传接球射门练习示意图

十五、倒滑传接球变正滑绕桩接球运球射门

如图4-46所示，队员分为两组，左边队员为一组，右边队员为一组；G代表守门员。

动作路径：两组队员按照图示方向进行滑行传接球射门练习。

动作规格：①图4-46，左：1号队员双手持杆图示倒滑运球滑行一段距离后，传给同组的2号队员，随后变成正滑绕图示桩桶向场地中间滑行，接2号队员传球后运球向左侧球门射门。1号和2号队员完成后，3号和4号队员重复练习。守门员进行守门练习。②图4-46，右：6号队员双手持杆图示倒滑运球滑行一段距离后，传给同组的7号队员，7号队员接球后立即传给对侧的8号队员。6号队员传球后变成正滑绕图示桩桶向场地中间滑行，接8号队员传球后运球向右侧球门射门。6号队员完成后，8号队员重复练习。守门员进行守门练习。

其他练习形式：①射门方式以腕射、弹射和小臂击射为主。②听到哨音后，变换射门方式或组别，或按照教练员指定顺序完成换位。

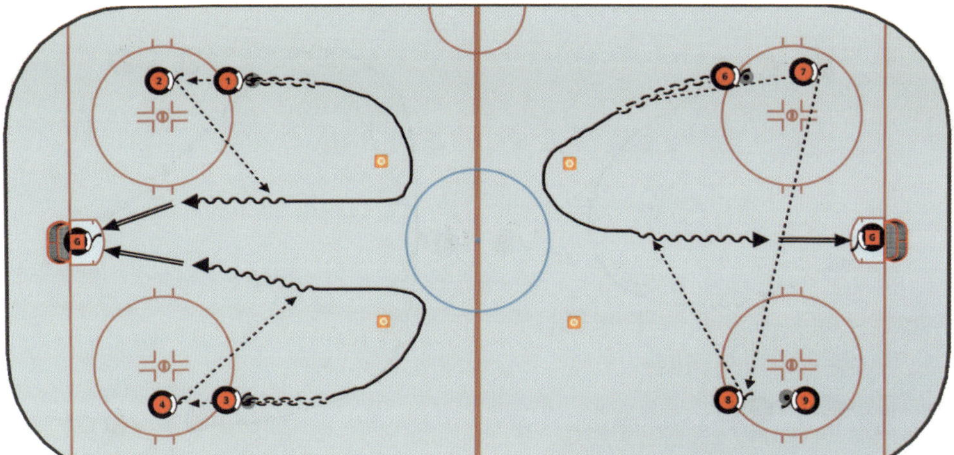

图4-46　倒滑传接球变正滑绕桩接球运球射门练习示意图

十六、绕桩桶走中路及界墙处传接球运球射门

如图4-47所示，队员分为两组，左边1、2、3、4号队员为一组，右边5、6、7、8号队员为一组；C代表教练员；G代表守门员；场地上摆放四个桩桶。

动作路径：两组队员按照图示方向进行滑行传接球运球射门练习。

动作规格：①图4-47，左：1号队员双手持杆或单手持杆运球滑行，滑行一段距离后，传给位于中圈的教练员，随后绕近侧桩桶滑至远端桩桶，贴着远端桩桶向场地中路滑行，转肩看向教练，并将球杆放于体侧前方的位置，接教练员回传球后，运球向左侧球门射门。1号队员完成后，3号队员重复练习。守门员做守门练习。②图4-47，右：7号队员双手持杆或单手持杆运球滑行，滑行一段距离后，传给位于中圈的教练员，随后绕桩桶贴教练员滑至远端桩桶至界墙处，转肩看向教练员，并将球杆放于体侧前方的位置，接教练员回传球后或界墙反弹球后，运球向右侧球门射门。7号队员完成后，5号队员重复练习。守门员进行守门练习。

其他练习形式：①射门方式以腕射、弹射和小臂击射为主。②听到哨音后，变换射门方式或组别，或按照教练员指定顺序完成换位。

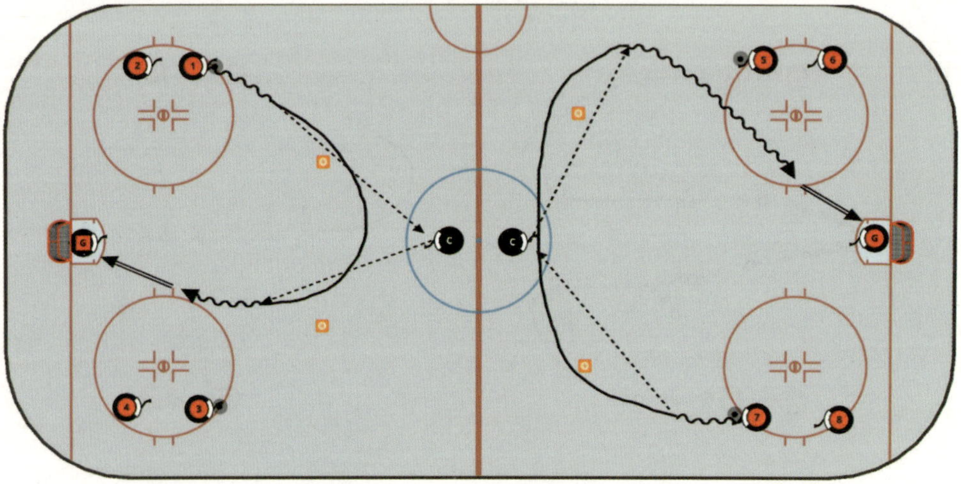

图4-47　绕桩桶走中路及界墙处传接球运球射门练习示意图

十七、多拍传接球运球滑行射门

如图4-48所示，队员分为两组，左边1、2号队员为一组，右边3、4号队员为一组；C代表教练员；G代表守门员。

动作路径： 两组队员按照图示方向进行滑行传接球运球射门练习。

动作规格： 1号队员双手持杆或单手持杆运球滑行一段距离后，传给位于中圈的教练员，随后贴教练员滑行，过程中接教练员传球后再回传给教练员，随后按图示滑行转向，转肩看向教练员，并将球杆放于体侧前方的位置，接教练员回传球后运球射门。1号队员完成后，3号队员重复练习。守门员进行守门练习。

其他练习形式： 射门方式以腕射和弹射为主。

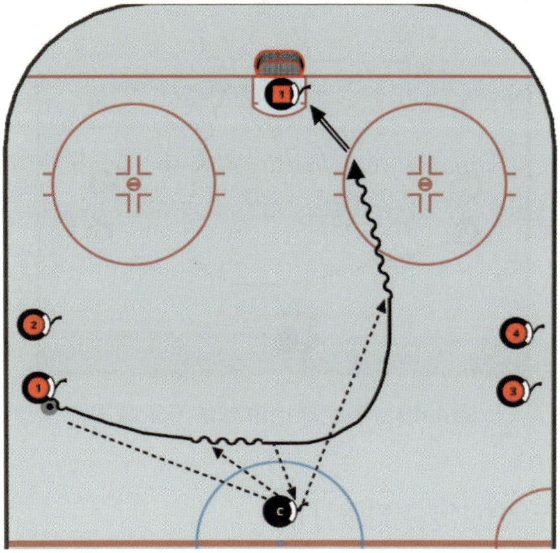

图4-48　多拍传接球运球滑行射门练习示意图

十八、腾空球地滚球练习

如图4-49所示，队员分为两组，左边1、2号队员为一组，右边3、4号队员为一组；C代表教练员；G代表守门员；在教练员边上设置一个球堆。

动作路径：两组队员按照图示方向进行滑行传接球运球射门练习。

动作规格：1号队员双手持杆或单手持杆滑行经过位于中圈的教练员后，按图示滑行转向，转肩看向教练员，接教练员抛高空球或地滚球，用手、脚和球拍接球后运球射门。1号队员完成后，3号队员重复练习。守门员进行守门练习。

其他练习形式：射门方式以腕射和弹射为主。

注意事项：①手接球后放于体前滑行路线上，继续完成动作。②脚踢球尽可能踢到滑行前侧方，不影响滑行整体流畅性。③接地滚球时，球拍要顺着球滚动方向向球拍内侧倾倒，便于球停止滚动。

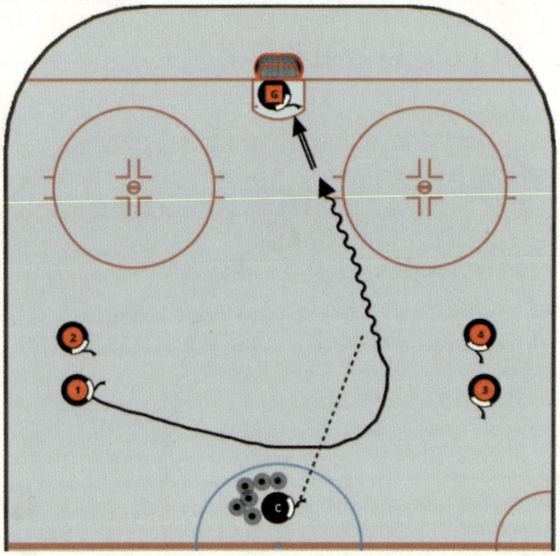

图4-49　腾空球地滚球练习示意图

十九、滑行绕桩传接球射门

如图4-50所示，队员分为两组，左边1、2、3、4号队员为一组，右边5、6、7、8号队员为一组；G代表守门员；场地上摆放四个桩桶。

动作路径：两组队员按照图示方向进行滑行传接球运球射门练习。

动作规格：①图4-50，左：1号队员双手持杆或单手持杆，按图示绕桩桶后向球门滑行，接2号队员传球，运球向左侧球门射门。1号队员完成后，3号队员重复练习。守门员进行守门练习。②图4-50，右：5号队员双手持杆或单手持杆，按图示绕桩桶后向球门滑行，接7号队员传球，运球向右侧球门射门。5号队员完成后，7号队员重复练习。守门员进行守门练习。

其他练习形式：①射门方式以腕射、弹射和小臂击射为主。②听到哨音后，变换射门方式或组别，或按照教练员指定顺序完成换位。

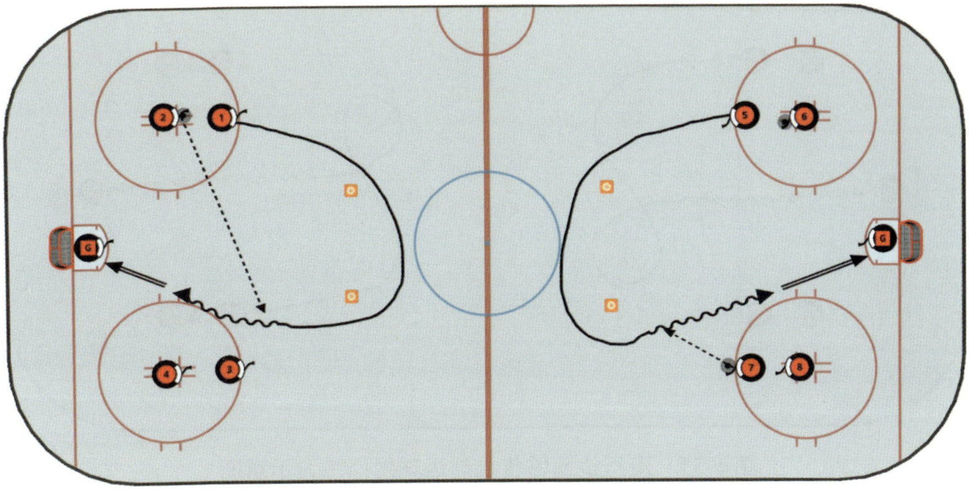

图4-50　滑行绕桩传接球运球射门练习示意图

二十、滑行绕两桩传接球运球射门

如图4-51所示，队员分为两组，左边1、2、3、4号队员为一组，右边5、6、7、8号队员为一组；G代表守门员；场地上摆放四个桩桶。

动作路径：两组队员按照图示方向进行滑行传接球运球射门练习。

动作规格：①图4-51，左：1号队员传球给异侧的3号队员，随后双手持杆或单手持杆，按图示绕桩滑行后向球门滑行，接3号队员传球，运球向左侧球门射门。1号队员完成后，3号队员重复练习。守门员进行守门练习。②图4-51，右：7号队员双手持杆或单手持杆，按图示绕桩滑行后向球门滑行，接8号队员传球，运球向右侧球门射门。7号队员完成后，5号队员重复练习。守门员进行守门练习。

其他练习形式：①射门方式以腕射、弹射和小臂击射为主。②听到哨音后，变换射门方式或组别，或按照教练员指定顺序完成换位。③根据教练员安排，传球者可以跟进补射。

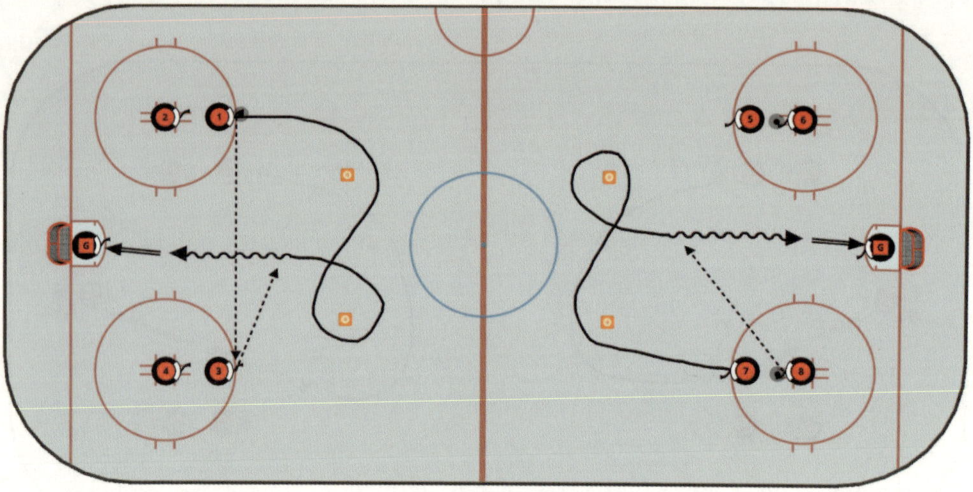

图4-51 滑行绕两桩传接球运球射门练习示意图

二十一、绕中圈三拍传接球运球射门练习（1）

如图4-52所示，队员分为三组，左上1、2号队员为一组，左下3、4号队员为一组，右下5、6号队员为一组；G代表守门员。

动作路径：三组队员按照图示方向进行滑行传接球运球射门练习。

动作规格：1号队员传球给7号队员，传球后按图示绕中圈滑行，7号队员接球后传给5号队员，5号队员待1号队员绕中圈滑行一圈到右边场地中间时，传球给1号队员，1号队员运球射门。随后，5号队员出发，动作及路径同1号队员，重复练习。守门员进行守门练习。

其他练习形式：①射门方式以腕射和弹射为主。②队员可以按照“1—5—3—7”的顺序进行练习，亦可以按照教练员安排进行轮换。

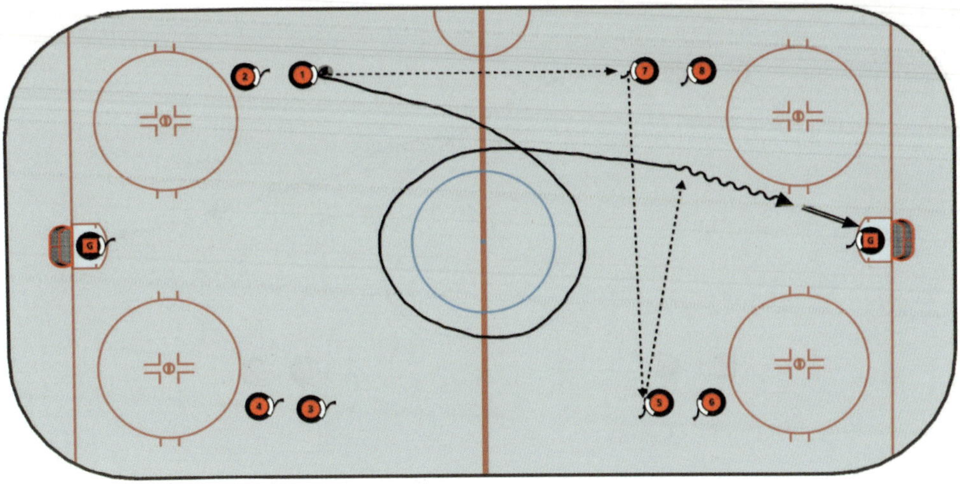

图4-52　绕中圈三拍传接球运球射门练习（1）示意图

二十二、绕中圈三拍传接球运球射门练习（2）

如图4-53所示，队员分为三组，左上1、2号队员为一组，左下3、4号队员为一组，右下5、6号队员为一组；G代表守门员。

动作路径：三组队员按照图示方向进行滑行传接球运球射门练习。

动作规格：1号队员传球给7号队员，传球后按图示绕中圈滑行，7号队员接球后传给3号队员，3号队员待1号队员绕中圈滑行一圈到右边场地中间时，传球给1号队员，1号队员运球射门。随后，5号队员出发，动作及路径同1号队员，重复练习。守门员进行守门练习。

其他练习形式：①射门方式以腕射和弹射为主。②队员可以按照“1—5—3—7”的顺序进行练习，亦可以按照教练员安排进行轮换。

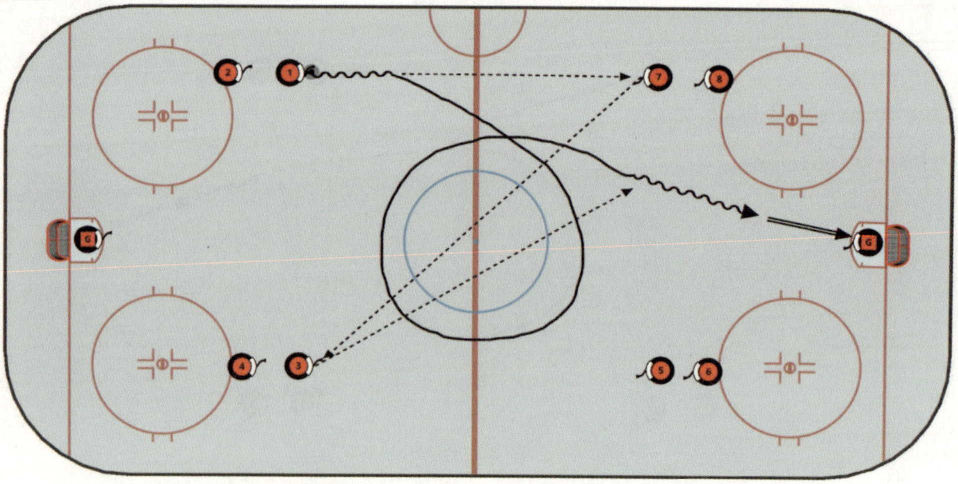

图4-53 绕中圈三拍传接球运球射门练习（2）示意图

二十三、绕中圈三拍传接球运球射门练习（3）

如图4-54所示，队员分为三组，左上1、2号队员为一组，左下3、4号队员为一组，右下5、6号队员为一组；G代表守门员。

动作路径：三组队员按照图示方向进行滑行传接球运球射门练习。

动作规格：1号队员传球给7号队员，传球后按图示绕中圈滑行，7号队员接球后传给3号队员，3号队员待1号队员绕中圈滑行一圈到右边场地中间时，传球给1号队员，1号队员运球射门。随后，5号队员出发，动作及路径同1号队员，重复练习。守门员进行守门练习。

其他练习形式：①射门方式以腕射和弹射为主。②队员可以按照“1—5—3—7”的顺序进行练习，亦可以按照教练员安排进行轮换。

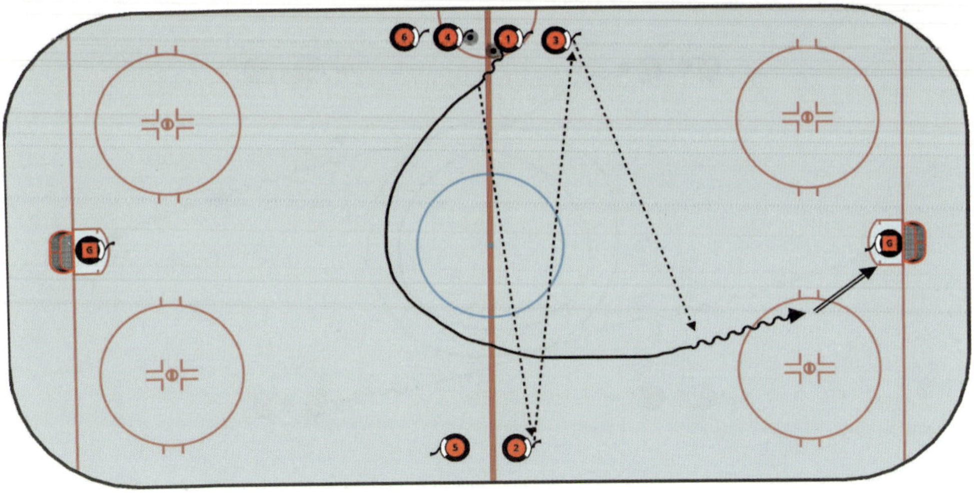

图4-54 绕中圈三拍传接球运球射门练习（3）示意图

二十四、绕中圈同一侧传接球运球射门

如图4-55所示，队员分为四组，左上1、2号队员为一组，左下3、4号队员为一组，右下5、6号队员为一组，右上7、8号队员为一组；G代表守门员。

动作路径：四组队员按照图示方向进行滑行传接球运球射门练习。

动作规格：1号队员双手持杆或者单手持杆运球向前滑行一小段距离后传球给7号队员，传球后按图示绕中圈向右侧球门滑行，7号队员待1号队员绕中圈滑行一圈到右边场地时，传球给1号队员，1号队员运球射门。5号队员与1号队员同时出发，动作及路径同1号队员，重复练习。守门员进行守门练习。

其他练习形式：①射门方式以腕射和弹射为主。②按照教练员安排进行轮换。

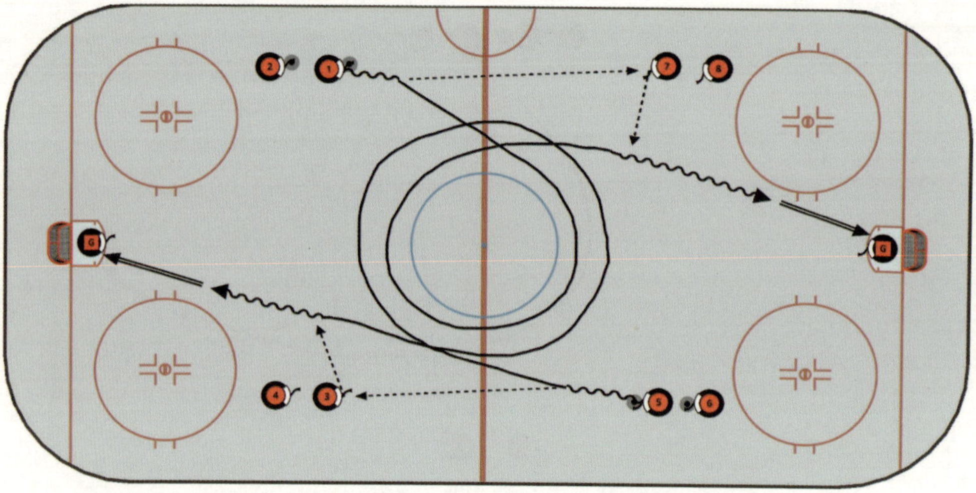

图4-55　绕中圈同一侧传接球运球射门练习示意图

二十五、绕中圈对角传接球运球射门

如图4-56所示，队员分为四组，左上1、2号队员为一组，左下3、4号队员为一组，右下5、6号队员为一组，右上7、8号队员为一组；G代表守门员。

动作路径：四组队员按照图示方向进行滑行传接球运球射门练习。

动作规格：1号队员双手持杆或者单手持杆运球滑行至中圈传球给对角的6号队员，传球后按图示绕中圈向右侧球门滑行，6号队员待1号队员绕中圈滑行一圈到右边场地时，传球给1号队员，1号队员运球射门。5号队员与1号队员同时出发，动作及路径同1号队员，重复练习。守门员进行守门练习。

其他练习形式：①射门方式以腕射和弹射为主。②按照教练员安排进行轮换。

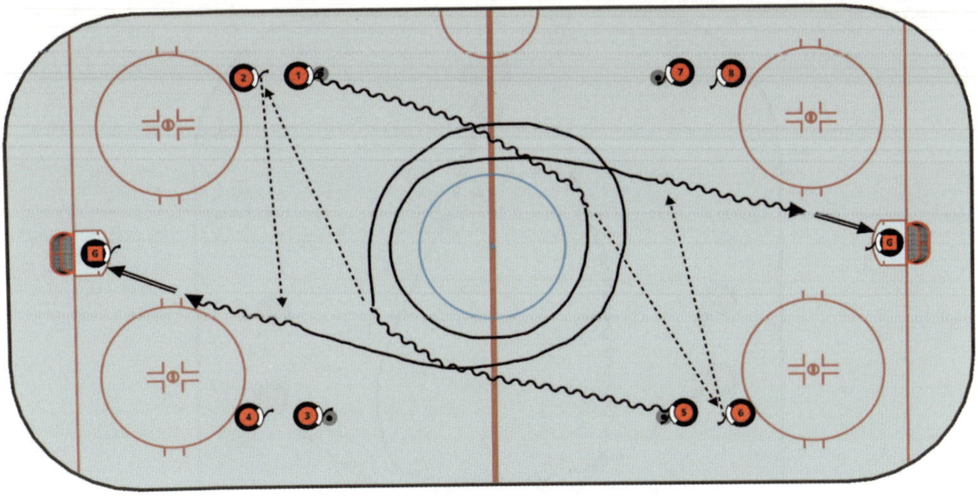

图4-56 绕中圈对角传接球运球射门练习示意图

二十六、绕桩交叉换位传接球射门

如图4-57所示，队员分为两组，左边1、2号队员为一组，右边3、4号队员为一组；G代表守门员；场地上摆放两个桩桶。

动作路径：两组队员按照图示方向进行滑行传接球运球射门练习。

动作规格：1号队员双手持杆或单手持杆运球绕桩桶按图示滑行至两桩之间，将球回传给对侧滑行过来的3号队员，1号队员随后绕桩桶后向球门前滑行，3号队员运球按图示向球门侧滑行，回传给1号队员，1号队员接球后射门。重复练习。守门员进行守门练习。

其他练习形式：①射门方式以腕射、弹射和小臂击射为主。②根据教练员安排，传球者可以跟进补射。

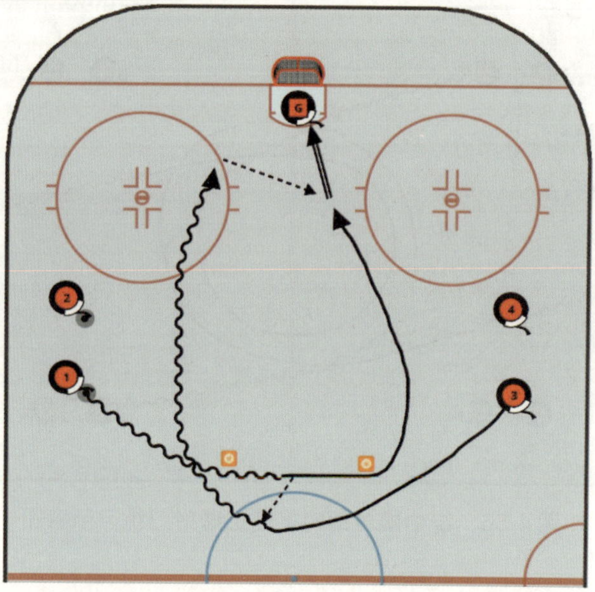

图4-57　绕桩交叉换位传接球射门练习示意图

二十七、对向滑行交叉换位留球（留传球）射门

如图4-58所示，队员分为两组，左边1、2号队员为一组，右边3、4号队员为一组；G代表守门员；场地上摆放两个桩桶。

动作路径：两组队员按照图示方向进行滑行传接球运球射门练习。

动作规格：1号队员双手持杆或单手持杆运球绕桩桶按图示滑行至场地中间，用留球或者留传球方式将球回传给对侧按图示滑行过来的3号队员，1号队员随后继续向球门一侧滑行，3号队员运球按图示向球门另一侧滑行，回传给1号队员，1号队员接球后射门。重复练习。守门员进行守门练习。

其他练习形式：射门方式以腕射、弹射和小臂击射为主。

注意事项：3号队员根据教练员要求，可以练习补射。

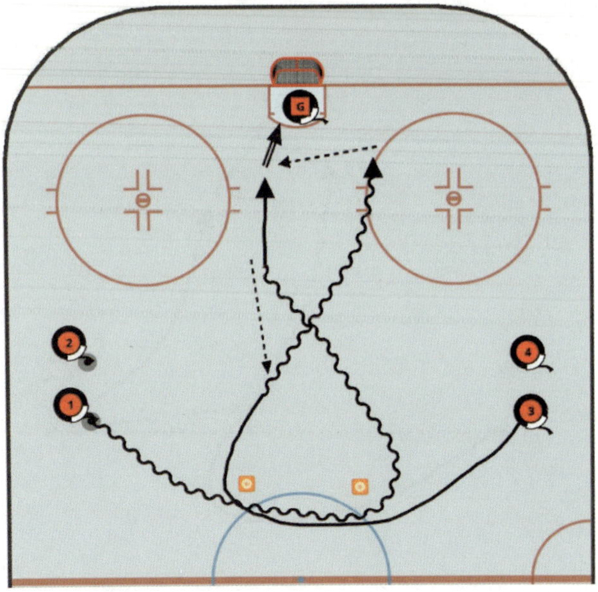

图4-58 对向滑行交叉换位留球（留传球）射门练习示意图

二十八、对侧配合留球（留传球）射门练习

如图4-59所示，队员分为两组，左边1、2号队员为一组，右边3、4号队员为一组；G代表守门员；场地上摆放两个桩桶。

动作路径：两组队员按照图示方向进行滑行传接球运球射门练习。

动作规格：1号队员传球给对侧的3号队员，随后双手持杆或单手持杆绕桩桶按图示滑行至场地中间，接3号队员回传球，运球向球门方向移动，用留球或者留传球方式将球回传给按图示滑行过来的3号队员，1号队员随后继续向球门一侧滑行，3号队员接球后射门。重复练习。守门员进行守门练习。

其他练习形式：①3号队员运球继续向球门一侧滑行，快到球门线延长线位置，回传给球门另一侧的1号队员射门。3号队员补射。②射门方式以腕射、弹射和小臂击射为主。

注意事项：1号队员根据教练员要求，可以练习补射。

图4-59 对侧配合留球（留传球）射门练习示意图

二十九、对侧全场2打0多拍传接球运球射门

如图4-60所示，队员分为两组，下边1、2号队员为一组，上边3、4号队员为一组；G代表守门员；场地两侧底角摆放两个球堆。

动作路径：两组队员按照图示方向进行运球射门滑行传接球练习。

动作规格：1号队员按图示运球滑行射门后，向上底角球堆处滑行拿球转向另一侧球门滑行。3号队员待1号队员到底角拿球时，按图示路线向下滑行，接1号队员传球绕中圈向右侧球门运球滑行。1号队员传球后，按图示向前滑行，接3号队员传球后向右侧球门一侧运球滑行，回传给继续向前滑行的3号队员，3号队员接球后射门。随后，2号和4号队员重复练习。守门员进行守门练习。

其他练习形式：射门方式以腕射、弹射和小臂击射为主。

注意事项：1号队员根据教练员要求，可以练习补射。

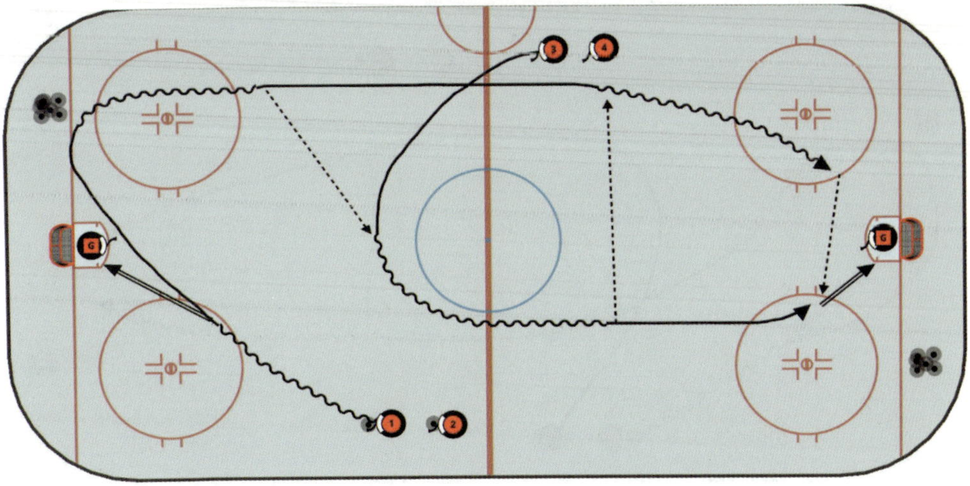

图4-60　对侧全场2打0多拍传接球运球射门练习示意图

三十、同侧全场2打0多拍传接球运球射门

如图4-61所示，队员分为两组，下边1、2号队员为一组，上边3、4号队员为一组；G代表守门员；场地两侧底角摆放两个球堆。

动作路径：两组队员按照图示方向进行运球射门滑行传接球练习。

动作规格：1号队员按图示运球滑行射门后，经球门后向上底角球堆处滑行，拿球按图示沿着球场下面向另一侧球门滑行。2号队员待1号队员到底角拿球时，按图示路线向上滑行，接1号队员传球绕中圈向右侧球门运球滑行。1号队员传球后，按图示向前滑行，接2号队员传球后向右侧球门一侧运球滑行，回传给继续向前滑行的2号队员，2号队员接球后射门。随后，3号和4号队员重复练习。守门员进行守门练习。

其他练习形式：射门方式以腕射、弹射和小臂击射为主。

注意事项：1号队员根据教练员要求，可以练习补射。

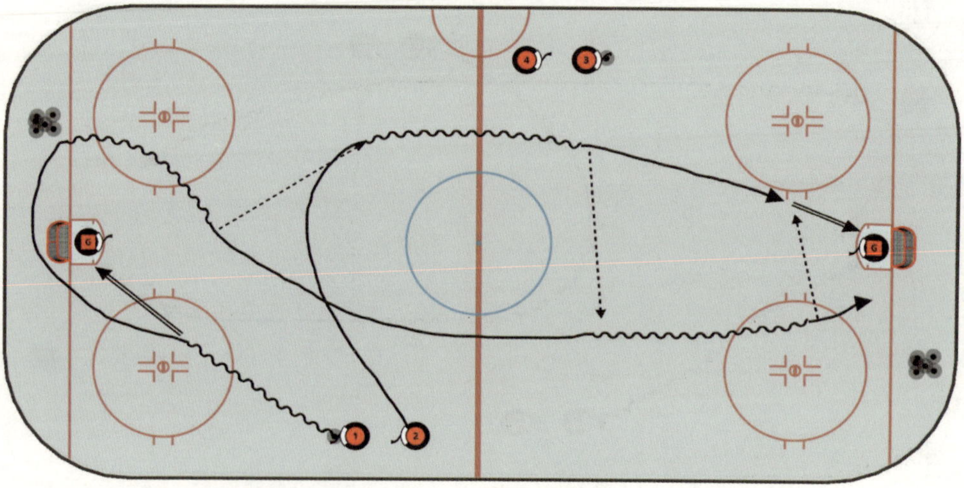

图4-61　同侧全场2打0多拍传接球运球射门练习示意图

三十一、绕中圈向界墙急转2打0射门

如图4-62所示，队员分为两组，上边1、2号队员为一组，下边3、4号队员为一组；C代表教练员；G代表守门员。

动作路径：两组队员按照图示方向进行滑行运球传接球射门练习。

动作规格：1号队员双手持杆或者单手持杆运球向前滑行一小段距离，并传球给C，随后按图示向中圈滑行过中线后向界墙方向急转并向球门一侧滑行，3号队员同1号队员同时出发，按图示向中圈滑行过中线向界墙方向急转并向球门一侧滑行，接C传球运球向前滑行，传给对侧的1号队员，1号队员接球射门。随后2号和4号队员重复练习。守门员进行守门练习。

其他练习形式：射门方式以腕射、弹射和小臂击射为主。

注意事项：3号队员根据教练员要求，可以练习补射。

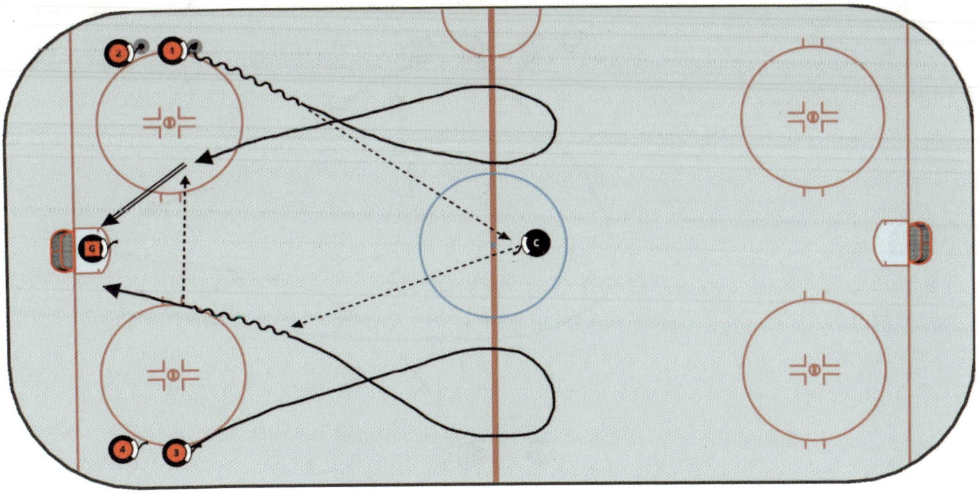

图4-62　绕中圈向界墙急转2打0射门练习示意图

三十二、三人间传接球绕中圈2打0射门

如图4-63所示，队员分为两组，1、2、3号队员为一组，4、5、6号队员为一组；G代表守门员。

动作路径：两组队员按照图示方向进行滑行运球传接球射门练习。

动作规格：1号队员双手持杆或者单手持杆运球按图示向中圈滑行一小段距离后，传球给对侧2号队员，随后按图示绕中圈滑行向右侧球门一侧行进，3号队员待2号队员接球后，向球门一侧滑行并接2号队员传球后运球向球门滑行，传给1号队员，1号队员射门。随后4号、5号和6号队员重复练习。守门员进行守门练习。

其他练习形式：射门方式以腕射、弹射和小臂击射为主。

注意事项：根据教练员要求，最后传球的队员可以练习补射。

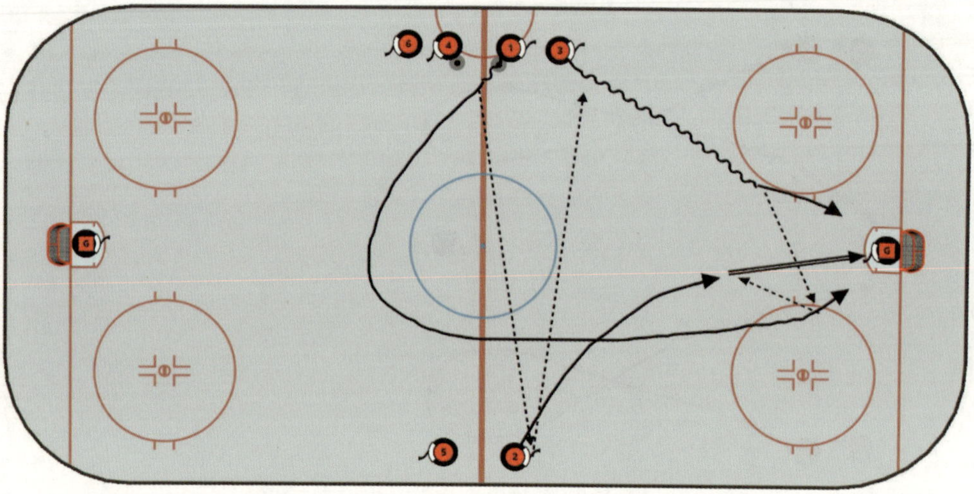

图4-63　三人间传接球绕中圈2打0射门练习示意图

第五节　单排轮滑球战术训练

本节内容围绕1打1、2打1、2打2、3打1、3打2、4打0等基本战术进行设计，辅助教练员和练习者完成相关战术学习。

一、1打1战术

（一）1打1正滑运球和倒滑防守

如图4-64所示，队员分为两组，1、2号队员为一组，3、4号队员为一组。

动作路径：两组队员按照图示方向进行滑行运球和倒滑防守练习。

动作规格：左下角1号队员双手持杆或单手持杆运球向前滑行，后变成倒滑，传球给2号队员，1号队员变成倒滑防守，跟随2号队员运球滑行路线而变化倒滑防守滑行路线。右上角3号和4号队员同时出发，动作相同。

其他练习形式：①倒滑防守队员可以倒抓球杆，用杆尾防守，轻度防守。②倒滑防守队员正常握拍，正常防守。③守门员不运球，一人正滑变化，一人倒滑防守。

注意事项：①倒滑防守队员如果被超越，需立即转成正滑，快速回追阻截。②如果运球队员在界墙处停球，防守队员要立即贴身防守，不给其正常活动空间。

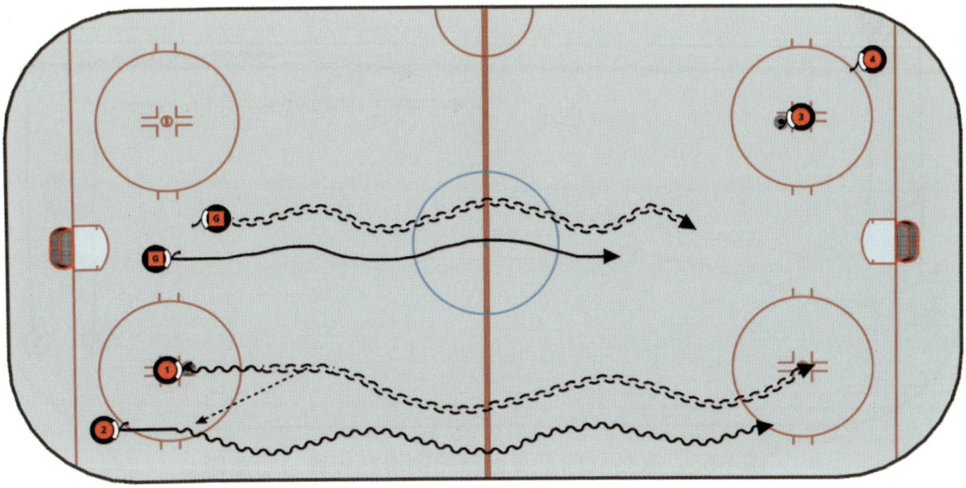

图4-64　1打1正滑运球和倒滑防守战术练习示意图

（二）底角取球正滑运球和倒滑防守

如图4-65所示，队员分为两组，左上1、2号队员为一组，右下3、4号队员为一组；左下角和右上角分别放置两个球堆。

动作路径：两组队员按照图示方向进行滑行运球和倒滑防守练习。

动作规格：左上角1号队员双手持杆或者单手持杆运球按图示绕球门后向底角球堆处滑行，取球后按图示运球前进，2号队员按图示在门前滑行跟随1号队员向下滑行，待1号队员取球后变成倒滑防守，跟随1号队员滑行路线而变化滑行路线。右下角3和4号队员同时出发，动作相同。

其他练习形式：①倒滑防守队员可以倒抓球杆，用杆尾防守，轻度防守。②倒滑防守队员正常握拍，正常防守。③守门员不运球，一人正滑变化，一人倒滑防守。

注意事项：①倒滑防守队员如果被超越，需立即转成正滑，快速回追阻截。②如果运球队员在界墙处停球，防守队员要立即贴身防守，不给其正常活动空间。

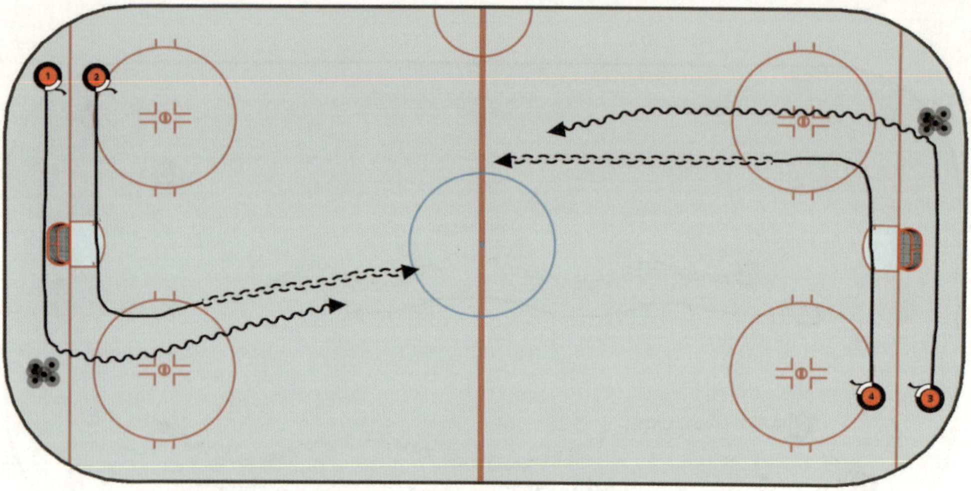

图4-65　底角取球正滑运球和倒滑防守练习示意图

（三）绕中圈接球正滑运球和倒滑防守

如图4-66所示，队员分为两组，左下3、4号队员为一组，右上1、2号队员为一组；C代表教练员，教练员边上分别放置两个球堆。

动作路径：两组队员按照图示方向进行滑行接球运球和倒滑防守练习。

动作规格：右上角1号和2号两名队员双手持杆或者单手持杆按图示绕中圈滑行，1号队员接教练员C传球，接球后运球向右侧球门滑行，2号队员待1号队员接球后变成倒滑防守跟随1号队员滑行路线变化而改变滑行路线。左下角3号和4号队员待右上角一组完成后出发，动作相同。

其他练习形式：①倒滑防守队员可以倒抓球杆，用杆尾防守，轻度防守。②倒滑防守队员正常握拍，正常防守。③教练员传球可以要求队员用手和脚接球。

注意事项：①倒滑防守队员如果被超越，需立即转成正滑，快速回追阻截。②如果运球队员在界墙处停球，防守队员要立即贴身防守，不给其正常活动空间。

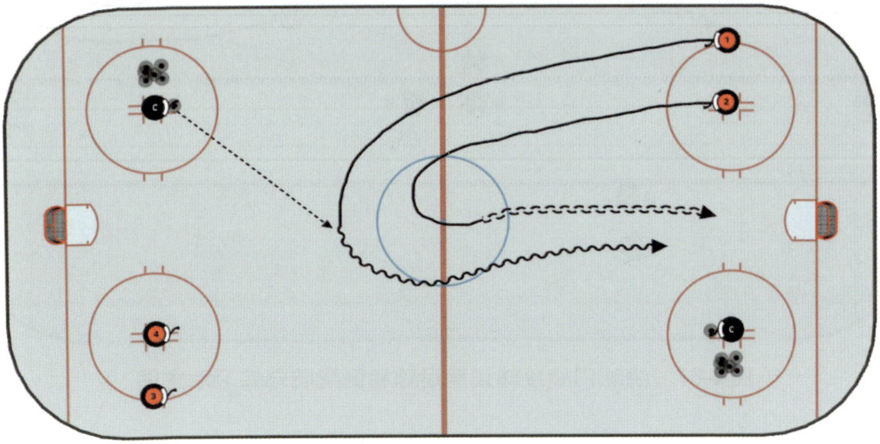

图4-66 绕中圈接球正滑运球和倒滑防守练习示意图

（四）绕球门线接球正滑运球和倒滑防守

如图4-67所示，队员分为两组，左下3、4号队员为一组，右上1、2号队员为一组；C代表教练员，教练员边上分别放置两个球堆。

动作路径：两组队员按照图示方向进行滑行接球运球和倒滑防守练习。

动作规格：右上角1号队员双手持杆或者单手持杆按图示向右侧球门线延长线滑行并折返接教练员C1传球，接球后沿着上面界墙运球向左侧球门滑行，2号队员到争球圈附近待1号队员接球后变成倒滑防守，跟随1号队员滑行路线而变化滑行路线。左下角3和4号队员与右上角一组同时出发，动作相同。

其他练习形式：①倒滑防守队员可以倒抓球杆，用杆尾防守，轻度防守。②倒滑防守队员正常握拍，正常防守。③教练员传球可以传靠界墙的球，也可以要求队员用手或脚来进行接球。

注意事项：①倒滑防守队员如果被超越，需立即转成正滑，快速回追阻截。②如果运球队员在界墙处停球，防守队员要立即贴身防守，不给其正常活动空间。

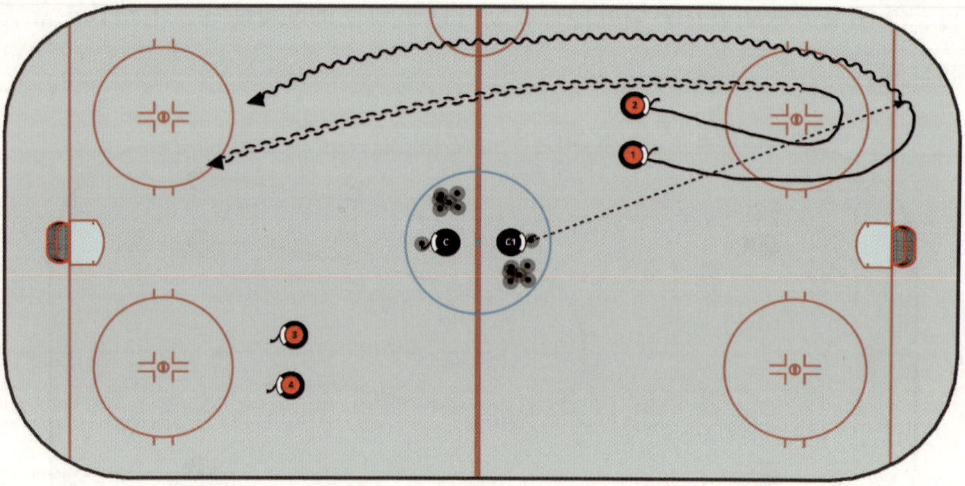

图4-67 绕球门线接球正滑运球和倒滑防守练习示意图

（五）逆（顺）时针1打1攻防

如图4-68所示，队员分为四组，左下1、2号队员为一组，右下3、4号队员为一组，右上5、6号队员为一组，左上7、8号队员为一组。

动作路径：四组队员按图示方向进行滑行运球突破和倒滑防守练习。

动作规格：左下角1号队员双手持杆或者单手持杆运球按图示向右侧行进，2号队员根据1号队员运球滑行路线进行倒滑防守。右下角3号队员运球向板墙处行进，4号队员积极上抢，形成在界墙处的挤靠和压迫。其他队员根据教练员设计进行练习。四组队员同时开始练习。

其他练习形式：①倒滑防守队员可以倒抓球杆，用杆尾防守，轻度防守。②倒滑防守队员正常握拍，正常防守。

注意事项：①倒滑防守队员如果被超越，需立即转成正滑，快速回追阻截。②如果运球队员在界墙处停球，则防守队员要立即贴身防守，用杆子进行干扰，不给其正常活动空间。

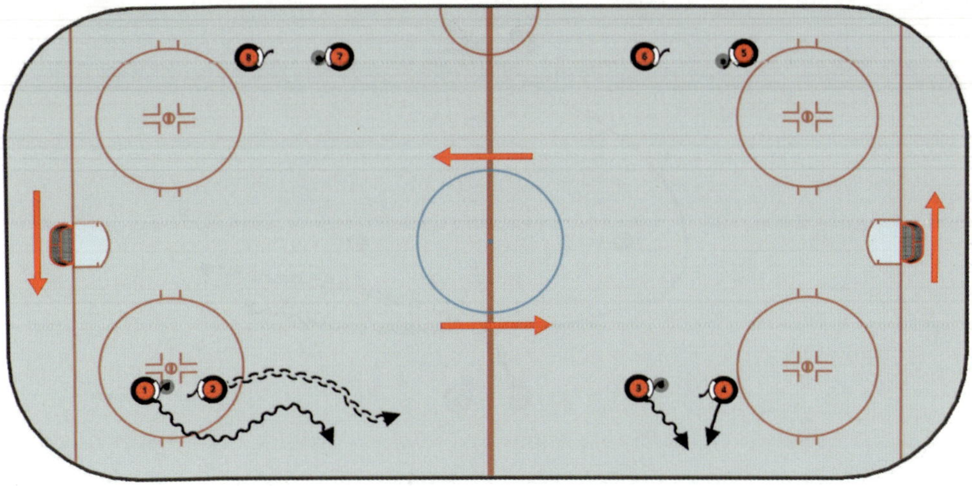

图4-68　逆（顺）时针1打1攻防练习示意图

（六）绕中圈传接球1打1攻防

如图4-69所示，队员分为两组，队员分上下位置站立，场地上摆放2个轮胎作为标志。

动作路径：两组队员按照图示方向进行传接球运球滑行突破和倒滑防守练习。

动作规格：1号队员传球给对侧的2号队员后，绕左侧中圈外轮胎后向右侧球门滑行。双手持杆或者单手持杆运球按图示向右侧倒滑，接1号队员传球后继续倒滑。2号队员接球后运球滑至中圈附近将球回传给1号队员后，根据1号队员运球滑行路线进行倒滑防守。3、4号队员在前一组完成后，重复进行，方向相反。

其他练习形式：①倒滑防守队员可以倒抓球杆，用杆尾防守，轻度防守。②倒滑防守队员正常握拍，正常防守。

注意事项：①倒滑防守队员如果被超越，需立即转成正滑，快速回追阻截。②如果运球队员在界墙处停球，则防守队员要立即贴身防守，用杆子进行干扰，不给其正常活动空间。

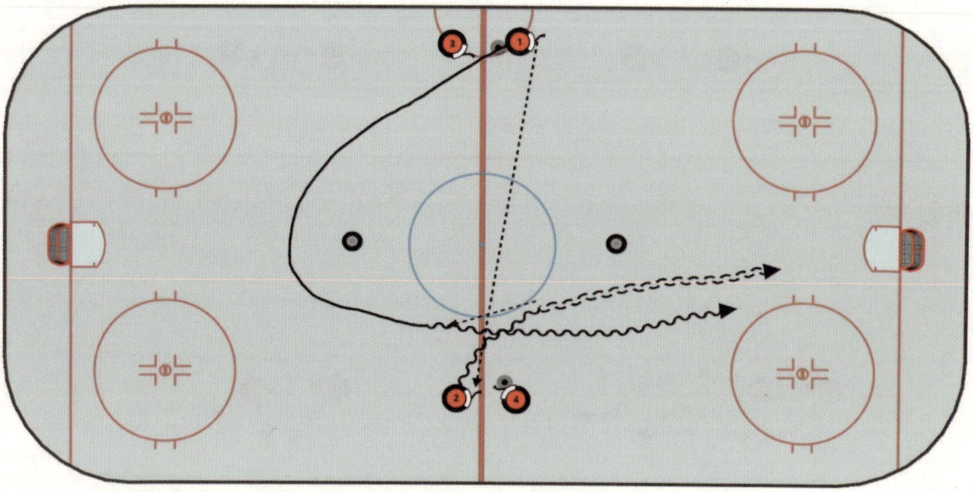

图4-69　绕中圈传接球1打1攻防练习示意图

（七）配合1打1攻防练习

如图4-70所示，队员分为两组，左下1、2号队员为一组，右上3、4号队员为一组，分上下位置站立；场地上摆放两个轮胎作为标志。

动作路径：两组队员按照图示方向进行传接球运球滑行突破和倒滑防守练习。

动作规格：2号队员倒滑，1号队员传球给2号队员，2号队员倒滑运球。1号队员传球后，沿图示路线向中圈滑行，接2号队员回传球，运球绕中圈向左侧球门移动。右上角两位队员同步进行练习。4号队员回传给3号队员后，倒滑防守1号队员，并随1号队员运球滑行路线变化而变化。2号队员倒滑防守3号队员。

注意事项：①倒滑防守队员如果被超越，需立即转成正滑，快速回追阻截。②如果运球队员在界墙处停球，防守队员要立即贴身防守，用杆子进行干扰，不给其正常活动空间。

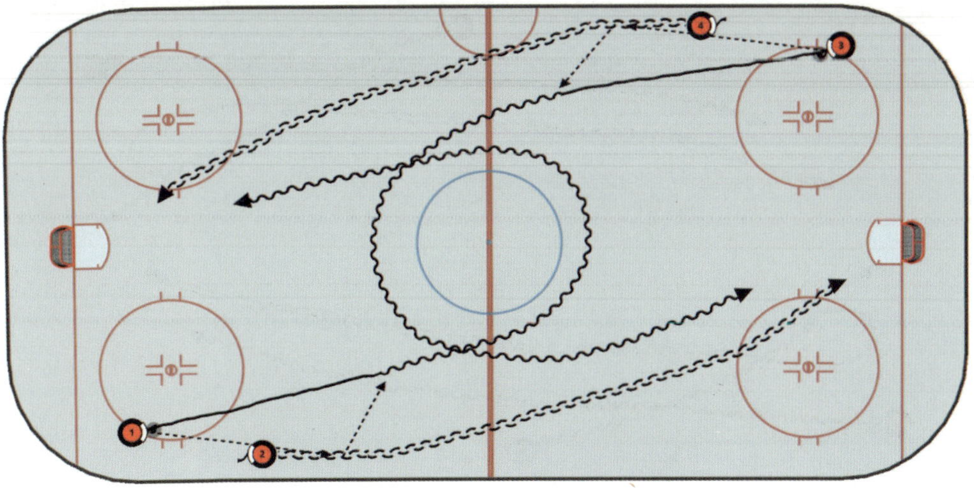

图4-70　配合1打1攻防练习示意图

（八）射门结合1打1攻防练习（1）

如图4-71所示，四名队员每人都持球，左下1、2号队员为一组，右上3、4号队员为一组。

动作路径：两组队员按照图示方向进行运球滑行射门和倒滑防守练习。

动作规格：1号队员运球滑行向左侧球门行进并射门，射门后按图示路线进行倒滑。2号队员待1号队员射门后，转成倒滑后，运球向右侧球门行进，1号队员倒滑防守，跟随2号队员行进路线变化而变化。右上角3号和4号队员同时开始，重复进行。

其他练习形式：①可以有守门员守门。②可以射门后在底板处另取一球，传给与其配合的队员后再倒滑防守。

注意事项：①正滑、倒滑转换要及时，倒滑队员一旦被超越，需立即转成正滑，快速回追阻截。②如果运球队员在界墙处停球，则防守队员要立即贴身防守，用杆子进行干扰，不给其正常活动空间。

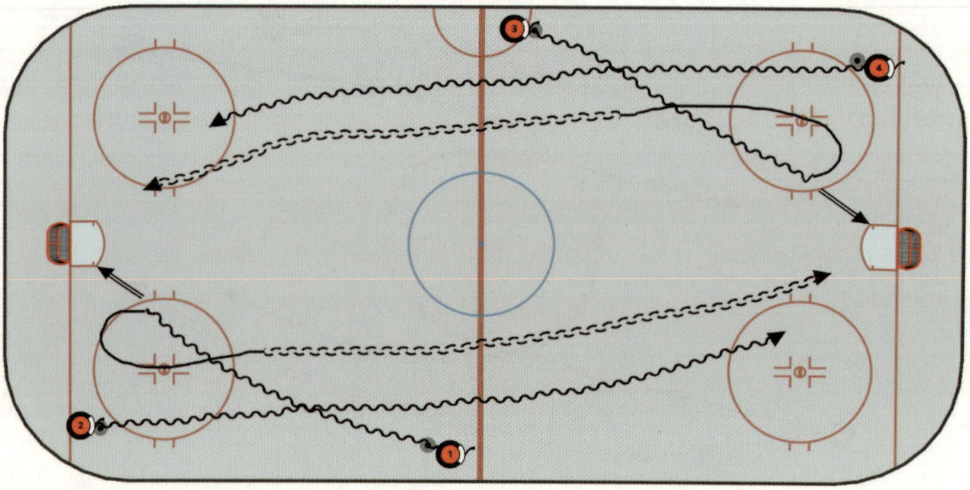

图4-71　射门结合1打1攻防练习（1）示意图

（九）射门结合1打1攻防练习（2）

如图4-72所示，四名队员分为两组，左半场1、2号队员为一组，右半场3、4号队员为一组；球场左下角和右上角放置两个球堆。

动作路径：两组队员按照图示方向进行射门、运球滑行射门、倒滑防守等技术动作。

动作规格：1号队员在左半场上侧运球向左侧球门行进并射门，射门后向左下角球堆处滑行取球后按图示路线进行运球滑行。2号队员随1号队员运球射门而向左侧球门移动，待1号队员向球堆取球后，转成倒滑防守，进行路线随1号队员行进路线变化而变化。右半场3、4号队员同时开始，重复进行。

其他练习形式：可以绕球门后射门。

注意事项：①守门员随球移动练习。②倒滑时双脚保持“C”字滑行，球杆要不停干扰，破坏正常运球节奏，回追阻截要坚决。③如果运球队员在界墙处停球，则防守队员要立即贴身防守，用杆子进行干扰，不给其正常活动空间。

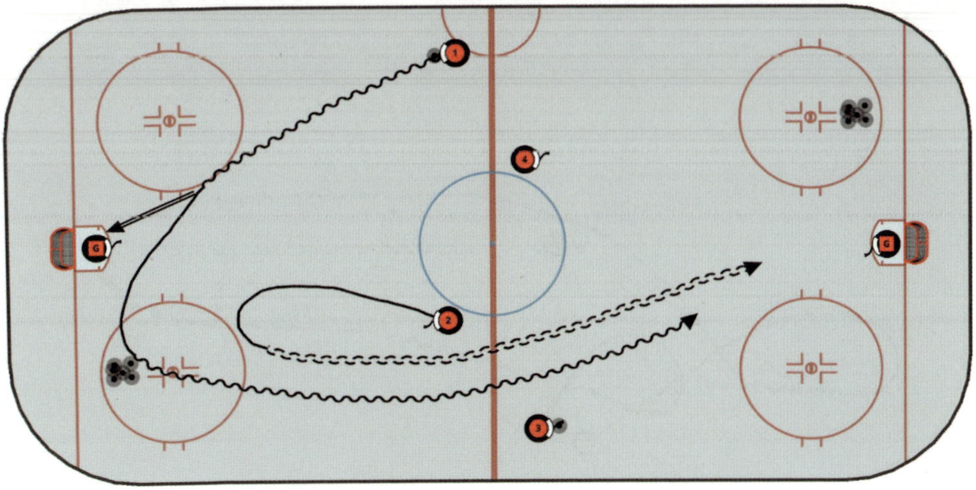

图4-72　射门结合1打1攻防练习（2）示意图

二、2打1战术

（一）两人同侧底线折返2打1

如图4-73所示，●1号、●2号队员为一组，为进攻方；▲1号队员为防守方。

动作路径：队员按照图示方向进行传球、接球、运球滑行、射门、倒滑防守等技术动作。

动作规格：●1号队员绕左侧端区下争球点滑行并折返，●2号队员按图示跟随●1号队员节奏进行滑行折返。▲1号队员传球给折返后的●1号队员，后倒滑防守。●1号队员接球后向前运球滑行一小段距离，传球给●2号队员，后●1号、●2号队员按图示进行运球、传接球和射门2打1练习。

其他练习形式：①可以有守门员进行守门练习。②●1号队员可以持球射门后重复之前练习。

注意事项：①倒滑时双脚保持“C”字滑行，尽量不做倒压步滑行，防止防守失位，防守时站两人之间，兼顾防守。②传接配合的两名队员，注意防守人位置，选择合适的传球方式，注意两人之间的位置。

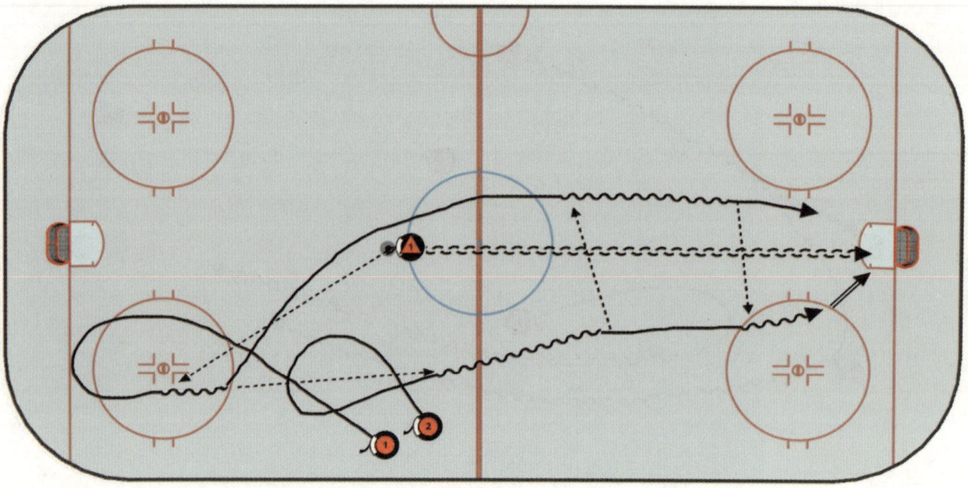

图4-73　两人同侧底线折返2打1练习示意图

（二）三人配合2打1攻防练习

如图4-74所示，1号、2号、3号队员为一组，C为教练员。

动作路径：队员按照图示方向进行传球、接球、运球滑行、射门、倒滑防守等技术动作。

动作规格：1号队员按图示运球向左侧球门行进并射门后，向下侧争球圈滑行并向右侧场地滑行。2号队员待1号队员射门后，向场地上方绕中圈滑行并向右侧场地移动，随后接教练员传球，与1号队员进行2打1传、接球、射门的配合练习。3号队员待2号队员出发后，按图示向下向右倒滑防守。

其他练习形式：①可以有守门员进行守门练习。②1号队员可以传球给教练员，后面练习一致。

注意事项：①倒滑时双脚保持“C”字滑行，尽量不做倒压步滑行，防止防守失位，防守时站两人之间，兼顾防守。②传接配合的两名队员，注意防守人位置，选择合适的传球方式，注意两人之间的位置。③接球队员滑行时要保持眼睛一直盯着传球人，同时球杆拍头要放在地上，给出接球方向。

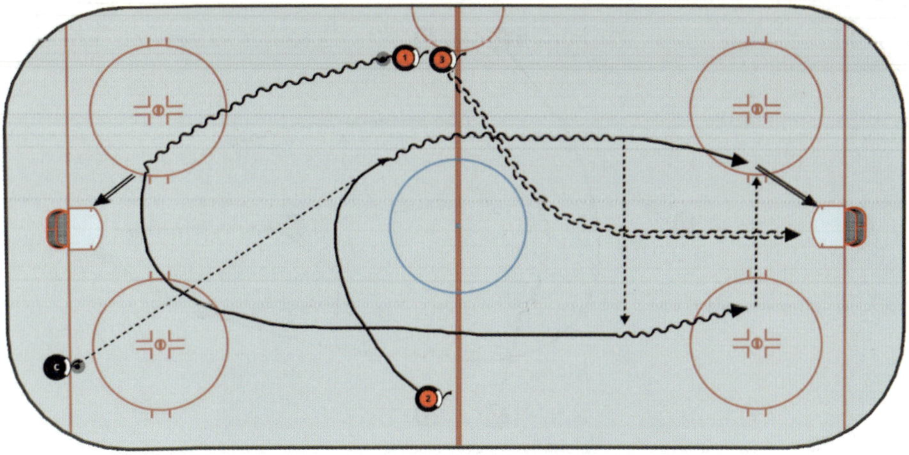

图4-74　三人配合2打1攻防练习示意图

（三）四人配合2打1攻防练习

如图4-75所示，六名队员分为两组，●1号、●2号、▲2号队员为一组，●3号、●4号、▲1号队员为一组。

动作路径：两组队员按照图示方向进行传球、接球、运球滑行、射门、倒滑防守等技术动作。

动作规格：●1号队员传球给▲1号队员后按图示向场地下面绕中圈滑行。●2号队员与●1号队员同时出发，向场地上面绕中圈滑行，接▲1号队员传球后直接传球给▲2号队员，再按图示向场地右侧滑行。▲2号队员接球后，传给场地下侧的●1号队员后，倒滑防守。●1号、●2号队员进行2打1传、接球、射门等配合练习。之后，●3号、●4号队员开始练习。

其他练习形式：可以有守门员进行守门练习。

注意事项：①倒滑时双脚保持“C”字滑行，尽量不做倒压步滑行，防止防守失位，防守时站两人之间，兼顾防守。②传接配合的两名队员，注意滑行位置和时机，注意防守人位置，选择合适的传球方式，注意两人之间的位置。③接球队员滑行时要保持眼睛一直盯着传球人，同时球杆拍头要放在地上，给出接球方向。

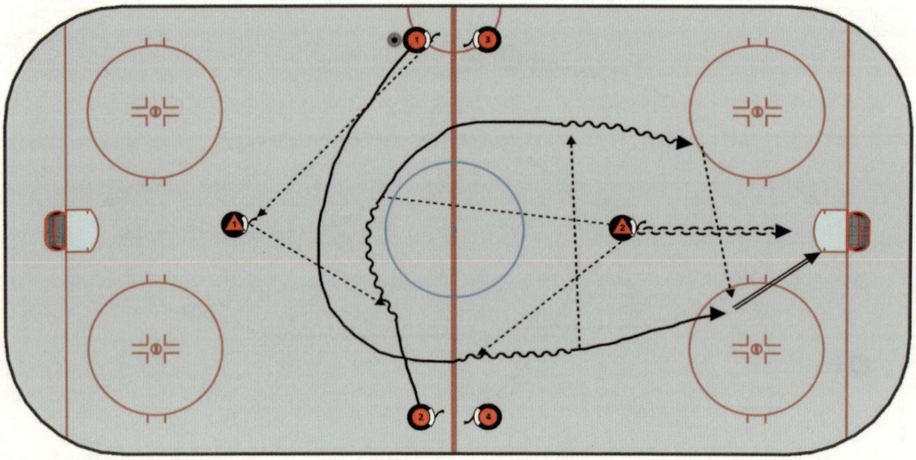

图4-75 四人配合2打1攻防练习示意图

（四）四人中圈传接球2打1

如图4-76所示，四名队员分为两组，●1号、●2号为进攻队员，▲1、▲2号为防守队员。

动作路径：两组队员按照图示方向进行传球、接球、运球滑行、射门、倒滑防守等技术动作。

动作规格：●1号队员双手持杆运球滑行一段距离后传球给▲2号队员后按图示向场地下面绕中圈向场地右侧滑行。▲2号队员接球后传给▲1号队员。●2号队员与●1号队员同时出发，向场地上面绕中圈滑行，接▲1号队员传球后按图示运球向场地右侧滑行。▲2号队员待●2号队员接球后，倒滑防守。●1号、●2号队员进行2打1传、接球、射门的配合练习。

其他练习形式：可以有守门员进行守门练习。

注意事项：①倒滑时双脚保持“C”字滑行，尽量不做倒压步滑行，防止防守失位，防守时站两人之间，兼顾防守。②传接配合的两名队员，注意滑行位置和时机，注意防守人位置，选择合适的传球方式，注意两人之间的位置。③接球队员滑行时要保持眼睛一直盯着传球人，同时球杆拍头要放在地上，给出接球方向。④防守队员接球和处理球的速度要快，动作要连贯。

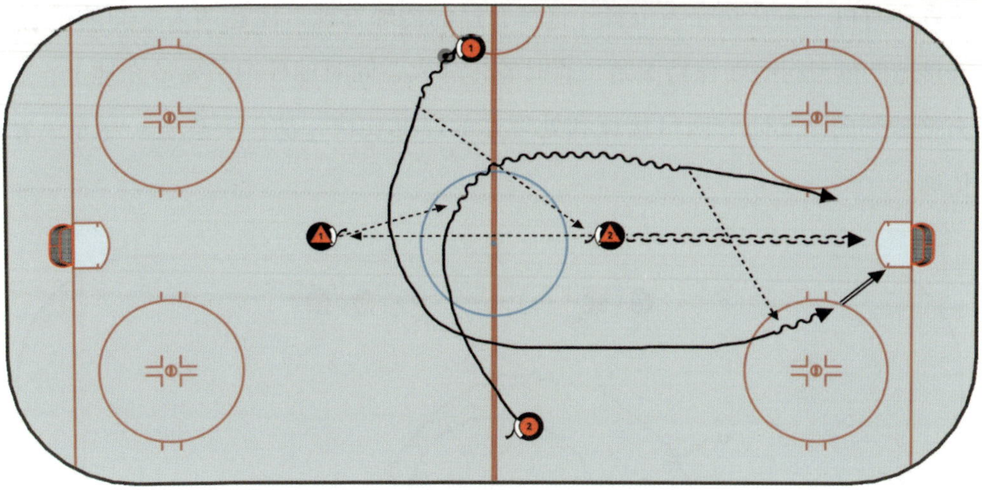

图4-76　四人中圈传接球2打1练习示意图

（五）四人中圈多拍传接球2打1

如图4-77所示，四名队员分为两组，●1号、●2号、▲3号队员为一组，●3号、●4号、▲1号队员为一组。

动作路径：两组队员按照图示方向进行多拍传球、接球、运球滑行、射门、倒滑防守等技术动作。

动作规格：●1号队员双手持杆运球滑行一段距离后传球给▲1号队员后按图示向场地上面绕中圈滑行。▲1号队员接球后传给●3号队员，●3号队员接球后回传给●1号队员，●1号队员接球后运球按图示运球滑行一段距离后再传给●3号队员后继续按图示绕中圈滑行后，向场地左侧行进。●2号队员与●1号队员同时出发，向场地上面绕中圈滑行，接●3号队员传球后按图示运球向场地左侧滑行。▲3号队员待●2号队员滑至中圈上面的时候出发，正滑变倒滑防守。●1号、●2号队员进行2打1传、接球、射门等配合练习。

其他练习形式：可以有守门员进行守门练习。

注意事项：①倒滑时双脚保持“C”字滑行，尽量不做倒压步滑行，防止防守失位，防守时站两人之间，兼顾防守。②传接配合的两名队员，注意滑行位置和时机，注意防守人位置，选择合适的传球方式，注意两人之间的位置。③接球队员滑行时要保持眼睛一直盯着传球人，同时球杆拍头要放在地上，给出接球方向。④防守队员接球和处理球的速度要快，动作要连贯。尽量一拍传球。

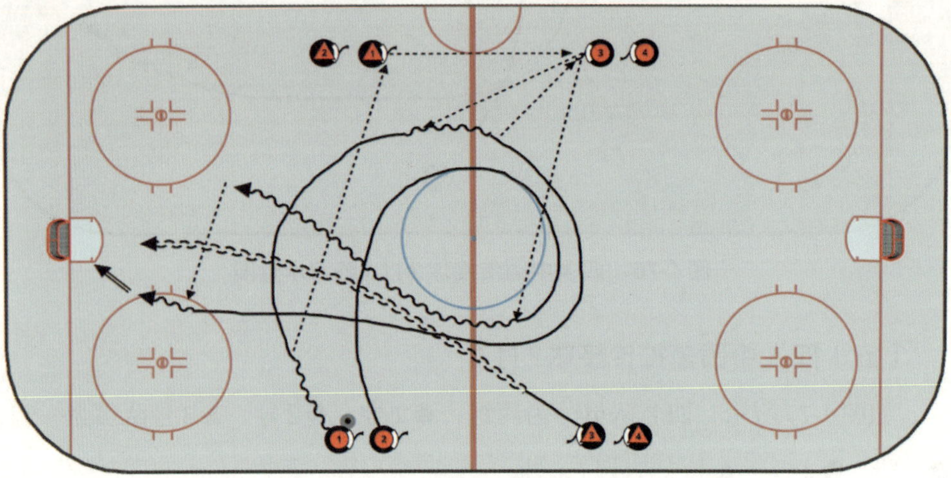

图4-77　四人中圈多拍传接球2打1练习示意图

（六）传接球运球射门2打1

如图4-78所示，两拨队员分左右半场站立，门前分别设一名守门员。

动作路径：队员按照图示方向进行2拍传球、接球、运球滑行、射门、倒滑防守等技术动作。

动作规格：1号队员传球给5号队员，随后按图示绕中圈外侧向场地下面滑行。3号队员与1号队员同时出发，沿中圈内侧向上滑行。5号队员接球后变倒滑拨运球滑行，待2号队员滑行至中圈时回传给他/她，2号队员接球后运球向左侧球门移动，与1号队员进行2打1传接球、射门等练习。右侧队员与左侧队员同时开始。动作相同，方向相反。

注意事项：①倒滑时双脚保持“C”字滑行，尽量不做倒压步滑行，防止防守失位，防守时站两人之间，兼顾防守。②传接配合的两名队员，注意滑行位置和时机，注意防守人位置，选择合适的传球方式，注意两人之间的位置。③接球队员滑行时要保持眼睛一直盯着传球人，同时球杆拍头要放在地上，给出接球方向。④防守队员接球和处理球的速度要快，动作要连贯。尽量一拍传球。

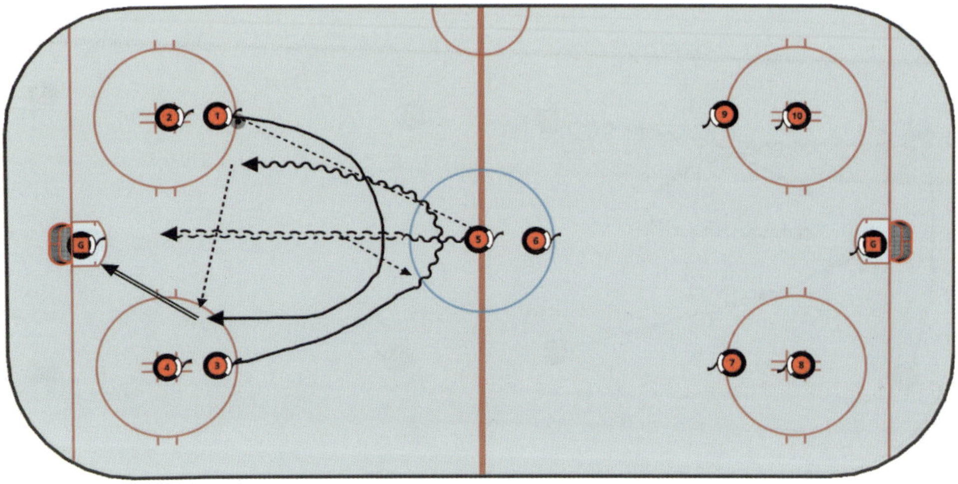

图4-78　传接球运球射门2打1练习示意图

（七）底板拿球传球2打1

如图4-79所示，两拨队员分左右半场站立；门前分别设一名守门员，G代表守门员。

动作路径：队员按照图示方向进行运球、传球、接球、倒滑防守、运球滑行、射门等技术动作。

动作规格：3号队员从图示位置开始向左上角球堆滑行，拿球后运球滑行向左侧场地中间行进，待到场地中间位置时，传球给1号队员后，变成倒滑防守，1号队员接球后向左侧球门运球行进，2号队员随1号队员行进而行进，接1号队员传球后，运球行进并射门。1后队员传球后，向球门侧移动，等待补射。右侧场地队员同时开始，动作相同，方向相反。

其他练习形式：可以将球堆放置相反方向、门后或者其他位置。

注意事项：①倒滑时双脚保持“C”字滑行，尽量不做倒压步滑行，防止防守失位，防守时站两人之间，兼顾防守。②传接配合的所有队员，保障训练的连续性，传接球动作要有准确性。③守门员一开始就随队员进行滑行和防守姿势练习。

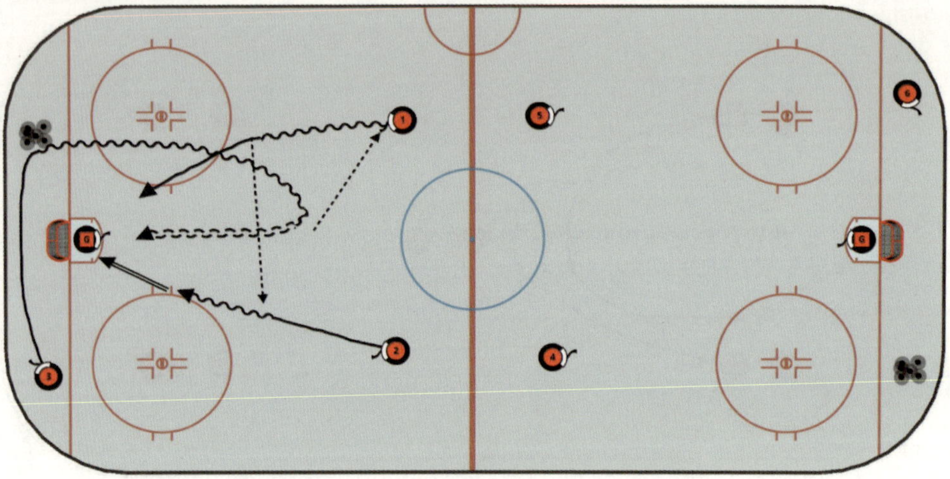

图4-79　底板拿球传球2打1练习示意图

（八）底板出区2打1（1）

如图4-80所示，●1号、●2号队员站在左下角，▲1号队员站在中圈争球点，教练C站在中圈线上。

动作路径：队员按照图示方向进行滑行、传接球、运球滑行、射门、倒滑防守等技术动作。

动作规格：●1号队员按图示向左侧底线滑行，教练员C传球给●1号队员，●2号队员随后按图示经左侧门前向左上底线行进，接●1号队员传球后运球向右侧场地行进。●1号队员传球后经门侧向场地下方行进，与●2号队员进行2打1传接球运球射门练习。▲1号队员待两位持球进攻队员快到中圈时，倒滑起速防守。

其他练习形式：①可以有守门员进行守门练习。②可以上面再设一组，对向依次开始。

注意事项：①此练习不分前锋或后卫，都需要巩固提高。②底线球第一拍传出后，要注意门前保护，防止因为失球造成对方1打0，注意两人之间的距离。

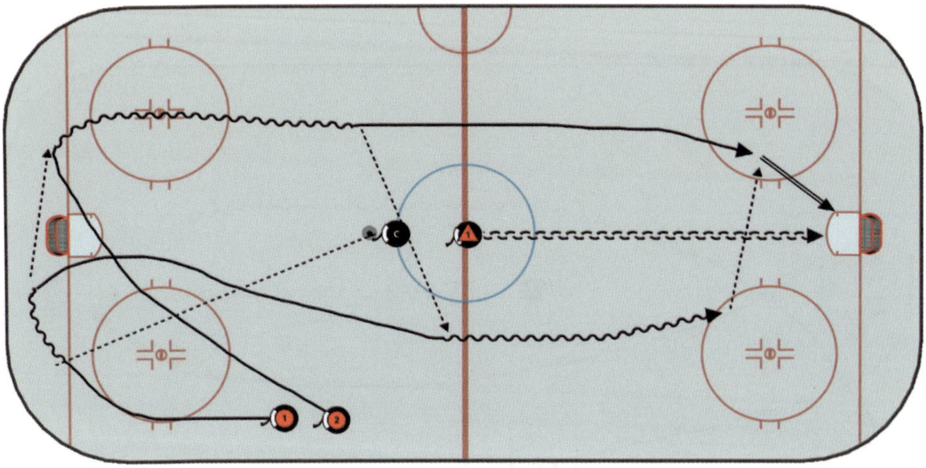

图4-80　底板出区2打1（1）练习示意图

（九）底板出区2打1（2）

如图4-81所示，●1号、●2号队员站在左下角，▲1号队员站在中圈争球点，教练C站在中圈线上。

动作路径：队员按照图示方向进行滑行、传接球、运球滑行、射门、倒滑防守等技术动作。

动作规格：●1号队员按图示向左侧底线滑行，●2号队员随●1号队员移动沿球门后向左上角移动。教练员C传球待●1号队员快到底线时，传球给●1号队员，●1号队员接球后迅速调整传球（或直传或反弹）给●2号队员。●1号队员传球后，按图示路线经门前向场地上方行进，●2号队员接球后运球按图示滑行一小段后传球给●1号队员，再向场地下方行进，形成2打1配合练习。▲1号队员待●1号队员接球后倒滑起速防守。

其他练习形式：①可以有守门员进行守门练习。②可以上面再设一组，对向依次开始。③倒滑防守队员可以向左（右）侧球门处滑行后再倒滑防守。

注意事项：①此练习不分前锋或后卫，都需要巩固提高。②底线球第一拍传出后，要注意门前保护，防止因为失球造成对方1打0，注意两人之间的距离。

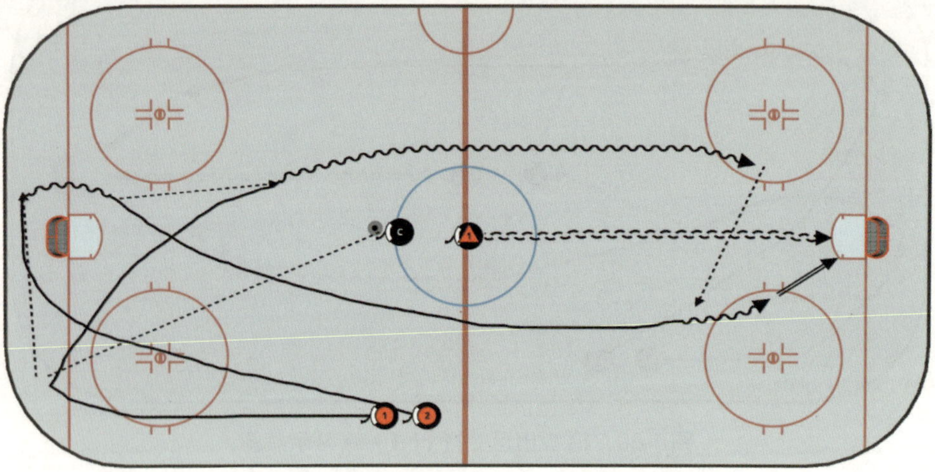

图4-81　底板出区2打1（2）练习示意图

（十）球门后留球交叉换位2打1

如图4-82所示，●1号、●2号队员分别站在左边场地上面和下面，▲1号队员站在中圈争球点，教练C站在中圈线上。

动作路径：队员按照图示方向进行滑行、传接球、运球滑行、射门、倒滑防守等技术动作。

动作规格：●1号队员按图示向左下侧底线滑行，●2号队员按图示向左侧底线门后滑行。●1号队员快到底线时，教练员C传球给●1号队员，●1号队员接球后运球向门后移动，和●2号队员交叉换位后，迅速传球（或回传或反弹）给●2号队员。●1号队员传球后，按图示路线经门前向场地上方行进，●2号队员接球后运球按图示滑行过中线后，传球给●1号队员，再向右侧球门移动，形成2打1配合练习。▲1号队员待●2号队员运球快到中线时倒滑起速防守。

其他练习形式：①可以有守门员进行守门练习。②可以右侧再设一组，对向依次开始。③倒滑防守队员可以向左（右）侧球门处滑行后再倒滑防守。

注意事项：①此练习不分前锋或后卫，都需要巩固提高。②门后传接球，要注意位置和传球手法。③防守队员防守时要兼顾两个进攻队员。

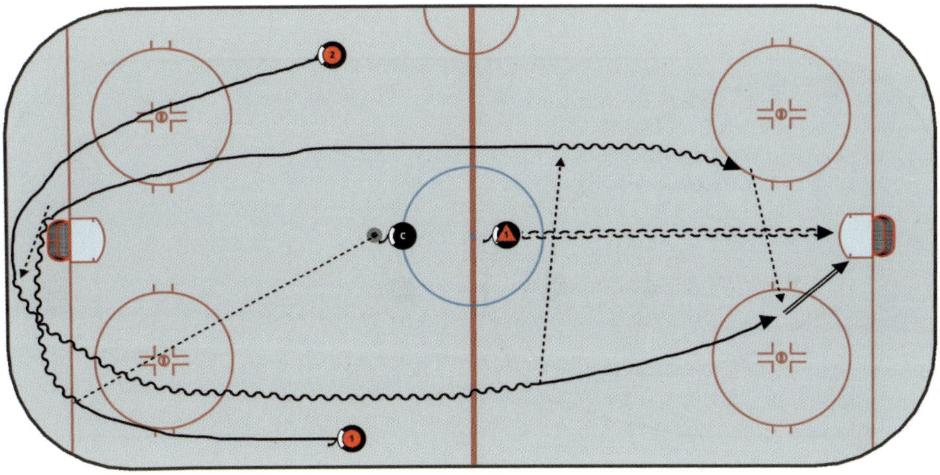

图4-82　球门后留球交叉换位2打1练习示意图

（十一）多拍传接球2打1

如图4-83所示，●1号、●2号队员分别站在左边场地上面和下面，▲1号队员持球站在中圈左侧线上。

动作路径：队员按照图示方向进行滑行、传接球、运球滑行、射门、倒滑防守等技术动作。

动作规格：●1号队员按图示向中圈附近滑行，▲1号队员同时按图示向左侧运球滑行一小段距离后，传球给●1号队员，●1号队员运球滑行一小段距离后，传球给下面同时开始的●2号队员，●2号队员接到球后运球向中圈争球点滑行，并和●1号队员在换位后沿场地上下按图示向左侧球门滑行，到左侧上面端区争球圈附近时，回传给●1号队员，形成2打1配合练习。▲1号队员传球给●1号队员后，倒滑起速防守。

其他练习形式：①可以有守门员进行守门练习。②右侧组，对向同时开始。

注意事项：①此练习不分前锋或后卫，都需要巩固提高。②多拍传球要注意准确性，传到移动路线上，注意脚下动作配合。③防守队员防守时要兼顾两个进攻队员。

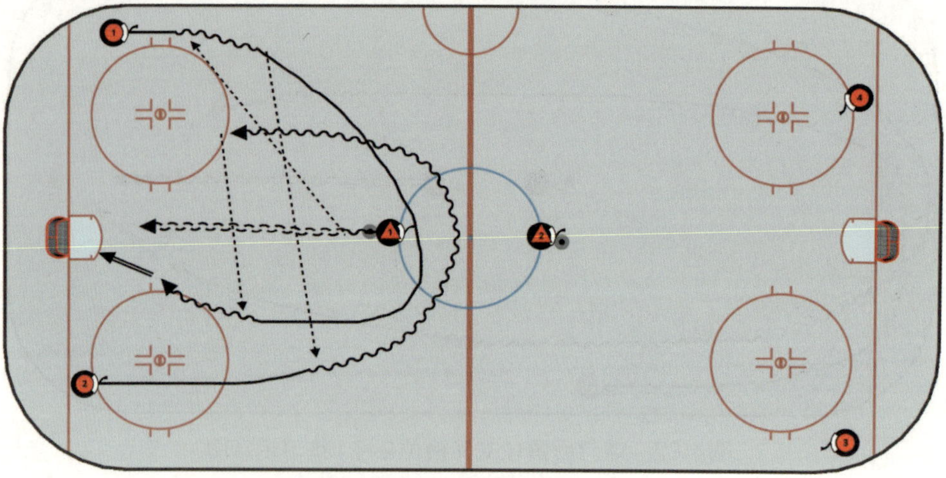

图4-83　多拍传接球2打1练习示意图

（十二）同侧两人底线折返2打1

如图4-84所示，●1号、●2号队员站在左边场地下面，▲1号队员持球站在中圈左侧线上。

动作路径：队员按照图示方向进行滑行、传接球、运球滑行、射门、倒滑防守等技术动作。

动作规格：●1号队员按图示向底线附近滑行折返，在左下端区争球圈附近接▲1号队员传球。●2号队员待●1号队员折返时按图示向场地上方滑行。●1号队员运球滑行一小段距离后，传球给●2号队员，后按图示路线向右侧场地移动。●2号队员接到球后运球向右侧场地滑行，并在右侧场地与●1号队员配合形成2打1练习。▲1号队员传球给●1号队员后，倒滑起速防守。

其他练习形式：①可以有守门员进行守门练习。②可以场地上面再设一组，对向依次开始。

注意事项：①此练习不分前锋或后卫，都需要巩固提高，无球滑行时要时刻注意观察有球队员。②传球要注意准确性，传到移动路线上，接球动作要灵活多变，注意脚下动作配合。③防守队员防守时要兼顾两个进攻队员。

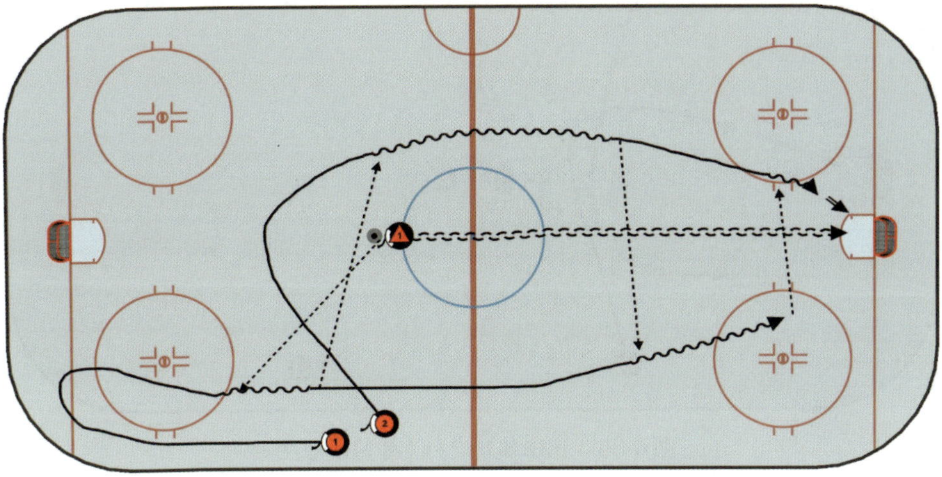

图4-84　同侧两人底线折返2打1练习示意图

（十三）运球传球2打1

如图4-85所示，●1号、●2号队员分别站在左边场地上下面，▲1号队员持球站在中圈里。

动作路径：队员按照图示方向进行运球滑行、传接球、射门、倒滑防守等技术动作。

动作规格：左侧三名队员同时开始，●1号队员运球按图示向场地下面滑行并向左侧球门移动，●2号队员按图示向场地上面滑行并向左侧球门移动。▲1号队员直接变倒滑起速防守。●1号队员运球滑行至左下争球圈时，回传给●2号队员，●2号队员直接不停球射门。

其他练习形式：①可以有守门员进行守门练习。②可以在对面场地再设一组，对向同时开始。③可以交换两人球权后练习。

注意事项：①此练习不分前锋或后卫，都需要巩固提高，无球滑行时要时刻注意观察有球队员。②传球要注意准确性，传到移动路线上，接球动作要灵活多变，注意脚下动作配合。③防守队员防守时要兼顾两个进攻队员。

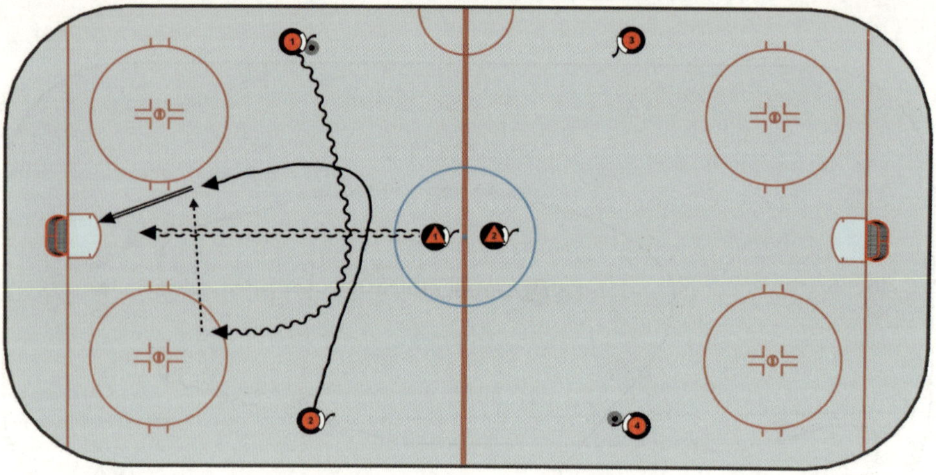

图4-85　运球传球2打1练习示意图

（十四）中圈多拍传接球2打1

如图4-86所示，●1号、●2号队员分别站在靠近中线的场地上下面，▲1号队员持球站在中圈争球点上；C代表教练员，站在左下端区争球点。

动作路径：队员按照图示方向进行运球滑行、传接球、射门、倒滑防守等技术动作。

动作规格：●1号、●2号两名队员同时按图示方向滑行，●1号队员按图示向场地下面滑行并接到▲1号队员传球后，立即传给教练员，教练员调整一下传给滑行至下面的●1号队员，●1号队员和●2号队员向右侧球门进行2打1配合练习。▲1号队员传球后直接变倒滑起速防守。

其他练习形式：①可以有守门员进行守门练习。②可以在对面场地再设一组，对向同时开始。③可以交换两人球权后练习。

注意事项：①此练习不分前锋或后卫，都需要巩固提高，无球滑行时要时刻注意观察有球队员。②传球要注意准确性，传到移动路线上，接球动作要灵活多变，注意脚下动作配合。③防守队员防守时要兼顾两个进攻队员。

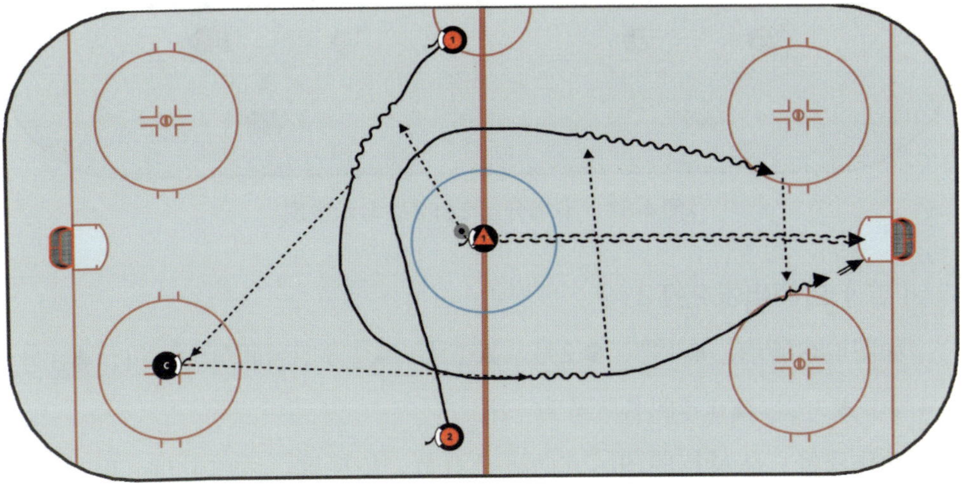

图4-86 中圈多拍传接球2打1练习示意图

三、2打2战术

（一）半场分组2打2

如图4-87所示，左半场●1号、●2号、▲1号、▲2号四名队员为一组，右半场●3号、●4号、▲3号、▲4号四名队员为一组，两个半场各设置两个球门。

动作规格：左右半场内，以中线为界，两组队员两两一组，进行攻防练习，球权转换，攻防转换。

其他练习形式：①可以有守门员进行守门练习。②可以用一个球在一个半场进行，被解围到对面半场后，另外两组开始。

图4-87 半场分组2打2练习示意图

（二）对侧出发2打2

如图4-88所示，●1号、●2号、▲1号、▲2号四名队员为一组，●3号、●4号、▲3号、▲4号四名队员为一组。

动作路径：队员按照图示方向进行滑行、传接球、运球滑行、射门、倒滑防守等技术动作。

动作规格：●1号、●2号队员按图示路线滑行，待●1号队员滑至左半场中间时，接▲1号队员传球后按图示运球滑行至右半场与●2号队员进行2打2配合练习。▲1号队员传球后，▲1号、▲2号队员按图示正滑变倒滑防守。

其他练习形式：①可以有守门员进行守门练习。②另外四名队员向相反方向进行。③倒滑防守队员可以用杆身防守，轻度防守，保障进攻成功率。

注意事项：①进攻方一人射门，另一人要到门侧补射。②防守方中路不能漏，可以放两边，注意人球兼顾，侧重人。

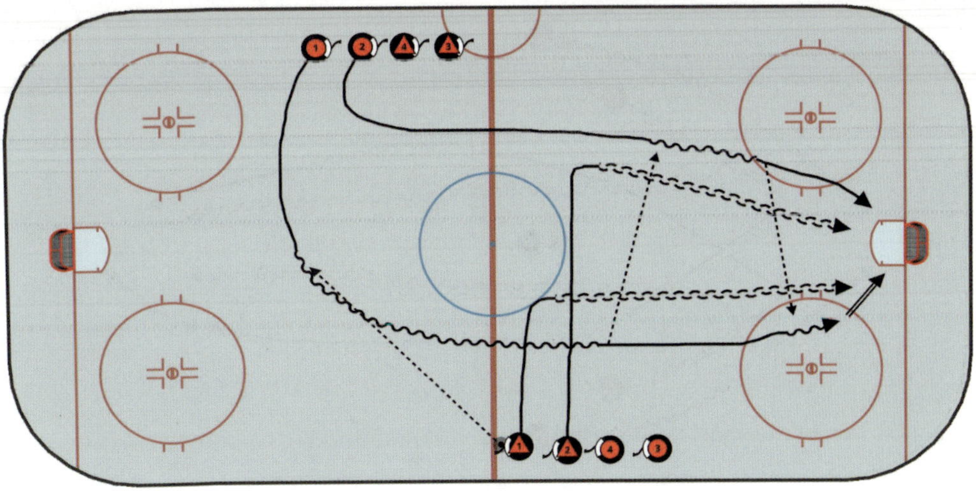

图4-88　对侧出发2打2练习示意图

（三）攻防转换2打2

如图4-89所示，场上有1、2、3、4号队员和C教练员一人。

动作路径： 队员按照图示方向进行运球滑行射门、滑行、传接球、倒滑防守等技术动作。

动作规格： 3、4号队员运球向左侧球门滑行并射门，1、2号队员按图示路线倒滑防守。3、4号队员射门后按图示沿场地中间变成倒滑防守。1、2号队员防守后变成正滑交叉换位，按图示滑行，1号队员接教练员传球，运球过中线传给2号队员进行2打2传接球配合射门练习。

其他练习形式： ①可以有守门员进行守门练习。②另外四名队员向相反方向进行。③倒滑防守队员可以用杆身防守，轻度防守，保障进攻成功率。

注意事项： ①进攻方一人射门，另一人要到门侧补射，注重传球成功率。②防守方中路不能漏，可以放两边，注意人球兼顾，侧重人。

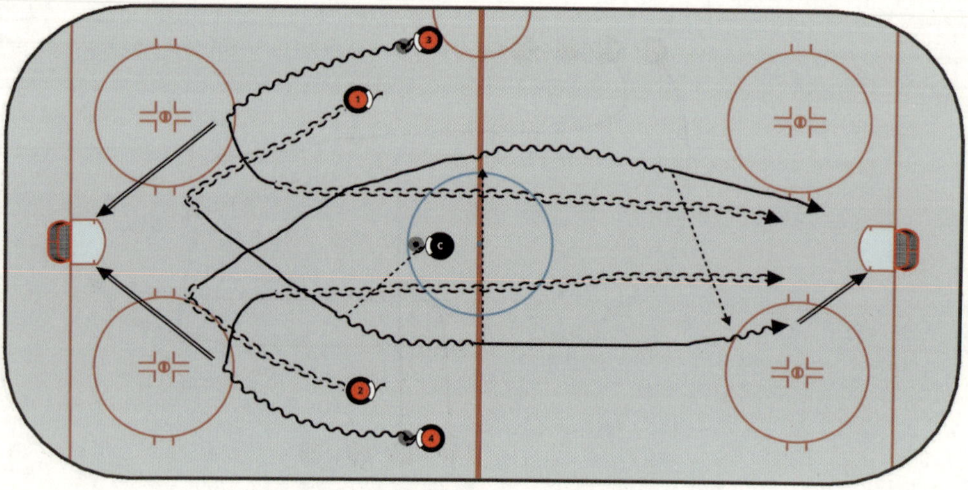

图4-89　攻防转换2打2练习示意图

（四）后场拿球全场2打2

如图4-90所示，场上有●1号、●2号队员一组，▲1号、▲2号队员一组，C代表教练员一人。

动作路径：队员按照图示方向进行滑行、传接球、运球滑行、射门、倒滑防守等技术动作。

动作规格：●1号、●2号队员向左侧场地端区滑行，教练员传球给1号队员，1号队员运球滑行并传球给2号队员。▲1号、▲2号队员随着教练员传球后，沿场地中间倒滑防守。2号队员运球向右侧场地行进，回传给●1号队员，●1号队员运球射门。

其他练习形式：①可以有守门员进行守门练习。②另外四名队员向相反方向进行。③倒滑防守队员可以用杆身防守，轻度防守，保障进攻成功率。

注意事项：①进攻方一人射门，另一人要到门侧补射，注重传球成功率。②防守方中路不能漏，可以放两边，注意人球兼顾，侧重人。

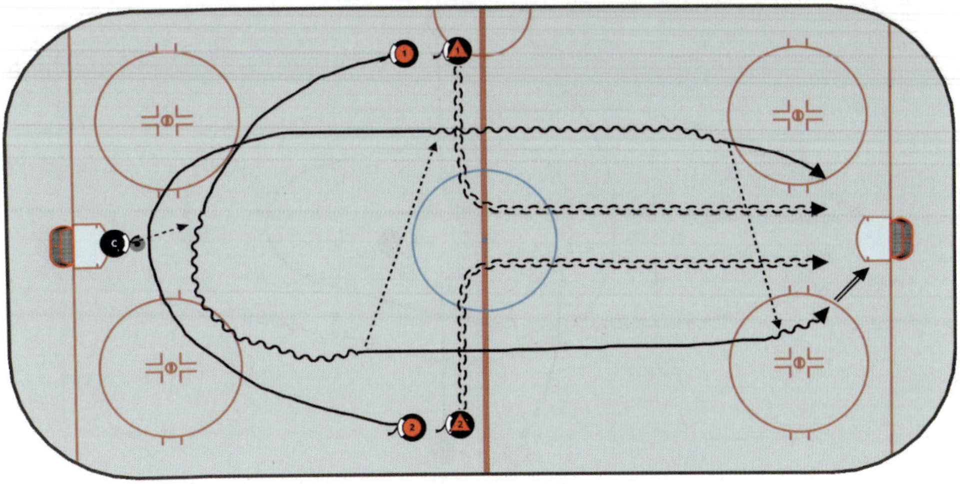

图4-90　后场拿球全场2打2练习示意图

（五）绕远端传接球2打2

如图4-91所示，场上有●1号、●2号队员一组，▲1号、▲2号队员一组，C代表教练员一人。

动作路径：队员按照图示方向进行滑行、传接球、运球滑行、射门、倒滑防守等技术动作。

动作规格：●1号、●2号队员向中圈附近对向滑行，教练员传球给●2号队员，2号队员运球滑行并在场地右侧传球给滑行至右侧场地的●1号队员。●1号队员运球按图示路线滑行至上方再回传给刚过中线的●2号队员，随后两人到左侧场地进行2打2传接球、射门配合练习。▲1号、▲2号队员在●1号队员第一次接球后，对向向场地中圈滑行并按图示变成倒滑防守。

其他练习形式：①可以有守门员进行守门练习。②可以另设四名队员向相反方向进行。③倒滑防守队员可以用杆身防守，轻度防守，保障进攻成功率。④是否在防守方抢得球权后进行攻防转换，由教练员确定。

注意事项：①进攻方一人射门，另一人要到门侧补射，注重传球成功率。②防守方中路不能漏，可以放两边，注意人球兼顾，侧重人。

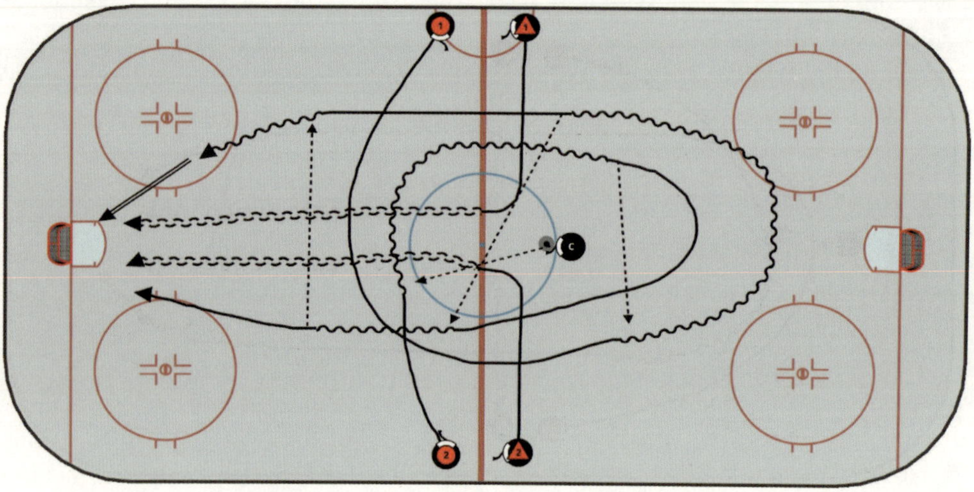

图4-91 绕远端传接球2打2练习示意图

（六）射门后结合2打2

如图4-92所示，场上有●1号、●2号队员一组，▲1号、▲2号队员一组，左下角放一个球堆。

动作路径： 队员按照图示方向进行运球滑行射门、滑行、运球滑行、传接球、射门、倒滑防守等技术动作。

动作规格： ●1号、●2号队员分别在如图左侧上下两个位置同时运球向左侧球门移动并射门。●1号队员射门后向左下角球堆滑行取球，●2号队员射门后向左侧场地上方行进，接●1号队员传球后运球向右侧场地行进。●1号队员传球后按图示向场地右侧滑行，过中场线后与●2号队员进行2打2配合练习。▲1号、▲2号队员待●2号队员接到球后，按图示向场地中间滑行后变倒滑防守。

其他练习形式： ①可以有守门员进行守门练习。②另外四名队员向相反方向进行。③倒滑防守队员可以用杆身防守，轻度防守，保障进攻成功率。

注意事项： ①进攻方一人射门，另一人要到门侧补射，注重传球成功率。②防守方中路不能漏，可以放两边，注意人球兼顾，侧重人。

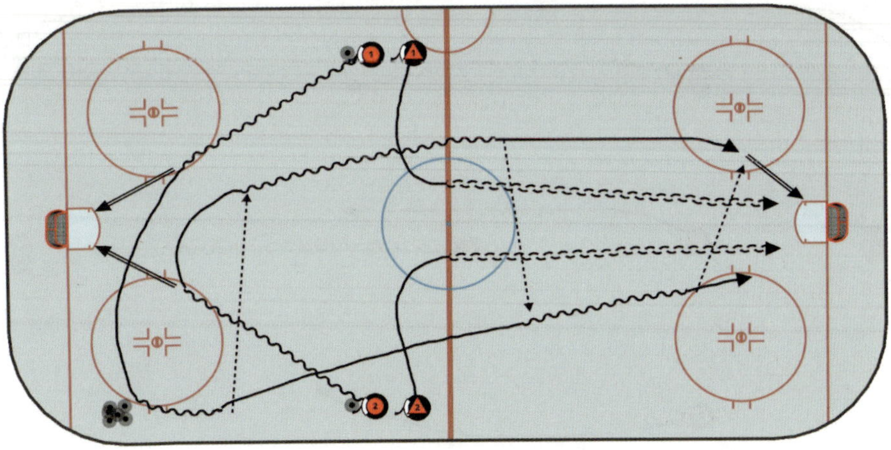

图4-92　射门后结合2打2练习示意图

四、3打1战术

(一)3人后场出发3打1

如图4-93所示，有●1号、●2号、●3号队员为一组，为进攻方；▲1号队员为防守方。

动作路径：队员按照图示方向向右侧场地运球滑行、滑行、传接球射门、倒滑防守等技术动作。

动作规格：●1号、●2号、●3号队员分别在左侧上中下三个位置，●1号队员持球与另外两位队员同时向右侧球门移动并进行3打1传接球配合射门练习。▲1号队员在中圈随着其他三名队员移动而开始倒滑防守练习。

其他练习形式：①可以有守门员进行守门练习。②另外四名队员向相反方向进行。③如果防守方截获球，防守方可以上不同的人数，变成2打3、3打3、4打3等不同形式。

注意事项：①进攻方一人射门，一人到门侧补射，另一人在门前等待补射。②防守方要注意人球兼顾，侧重人，一旦解围，进攻方可以根据教练员要求进行奖惩。

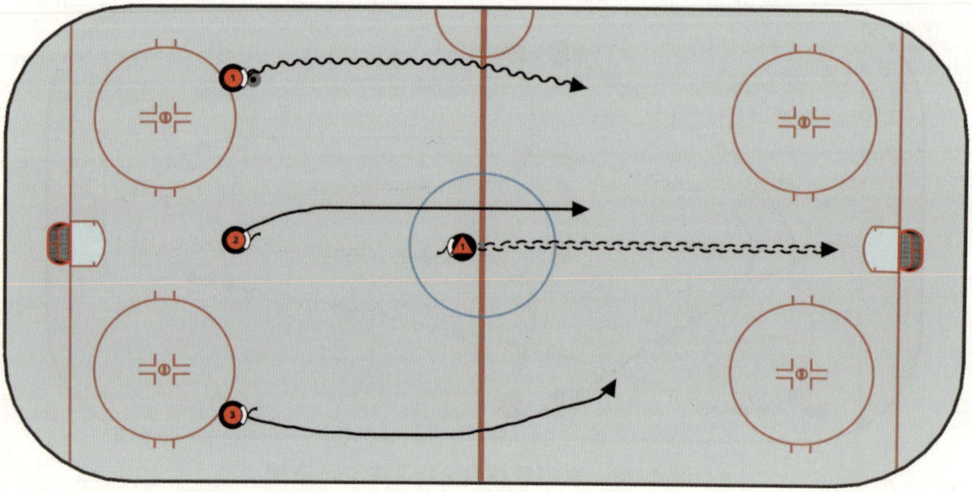

图4-93　3人后场出发3打1练习示意图

（二）从底线向中线急转3打1

如图4-94所示，左半场●1号、●2号、●3号队员为一组，●4号、●5号、●6号队员为一组，▲1号、▲2号队员代表防守方；C和C1代表教练员。

动作路径：队员按照图示方向做平行急转、运球滑行、传接球射门、倒滑防守等技术动作。

动作规格：●1号、●2号、●3号队员分别在如图左侧上中下三个位置，▲1号队员与●2号队员相邻。四名队员同时按图示向中线滑行折返，▲1号队员折返时变成倒滑防守。教练员持球给折返的●1号队员，三名队员在左半场进行3打1配合练习。右半场●4号、●5号、●6号和▲2号队员同时开始，动作相同。

其他练习形式：①可以有守门员进行守门练习。②进攻方可以传球给教练员作为进攻过渡，变成4打1。

注意事项：①进攻方一人射门，一人要到门侧补射，另一人在门前等待补射，位置要错落有致。②防守方注意人球兼顾，侧重人，一旦解围，进攻方可以根据教练员要求进行奖惩。

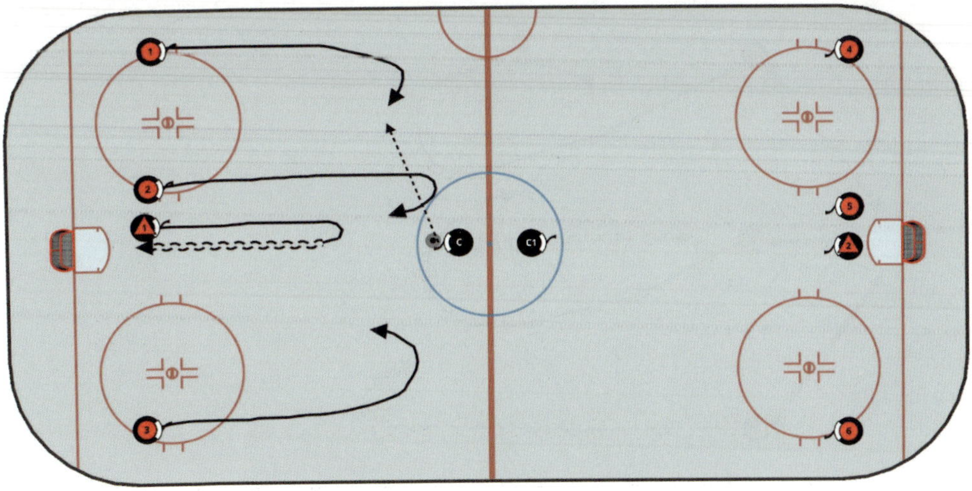

图4-94　从底线向中线急转3打1练习示意图

（三）3人射门结合3打1

如图4-95所示，场上有●1号、●2号、●3号队员为一组，为进攻方；▲1号队员为防守方。

动作路径：队员按照图示方向向左侧场地滑行、接球、运球滑行、传接球射门、倒滑防守等技术动作。

动作规格：●1号、●2号、●3号队员持球分别在左侧争球圈附近上中下三个位置原地射门。射门后，三人按图示路线向中线附近滑行。与此同时，▲1号队员在中圈中将球传给●3号队员后，倒滑防守，●3号队员运球过中线折返与其他两名队员进行3打1配合练习。

其他练习形式：①可以有守门员进行守门练习。②另外四名队员向相反方向进行。③也可以传给上面的●1号队员。④最开始的原地射门，也可以采用不同的射门方式，亦可运球滑行射门。

注意事项：①进攻方一人射门，一人到门侧补射，另一人在门前等待补射。②防守方注意人球兼顾，侧重人，一旦解围，进攻方可以根据教练员要求进行奖惩。

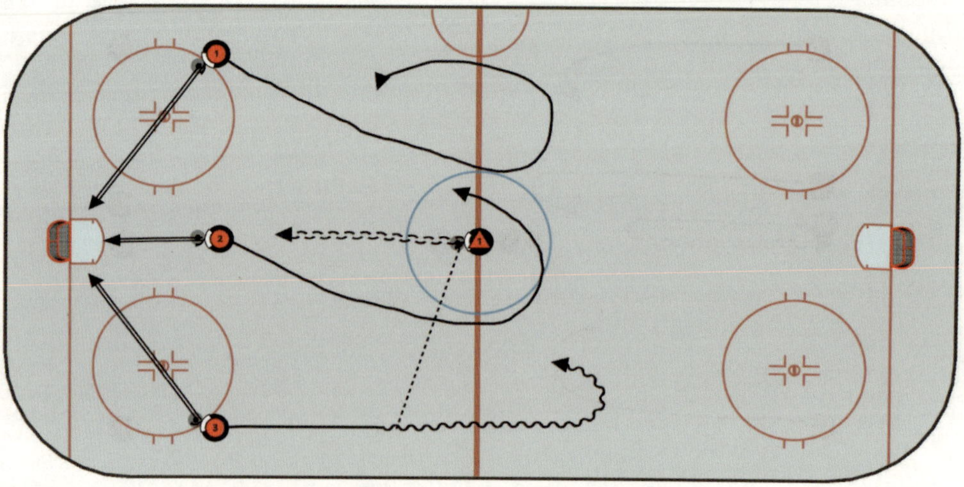

图4-95　3人射门结合3打1练习示意图

（四）三人同侧3打1

如图4-96所示，场上有●1号、●2号、●3号队员为一组，●4号、●5号、●6号队员为一组，▲1号队员代表防守方。

动作路径：队员按照图示方向向右侧场地传接球、运球滑行、滑行、传接球射门、倒滑防守等技术动作。

动作规格：●1号队员持球，同●2号、●3号队员在场地上面。●1号队员运球滑行一段距离后传球给▲1号队员后，按图示沿中圈向场地下方做折返滑行。与此同时，●2号、●3号队员也按图示进行折返滑行，●2号队员到中圈内时，接▲1号队员传球后，按图示运球折返后传球给●3号队员，三人进入右半场进行3打1配合练习。▲1号队员传出球后，变换为倒滑防守。●4号、●5号、●6号队员一组待上面一组结束后，继续进行，方向相反。

其他练习形式：①可以有守门员进行守门练习。②一旦▲1号队员获得球权，亦可和下面的●4号、●5号、●6号队员变为进攻者，变成4打3向左侧场地进行。

注意事项：①进攻方一人射门，一人到门侧补射，另一人在门前等待补射。②防守方注意人球兼顾，侧重人，一旦解围，进攻方可以根据教练员要求进行奖惩。

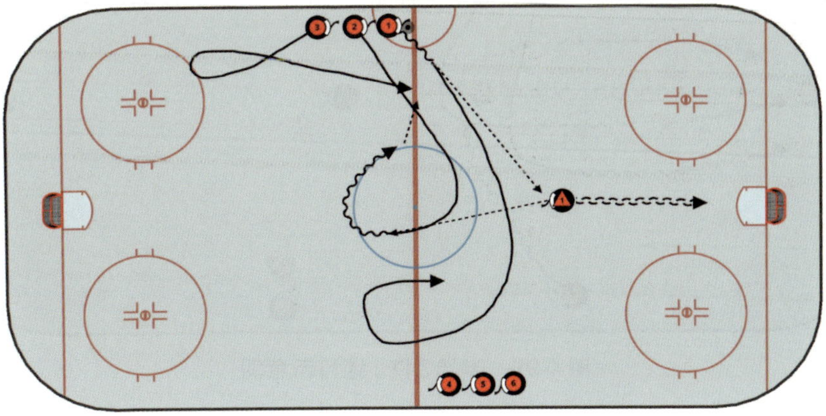

图4-96　三人同侧3打1练习示意图

（五）半场3打1

如图4-97所示，左半场●1号、●2号、●3号队员为一组，●4号、●5号、●6号队员为一组，▲1号、▲2号队员代表防守方；G代表守门员。

动作路径：队员按照图示方向在左右半场进行传接球、运球滑行、传接球射门、倒滑防守等技术动作。

动作规格：●1号队员持球按图示运球滑行一段距离后，将球传给对侧滑行过来的●3号队员，随后按图示路线向左侧球门滑行。●3号队员接球后按图示路线经中圈向左侧球门运球滑行。与此同时，●2号队员按图示路线经中圈向左侧球门滑行，接回传球射门，形成3打1配合练习。▲1号队员待●3号队员接球后变成倒滑防守。右半场●4号、●5号、●6、▲2号队员同时开始。

其他练习形式：改变持球的位置和顺序。

注意事项：①进攻方一人射门，一人到门侧补射，另一人在门前等待补射。②防守方注意人球兼顾，侧重人，一旦解围，进攻方可以根据教练员要求进行奖惩。

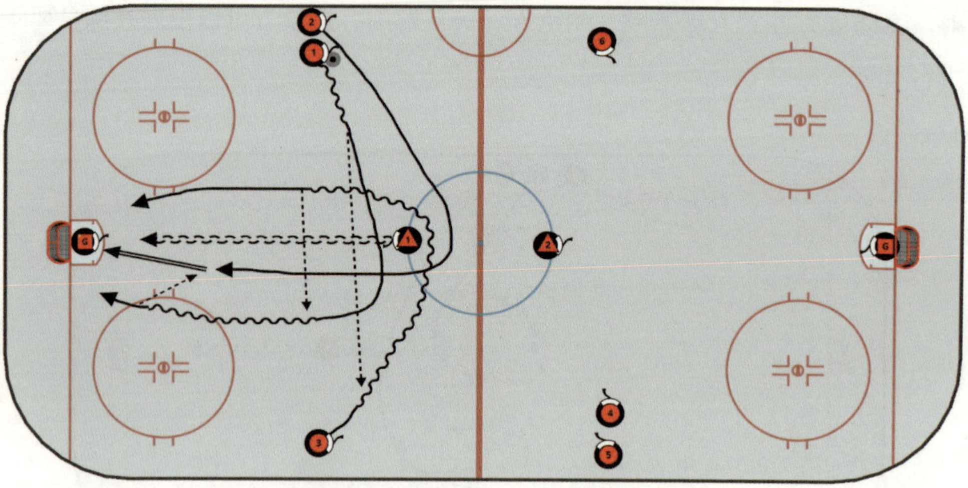

图4-97 半场3打1练习示意图

（六）底板拿球3打1

如图4-98所示，左半场●1号、●2号、●3号队员一组，▲1号队员代表防守方。

动作路径：队员按照图示方向在全场进行传接球、运球滑行、传接球射门、倒滑防守等技术动作。

动作规格：▲1号队员将球打到左下角底板处，●1号队员按图示路线向底板处拿球，●2号、●3号队员待●1号队员滑出后，按照图示路线进行滑行。●1号队员拿球后运球滑行一段距离后，传球给折返的●2号队员，●2号队员运球滑行进入右侧下半场。●1号队员传球后，按图示路线快速滑行进入右侧半场，与其他两位队员形成传接球射门3打1配合练习。▲1号队员传球后变成倒滑防守。

其他练习形式：改变第一次拿球的位置和人的顺序。

注意事项：①进攻方一人射门，一人到门侧补射，另一人在门前等待补射。②防守方注意人球兼顾，侧重人，一旦解围，进攻方可以根据教练员要求进行奖惩。

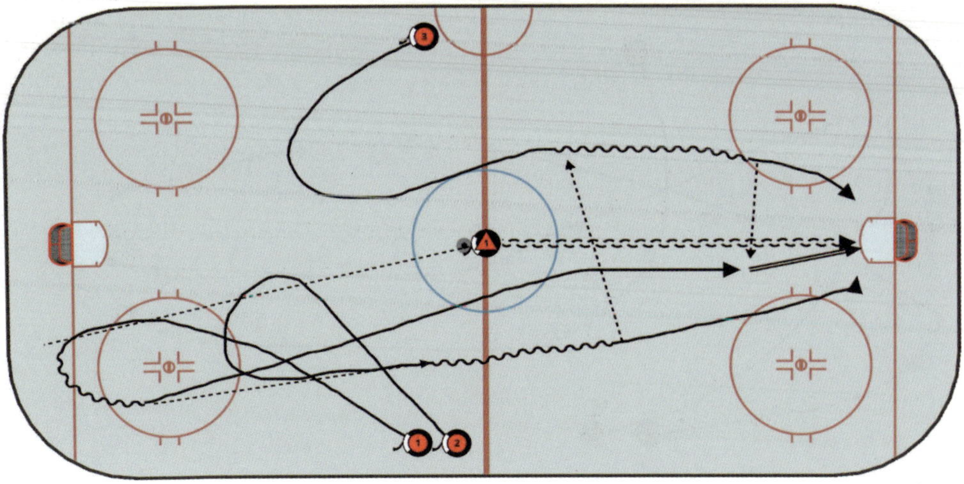

图4-98　底板拿球3打1练习示意图

（七）底板拿球门后传球全场3打1

如图4-99所示，左半场●1号、●2号、●3号队员一组，▲1号队员代表防守方。

动作路径：队员按照图示方向在全场进行传接球、运球滑行、传接球射门、倒滑防守等技术动作。

动作规格：●1号队员按图示路线向底板处拿球后运球向门后方向滑行一小段距离，●2号队员紧跟着●1号队员出发，经门前向球门上侧底线处滑行，接●1号队员传球后折返运球滑行一小段距离。●3号队员待●2号队员快过球门前时，向场地下方滑出，并接到●2号队员传球后，运球滑行至中线附近，再传给做无球跑位的●1号队员，三人进入右半场进行3打1配合练习。▲1号队员变成倒滑防守。

其他练习形式：改变第一次拿球的位置和人的顺序。

注意事项：①进攻方从后场出球时要注意保护门前，三人的距离也不要太远；到门前之后，一人射门，一人到门侧补射，另一人在门前等待补射。②防守方注意人球兼顾，侧重人，一旦解围，进攻方可以根据教练员要求进行奖惩。

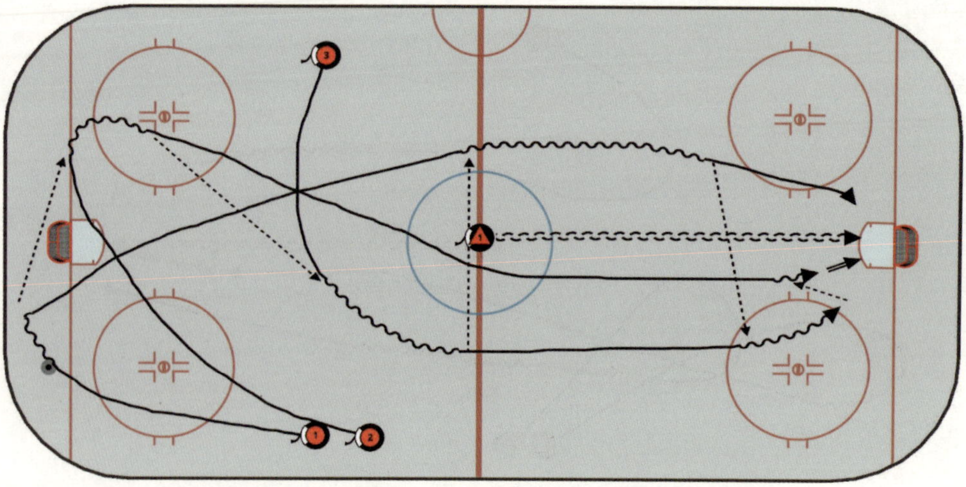

图4-99　底板拿球门后传球全场3打1练习示意图

（八）射门结合全场3打1

如图4-100所示，左半场●1号、●2号、●3号队员为一组，▲1号队员代表防守方，C代表教练员。

动作路径：队员按照图示方向在全场进行运球滑行射门、折返滑行、传接球、运球滑行、传接球射门、倒滑防守等技术动作。

动作规格：●1号队员按图示路线运球滑行射门后，向场地下面折返滑行，快速进入右侧场地。●1号队员射门后，●2号、●3号队员按图示路线折返滑行，●3号队员接教练员传球后运球滑行进入右侧场地并与其他两名队员进行传接球、射门的3打1配合练习。▲1号队员变成倒滑防守。

其他练习形式：①改变第一次射门的位置和教练员位置，或者教练员传球的不同选择。②防守者可以向左侧球门正滑后再变倒滑防守。

注意事项：①进攻方折返滑行要注意时机和位置，三人的距离也不能太远；到门前之后，一人射门，一人到门侧补射，另一人在门前等待补射。②防守方注意人球兼顾，侧重人，一旦解围，进攻方可以根据教练员要求进行奖惩。

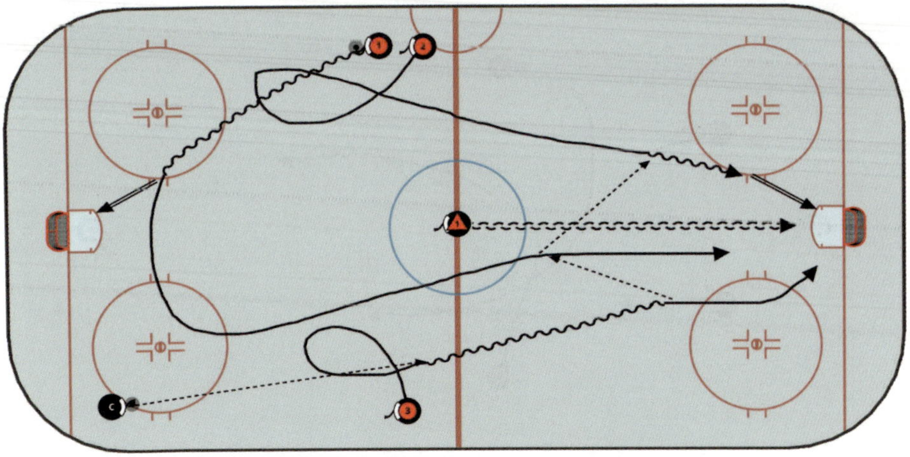

图4-100　射门结合全场3打1练习示意图

五、4打0战术

(一)4打0后场倒球中圈跑位配合

如图4-101所示，场上●1号、●2号队员为前锋，▲3号、▲4号队员为后卫，G代表守门员。

动作路径： 队员按照图示方向在全场进行运球滑行传接球、折返滑行、传接球射门等技术动作。

动作规格： ●1号队员按图示路线运球滑行一小段距离后传给▲3号队员后，继续按图示向下绕中圈向右侧场地行进。●2号队员同时出发，向上经中圈向场地右侧行进。▲3号队员接球后，迅速传给▲4号队员，▲4号队员调整后传给●2号队员后，▲3号、▲4号队员按图示箭头方向向右侧场地行进，形成4打0配合练习。

其他练习形式： ①改变第一拍传球人的方向。②可以加不同数量的防守队员以增加练习难度。

注意事项： ①传接球时机和方式要选择合理，和跑位的队员配合默契。②进入前场，四人站位要灵活，切不可站桩式配合。

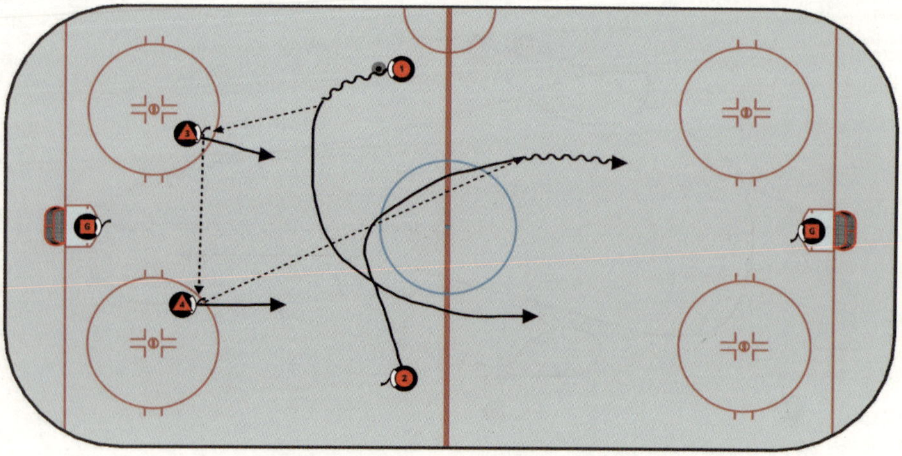

图4-101　4打0后场倒球中圈跑位配合练习示意图

（二）半场4打2接全场4打2跑动战术（1）

如图4-102所示，场上分左半场和右半场两组队员，●代表前锋，▲代表后卫，G代表守门员。

动作路径：队员按照图示方向在全场进行滑行、传接球配合、倒滑防守等技战术练习。

动作规格：左半场四名队员先开始，▲1号队员在门后将球或直传或界墙反弹给▲2号队员，开始传球的同时，●1号、●2号队员按图示方向滑行，▲2号队员将球传给折返后向右半场滑行的●2号队员，●2号队员运球沿场地下面向右半场运球前进。两名后卫传球后按图示路线跟随进入右半场。●3号、●4号队员待球进入本方半场时，开始倒滑防守，开始由左侧场地向右侧场地的4打2配合练习。如果●3号、●4号队员获得球权，则▲3号、▲4号队员立即向左侧球场滑行，而▲3号、▲4号队员由攻转守，开始由右侧场地向左侧场地的4打2配合练习。

其他练习形式：①改变第一拍传球人的方向，改变前锋跑动方向。②所有队员传接球时，均须保持合理距离，不能太远，前后左右要有层次。③第一次进攻，如果进球，教练员可以再给进攻方传另外一颗球，再进攻一次，仍然是二人防守。④第一次4打2时，两名后卫可以向前滑行至中场线附近进行干预，再倒滑防守。

注意事项：①后卫传球后，向前场跑位时，要注意门前保护。传接球时机和方式要选择合理，和跑位的队员配合默契。②进入前场，四人站位要灵活，切不可站桩式配合。③球一旦在界墙处形成死球，一定要利用身体和球杆将控球人控制在界墙处，争夺球权。

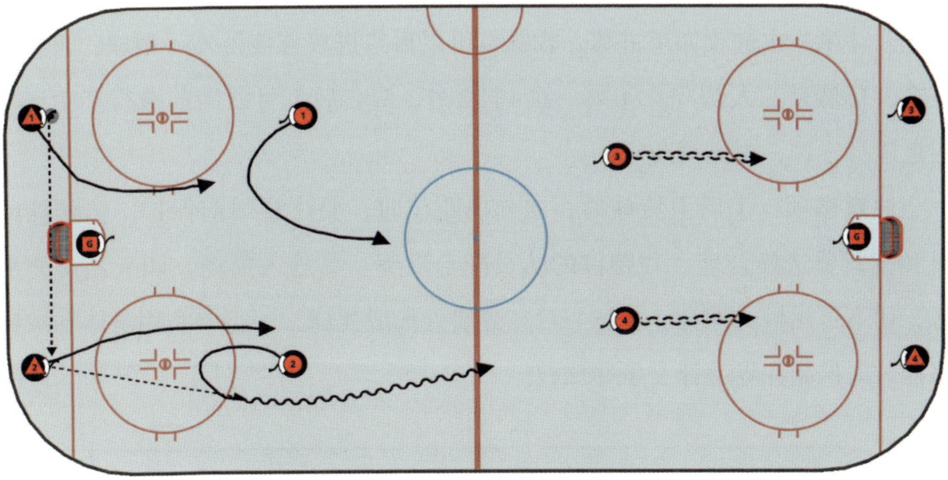

图4-102　半场4打2接全场4打2跑动战术（1）练习示意图

（三）半场4打2接全场4打2跑动战术（2）

如图4-103所示，场上分左半场和右半场两组队员，●代表前锋，▲代表后卫，G代表守门员。

动作路径：队员按照图示方向在全场进行滑行、传接球配合、倒滑防守等技战术练习。

动作规格：左半场四名队员先开始，▲1号队员在门后将球或直传或界墙反弹给▲2号队员，开始传球的同时，●1号、●2号队员按图示方向上下交叉滑行，▲2号队员将球传给由上向下向右半场滑行的●1号队员，●1号队员运球沿场地下面向右半场运球前进，●2号队员沿场地上面向右半场滑行。两名后卫传球后按图示路线跟随进入右半场，●3号、●4号队员待球进入本方半场时，开始倒滑防守，开始由左侧场地向右侧场地的4打2配合练习。如果●3号、●4号队员获得球权，则▲3号、▲4号队员立即向左侧球场滑行，而▲3号、▲4号队员由攻转守，开始由右侧场地向左侧场地的4打2配合练习。

其他练习形式：①改变第一拍传球队员的方向，改变前锋跑动方向。②所有队员传接球时，都需要保持相互之间的合理距离，不能太远，前后左右要有层次。③第一次进攻如果进球，教练员可以再给进攻方传另外一颗球，再进攻一次，仍然是二人防守。④第一次4打2时，两名后卫可以向前滑行至中场线附近进行干预，再倒滑防守。

注意事项：①后卫传球后，向前场跑位时，要注意门前保护。传接球时机和方式要选择合理，和跑位的队员配合默契。②进入前场，四人站位要灵活，切不可站桩式配合。③球一旦在界墙处形成死球，一定要利用身体和球杆将控球人控制在界墙处，争夺球权。

图4-103　半场4打2接全场4打2跑动战术（2）练习示意图

（四）半场4打2接全场4打2跑动战术（3）

如图4-104所示，场上分左半场和右半场两组队员，●代表前锋，▲代表后卫，G代表守门员。

动作路径：队员按照图示方向在全场进行滑行、传接球配合、倒滑防守等技术、战术练习。

动作规格：左半场四名队员先开始，●1号、●2号队员按图示方向上下两个界墙方向进行折返滑行，▲1号队员将球传给在场地下面进行折返滑行并向右半场滑行的●2号队员，●2号队员运球沿场地下面向右半场运球前进，●1号队员沿场地上面向右半场滑行。两名后卫传球后按图示路线跟随进入右半场，●3号、●4号队员待球进入本方半场时，开始倒滑防守，开始由左侧场地向右侧场地的4打2配合练习。如果●3号、●4号队员获得球权，则▲3号、▲4号队员立即向左侧球场滑行，而▲3号、▲4号队员由攻转守，开始由右侧场地向左侧场地的4打2配合练习。

其他练习形式：①改变第一拍传球人的方向，改变前锋跑动方向。②所有队员传接球时，都需要保持相互之间的合理距离，不能太远，前后左右要有层次。③第一次进攻如果进球，教练员可以再给进攻方传另外一颗球，再进攻一次，仍然是二人防守。④第一次4打2时，两名后卫可以向前滑行至中场线附近进行干预，再倒滑防守。

注意事项：①后卫传球后，向前场跑位时，要注意门前保护。传接球时机和方式要选择合理，和跑位的队员配合默契。②进入前场，四人站位要灵活，切不可站桩式配合。③球一旦在界墙处形成死球，一定要利用身体和球杆将控球人控制在界墙处，争夺球权。

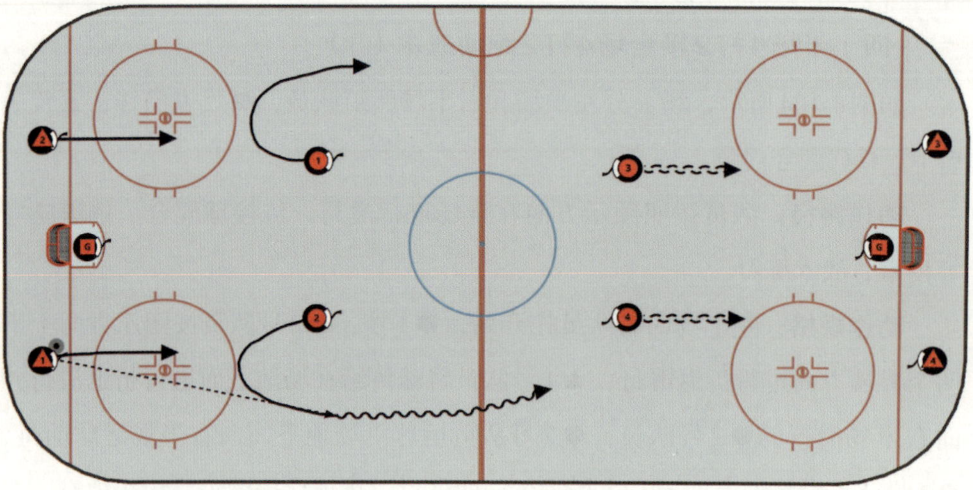

图4-104　半场4打2接全场4打2跑动战术（3）练习示意图

（五）教练参与半场4打2接全场4打2跑动战术（4）

如图4-105所示，场上分左半场和右半场两组队员，●代表前锋，▲代表后卫，C代表教练员，G代表守门员。

动作路径：队员按照图示方向在全场进行滑行、传接球配合、倒滑防守等技术、战术练习。

动作规格：左半场四名队员先开始，C传球给▲1号队员，▲1号队员在门后将球或直传或界墙反弹给▲2号队员，开始传球的同时，●1号、●2号队员按图示方向向右侧场地滑行，▲2号队员运球滑行一小段距离后，将球传给●2号队员，●2号队员运球沿场地下面向右半场运球前进，●1号队员沿场地上面向右半场滑行。两名后卫传球后按图示路线跟随进入右半场，●3号、●4号队员待球进入本方半场时，开始倒滑防守，开始由左侧场地向右侧场地的4打2配合练习。如果●3号、●4号队员获得球权，则▲3号、▲4号队员立即向左侧球场滑行，而▲3号、▲4号队员由攻转守，开始由右侧场地向左侧场地的4打2配合练习。

其他练习形式：①改变第一拍传球人的方向，改变前锋跑动方向。②所有队员传接球时，都需要保持相互之间的合理距离，不能太远，前后左右要有层次。③第一次进攻如果进球，教练员可以再给进攻方传另外一颗球，再进攻一次，仍然是二人防守。④第一次4打2时，两名后卫可以向前滑行至中场线附近进行干预，再倒滑防守。

注意事项：①后卫传球后，向前场跑位时，要注意门前保护。传接球时机和方式要选择合理，和跑位的队员配合默契。②进入前场，四人站位要灵活，切不可站桩式配合。③球一旦在界墙处形成死球，一定要利用身体和球杆将控球人控制在界墙处，争夺球权。

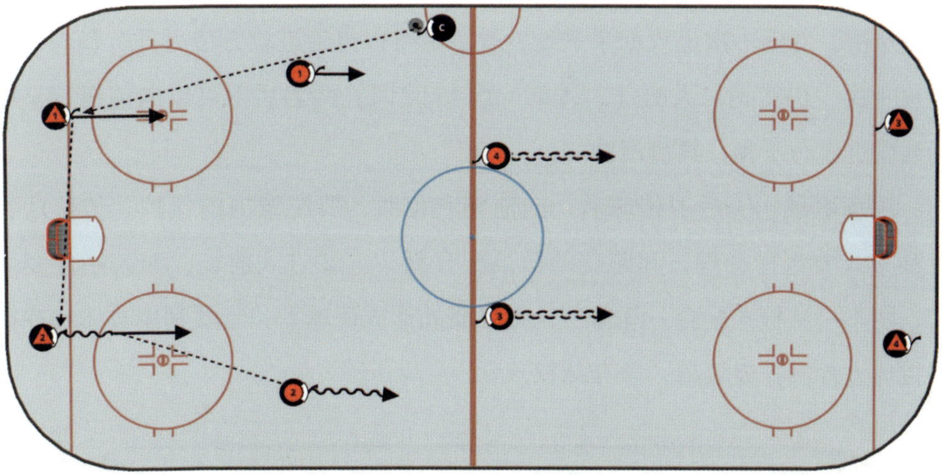

图4-105 教练参与半场4打2接全场4打2跑动战术（4）练习示意图

（六）门后留球双跑位4打0

如图4-106所示，场上队员当中，●代表前锋，▲代表后卫，G代表守门员。

动作路径：队员按照图示方向进行门后留球、跑位、传接球射门、倒滑防守等技术、战术练习。

动作规格：左半场四名队员先开始，▲1号队员持球向门后运球滑行，并停在门后拨球。待▲1号队员到门后，●1号队员按图示绕门后不接球，经门前向上滑行。▲2号队员随着●1号队员按图示绕门后接▲1号队员后，运球滑行至门前，并传给●1号队员，●1号队员运球滑行进入右半场。●1号队员与▲2号队员同时出发，按图示路线做折返保护并沿场地下面向右侧场地行进。▲1号、▲2号队员传球后，按图示滑行进入右侧场地。●3号、●4号队员待球进入本方半场时，开始倒滑防守，开始由左侧场地向右侧场地的4打2配合练习。左侧向右侧进攻结束后，由右侧场地的四名队员开始重复跑位练习。

其他练习形式：①改变留传球人出发方向，以及后续其他人跑动顺序。②所有队员传接球时，都需要保持相互之间的合理距离，不能太远，前后左右要有层次。③第一次进攻如果进球，教练员可以再给进攻方传另外一颗球，再进攻一次，仍然是二人防守。④第一次4打2时，两名后卫可以向前滑行至中场线附近进行干预，再倒滑防守。

注意事项：①后卫传球后，向前场跑位时，要注意门前保护。传接球时机和方式要选择合理，和跑位的队员配合默契。②进入前场，四人站位要灵活，切不可站桩式配合。③球一旦在界墙处形成死球，一定要利用身体和球杆将控球人控制在界墙处，争夺球权。

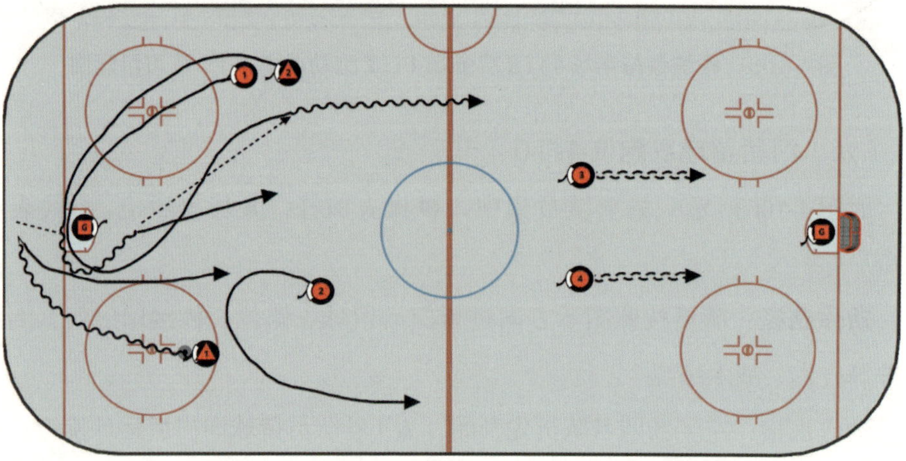

图4-106　门后留球双跑位4打0练习示意图

六、其他战术

（一）半场4打4

如图4-107所示，场上队员分左右半场，各有八名队员；●代表进攻方，▲代表防守方，G代表守门员，C代表教练员。

动作路径： 队员在各自半场进行4打4攻防配合练习。教练员站在裁判员特权区球堆旁发球。

动作规格： 左半场和右半场各八名队员，每个半场都由端区争球开始。如果球被防守方破坏出半场，则重新争球，攻防转换；如果进攻方进球，教练员将再打给进攻方一个球，继续进攻。

其他练习形式： 全场只有一颗球，从端区争球开始，左半场防守方如果解围到右半场，则右半场端区争球开始进行攻防练习。重复练习。

注意事项： ①攻防双方争球时，进攻方和防守方要对位防守。防守方努力清区。②进攻方争得球权后，迅速拉开位置，位置灵活，切不可站桩式配合。③球一旦在界墙处形成死球，一定要利用身体和球杆将控球人控制在界墙处，争夺球权。

图4-107　半场4打4练习示意图

（二）分区域攻防练习战术（1）

如图4-108所示，场上用障碍物将全场分为四个区域，●代表进攻方，▲代表防守方，G代表守门员。

动作路径：队员和守门员在场上四个区域中进行1对1、2对2、3对3、守门员1对14等攻防配合练习。

动作规格：如果球被防守方破坏出半场，则攻防转换；如果进攻方进球，则取出球后继续进攻。

其他练习形式：按照分站式，固定时间，轮换组别。

注意事项：①防守方努力清区。②进攻方进攻时位置要灵活，切不可站桩式配合。③球一旦在界墙处形成死球，一定要利用身体和球杆将控球人控制在界墙处，争夺球权。④守门员1对1时，不能使用守门员特权。

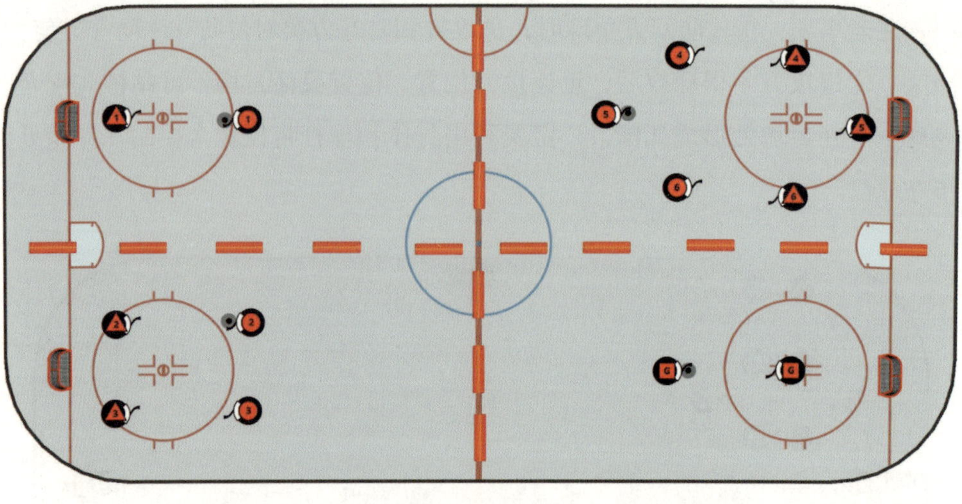

图4-108　分区域攻防练习战术（1）练习示意图

（三）分区域攻防练习战术（2）

如图4-109所示，场上用障碍物将全场分为三个区域，●代表进攻方，▲代表防守方，G代表守门员。右侧场地三分之一处放两个小球门。

动作路径： 队员和守门员在场上左边和右边区域中进行2对2，中间区域进行守门员1对1攻防配合练习。

动作规格： 左右半场，除了直接进行攻防的四名队员，站在障碍物边上的双方队员，也可以参加进攻，但是只能接球和传球给自己的队友。不能运球行进。右半场的两个小球门背对，进攻方将球打进哪个球门都行。

其他练习形式： 按照分站式，固定时间，左右半场轮换组别。

注意事项： ①防守方努力清区。②双方进攻和防守时，要活用站在障碍物边上的队友。③球一旦在界墙处形成死球，一定要利用身体和球杆将控球人控制在界墙处，争夺球权。④守门员1对1时，不能使用守门员特权。

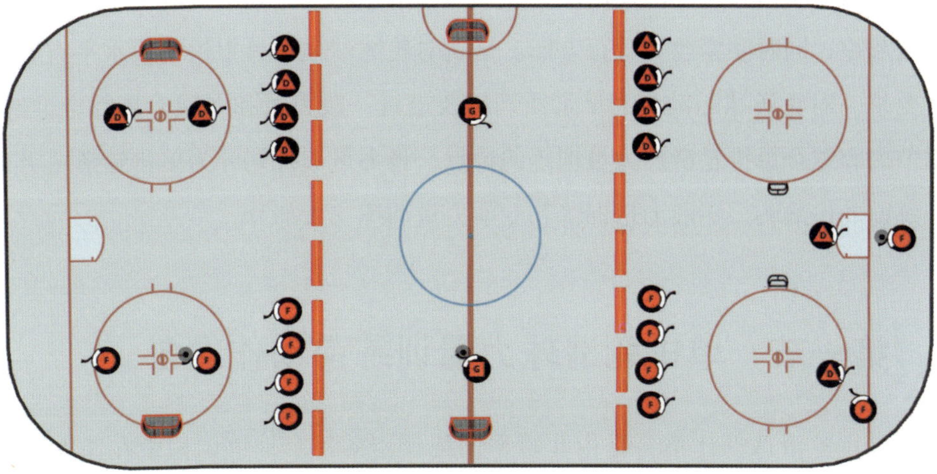

图4-109 分区域攻防练习战术（2）练习示意图

思考题

1. 单排轮滑球运动项目的战术包含哪些？具体内容是什么？

2. 战术练习时，需要注意的问题有哪些？如何解决？

3. 执行单人战术的原则和注意事项有哪些？

4. 执行区域防守战术的原则和注意事项有哪些？

5. 执行“多打少”和“少防多”战术的原则和注意事项有哪些？

第五章　单排轮滑球力量训练

单排轮滑球是一项节奏变化多、滑行方向多变、滑行中需要较多下肢力量作为主导发力和支撑的休闲体育运动。轮滑球运动员在滑行过程中要不停制动或起跑，同时频繁改变滑行方向。这就对轮滑球运动员力量素质水平有着特定要求。对轮滑球运动员力量素质训练要进行一般力量和专项力量综合训练。本节内容结合单排轮滑球力量训练的特点，将力量训练划分为单排轮滑球力量训练前动作准备、一般力量训练和专项力量训练三大部分。

第一节　单排轮滑球力量训练前动作准备

单排轮滑球动作准备是指非赛季训练计划的每个训练课程中在速度、爆发力和力量训练和技战术训练之前进行的专项训练。单排轮滑球动作准备是为了克服轮滑球队员在训练中的内脏生理惰性，提升队员机体内部供能效率，激活关节灵活性，释放骨骼肌的收缩力，为力量训练正式内容的练习做好衔接和铺垫。

本节介绍内容由软组织松解、关节灵活性练习、弹力带训练、动态伸展、核心激活、神经激活等六部分内容组成。

一、软组织松解

软组织松解有助于运动员更好地松解肌肉筋膜并深层次激活骨骼肌，有助于筛查队员骨骼肌潜在运动损伤性疼痛，以便进一步做有针对性的损伤筛查和诊断。

对单排轮滑球训练中的软组织松解练习，推荐使用泡沫轴、垒球等工具。使用泡沫轴松解有助于全方位激活全身各大肌肉组织，唤醒更多肌纤维。尤其是针对队员在泡沫轴松解中发现的肌肉紧张部位，可以进一步进行彻底松解放松。

软组织松解练习既可以帮助轮滑球队员在正式训练中提升训练状态，又能规避训练中潜在的肌肉拉伤风险，是轮滑球运动赛季或非赛季训练中常见的练习。

下面我们重点介绍一下泡沫轴松解。

运动员通过自身体重运用泡沫轴来按压滚动全身大肌肉群。肌肉的长度和密度不同，滚压过程中各部位肌肉的感觉也有所区别。总体建议是，在目标肌肉下面简单做泡沫轴横向滚动，适度加相邻关节的屈伸和旋转，按压过程中尽可能将身体重心压向按压部位一侧，大肌肉群的紧张程度越高，重复次数就要越多。

1.肩部肌群松解

动作目的：利用泡沫轴松解肩部肌群筋膜，激活肩部肌群。

动作要领：泡沫轴放于瑜伽垫上，训练者侧躺在瑜伽垫上，下手臂紧贴身体侧面，将泡沫轴垫在靠下手臂三角肌处。同时，将臀部抬离地面，使身体重心尽可能压向泡沫轴，小幅度上下左右滚动泡沫轴15—20次。换另一边重复以上动作。

图5-1　肩部肌群松解动作示范

2. 背部肌群松解

动作目的： 利用泡沫轴松解背部肌群筋膜，激活背部肌群。

动作要领： 训练者侧躺在瑜伽垫上，将泡沫轴垫在背部侧面、腋窝后方的位置。臀部抬离地面，调整下方手臂的位置，将身体重量集中在背阔肌。小幅度来回滚动泡沫轴15—20次。换另一边重复以上动作。

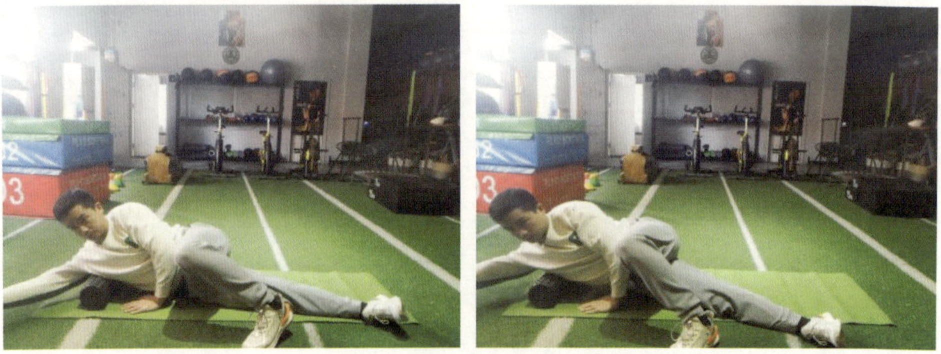

图5-2　背部肌群松解动作示范

3. 臀部肌群松解

动作目的： 利用泡沫轴松解臀部肌群筋膜，激活臀部肌群。

动作要领： 训练者坐在泡沫轴上，一条腿弯曲，将按压臀部一侧的脚踝交叉搭在对侧支撑腿大腿上。身体重心向按压一侧偏移，将重量施加到按压臀部一侧，然后在臀部范围内滚动泡沫轴，直到臀部感觉到紧张。来回滚动15—20次，注意在最紧张的位置着重下压。换另一边重复以上动作。

图5-3　臀部肌群松解动作示范

4.腿部肌群松解

（1）股四头肌松解

动作目的：利用泡沫轴松解激活股四头肌。

动作要领：训练者俯卧于瑜伽垫上，将泡沫轴垫一侧大腿正面肌腹，并将身体重心压向按压腿一侧，双臂和对侧腿进行稳定支撑。针对一侧股四头肌来回滚动泡沫轴15—20次。换另一边重复以上动作。

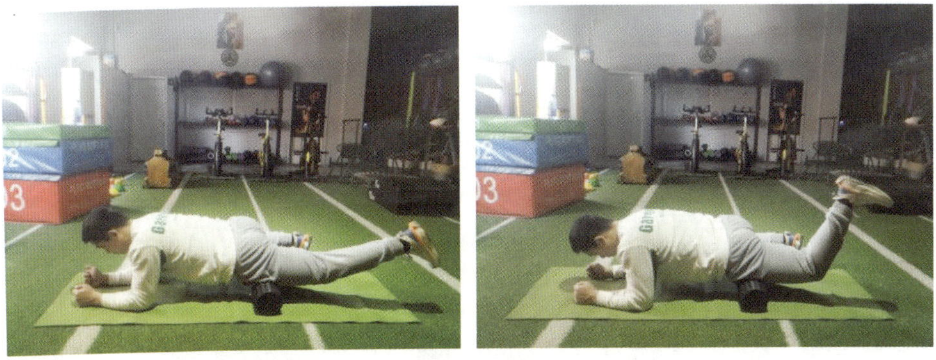

图5-4　股四头肌松解动作示范

（2）腘绳肌松解

动作目的： 利用泡沫轴松解激活腘绳肌。

动作要领： 训练者坐于瑜伽垫上，将泡沫轴垫一侧大腿后侧肌腹，并将身体重心压向按压腿一侧，双臂和对侧腿进行稳定支撑。针对一侧腘绳肌来回滚动泡沫轴15—20次。换另一边重复以上动作。

图5-5　腘绳肌松解动作示范

（3）髂胫束松解

动作目的： 利用泡沫轴松解激活髂胫束。

动作要领： 训练者侧卧于瑜伽垫上，将泡沫轴垫一侧大腿外侧肌腹，并将身体重心压向按压腿外侧，对侧腿放于按压腿前方，双臂进行稳定支撑。全幅度来回滚动泡沫轴15—20次。换另一边重复以上动作。

图5-6　髂胫束松解动作示范

（4）大腿内收肌群松解

动作目的：利用泡沫轴松解激活大腿内收肌群。

动作要领：训练者俯卧于瑜伽垫上，将泡沫轴竖放于垫一侧大腿内侧肌腹，并将身体重心压向按压腿内侧，对侧腿平放于瑜伽垫，双臂进行稳定支撑。全幅度来回滚动泡沫轴15—20次。换另一边重复以上动作。

图5-7　大腿内收肌群松解动作示范

（5）小腿三头肌松解

动作目的：利用泡沫轴松解激活小腿三头肌。

动作要领：训练者坐于瑜伽垫上，将泡沫轴垫一侧小腿后侧肌腹，并将身体重心压向按压腿一侧，双臂和对侧腿进行稳定支撑。全幅度来回滚动泡沫轴15—20次。换另一边重复以上动作。

图5-8　小腿三头肌松解动作示范

二、关节灵活性练习

关节灵活性练习的目的是改善关节活动度。需要重点关注踝关节、髋关节和胸椎，因为在日常训练或比赛中，轮滑球运动员靠近躯干关节（如髋关节和胸椎）长时间处于屈曲姿势。因此，这些部位关节灵活性会伴随时间累积变得僵硬，关节功能和属性出现退化。进行关节灵活性练习，可以更好地松动和释放特定关节的灵活度，有助于轮滑球运动员有更好的运动表现。

（一）髋关节灵活度练习动作

1. 90°/90° 转髋式

动作目的：激活训练者整个髋关节周围肌群，释放髋关节灵活度。

动作要领：训练者坐于瑜伽垫上，两脚开立与肩同宽，动作开始髋关节朝向左侧旋转，全程髋部肌群主导发力，转至左右侧腿膝关节触地，同时左右腿大小腿呈90°，前平举右侧臂，向前做15°下压，全程保持躯干处于中立位。转髋至另一边做反方向动作。

动作轨迹：训练者从髋关节中立位开始，向左侧旋转至左腿膝关节触地，向前下压5次。转髋到反方向右侧膝关节触地，向前下压5次。

动作节奏：髋关节由中立位向左右旋转全程控制在3—4秒。

动作呼吸：动作全程保持均匀呼吸。

注意事项：动作全程控制好速度，不要忽快忽慢，不要憋气。

图5-9　90°/90° 转髋式动作示范

2. 蜘蛛人式

动作目的：激活训练者整个髋关节周围肌群，释放髋关节灵活度。

动作要领：训练者后弓步于地面，前侧腿小腿呈90°，后腿伸直前脚掌蹬地，左右腿间隔一脚距离，双臂放于前侧腿内侧，向下做髋关节下压，全程保持躯干处于中立位。反方向重复上述动作。

动作轨迹：训练者呈后弓步动作起始姿势，髋关节向下压10°左右。

动作节奏：髋关节向下压全程控制在2—3秒。

动作呼吸：动作全程保持呼吸自然均匀。

注意事项：动作全程匀速，后侧腿膝盖不触地，躯干保持中立。

图5-10　蜘蛛人式动作示范

3. 跪姿跨栏式

动作目的： 激活训练者整个髋关节周围肌群，释放髋关节灵活度。

动作要领： 训练者呈跪姿于地面，腹部收紧，背部直立，前脚掌蹬地。动作开始右侧支撑腿不动，左侧腿先向左做外展，后向前摆动，最后回到起始位。反方向重复上述动作。

动作轨迹： 以左侧为例，训练者左侧腿先向左做外展抬至大腿与地面平行，后向前摆动至同侧肘关节。

动作节奏： 髋关节外展向前摆动和向后还原全程控制在2—3秒。

动作呼吸： 动作全程保持呼吸自然均匀。

注意事项： 动作全程摆动腿脚尖不触地，呼吸匀速，躯干处于中立位，不要侧屈。

图5-11　跪姿跨栏式动作示范

（二）胸肋关节（胸椎）灵活度伸展动作

1. 单腿跪姿水平翻书式胸椎伸展

动作目的：激活训练者整个胸肋关节周围肌群，释放胸肋关节灵活度。

动作要领：训练者外侧腿呈弓步，躯干中立，腹部收紧，背部直立，后侧腿膝盖触地（可在膝盖与地面之间放置瑜伽砖）。双臂合掌前平举，与躯干呈90°，靠墙一侧手臂紧贴于墙面。反方向重复上述动作。

动作轨迹：以左侧为例，训练者动作开始右侧支撑腿和左侧靠墙手臂不动，右侧手臂缓慢离开做向右后方肩关节水平外展，外展至最大程度手背靠于墙。

动作节奏：单臂水平向后外展和向前还原过程全程控制在3—4秒。

动作呼吸：单臂水平向后外展过程吸气和向前还原过程呼气。

注意事项：动作全程外侧支撑腿和靠墙手臂保持不动，手臂外展目光随指尖移动。

图5-12　单腿跪姿水平翻书式胸椎伸展动作示范

2. 单腿弓步胸椎伸展

动作目的：激活训练者整个胸肋关节周围肌群，释放胸肋关节灵活度。

动作要领：训练者后弓步于地面，前侧腿小腿呈90°，后腿伸直前脚掌蹬地，左右腿间隔一脚距离，双臂放于前侧腿内侧，全程保持躯干中立位。反方向重复上述动作。

动作轨迹：训练者呈后弓步动作起始姿势，靠近前腿内侧手臂做肩关节水平外展180°。

动作节奏：单臂肩关节水平外展过程中动作全程控制在3—4秒。

动作呼吸：训练者水平外展过程中吸气和向前还原过程中呼气。

注意事项：动作全程匀速，后侧腿膝盖不触地，躯干不要侧屈。

图5-13 单腿弓步胸椎伸展动作示范

3.侧卧水平翻书式胸椎伸展

动作目的：激活训练者整个胸肋关节周围肌群，释放胸肋关节灵活度。

动作要领：训练者侧卧于瑜伽垫，双腿并拢与躯干和小腿各呈90°，双臂前平举与躯干呈90°，且靠内侧手臂紧贴瑜伽垫，全程头部和躯干处于中立位。

动作轨迹：以左侧为例，训练者动作开始右侧支撑腿和左侧手臂不动，右侧手臂缓慢离开向右后方做肩关节水平外展180°，外展至最大程度手背靠于瑜伽垫。

动作节奏：单臂肩关节水平外展过程中动作全程控制在3—4秒。

动作呼吸：训练者水平外展过程中吸气和向前还原过程中呼气。

注意事项：动作全程外侧腿和靠垫手臂保持不动，目光投向指尖随手臂外展移动。

图5-14　侧卧水平翻书式胸椎伸展动作示范

（三）肩关节灵活度伸展动作

1.下犬式肩部伸展

动作目的：激活训练者整个肩关节周围肌群，释放肩关节灵活度。

动作要领：训练者俯卧于瑜伽垫呈俯卧撑姿势，两臂张开与肩同宽，双腿并拢，腹部收紧，肩、髋、膝和踝呈一条直线，头部处于中立位。

动作轨迹：训练者呈基本准备姿势后，屈髋重心上移，双臂后压至腕、肘、肩和髋同处一条直线，然后逐渐还原到起始动作。

动作节奏：双臂后压和向前还原过程动作全程控制在3—4秒。

动作呼吸：训练者双臂后压过程中吸气和向前还原过程中呼气。

注意事项：训练者双臂后压过程中肘关节和肩关节不过伸，躯干不侧屈。

图5-15 下犬式肩部伸展动作示范

2. 地面天使肩部伸展

动作目的： 激活训练者整个肩关节周围肌群，释放肩关节灵活度。

动作要领： 训练者仰卧于瑜伽垫上，双腿并拢屈膝，腹部收紧，双臂打开，大臂平行于地面，大小臂呈90°，头部处于中立位。

动作轨迹： 训练者呈基本准备姿势后，双臂贴于地面，肩关节向上内收至双臂自然伸直，然后肩关节向下外展至起始动作。

动作节奏： 训练者肩关节向上内收和向下外展过程动作全程控制在3—4秒。

动作呼吸： 训练者肩关节向上内收过程中呼气和向下外展过程中吸气。

注意事项： 动作全程训练者手、前臂和大臂紧贴地面，向上时肘关节不过伸。

图5-16 地面天使肩部伸展动作示范

三、弹力带训练

弹力带是动作准备环节构成当中非常好的一个辅助性工具，可以穿插于动作准备各个阶段，甚至基本训练内容当中。无论在非赛季计划的热身训练中，还是在比赛日赛前热身中，这都是热身训练的常用工具，也被常用来激活加强核心肌群和增加关节（如膝关节）的稳定性。

下面我们重点介绍一下弹力带练习动作。

1.转肩

动作目的：激活训练者整个肩关节周围肌群，释放肩关节灵活度。

动作要领：训练者双脚开立，与肩同宽，双眼平视前方，双臂直臂前平举，双手正握闭握轻磅弹力带与肩同宽，分别从前往后和从后往前旋转肩关节。

动作轨迹：训练者双臂前平举手持弹力带从前往后转肩，转至向后肩伸10° 左右，然后从后往前还原动作。

动作节奏：训练者动作全程控制在3—4秒。

动作呼吸：训练者手持弹力带从前往后转肩吸气，从后往前呼气。

注意事项：动作练习全程直臂肘关节不要屈，动作速度要有节奏。

图5-17　转肩动作示范

2. 自重深蹲

动作目的：提升训练者下蹲过程中动作的稳定性，激活动员臀部肌群更多参与做功。

动作要领：训练者双脚开立，脚尖微微外八，站距与肩同宽，双眼平视前方，迷你弹力带分别绑于髌骨向上8厘米和踝关节踝点向上8厘米的距离，髋关节、膝关节和踝关节在同一条直线上，背部直立，动作全程躯干处于中立位。

动作轨迹：训练者先髋膝联动，屈髋屈膝下蹲至大腿与地面平行，上起至两腿自然伸直。

动作节奏：训练者下蹲时2—3秒，上起时1—2秒。

动作呼吸：训练者下蹲时吸气，上起时呼气。

注意事项：训练者动作全程保持呼吸、节奏稳定，膝关节不过伸，背部保持直立。

图5-18　自重深蹲动作示范

3. 胸部扩展

动作目的：激活训练者整个肩关节周围肌群，释放肩关节灵活度。

动作要领：训练者仰卧于瑜伽垫上，双腿并拢屈膝，腹部收紧，双臂前平举正握闭握轻磅弹力带，握距与肩同宽，头部和躯干处于中立位。

动作轨迹： 训练者双臂同步发力做水平外展到双臂贴于地面，然后还原动作至起始位置。

动作节奏： 训练者双臂同步发力做水平外展过程中动作全程控制在3—4秒。

动作呼吸： 训练者水平外展过程中吸气，还原过程中呼气。

注意事项： 动作全程训练者保持直臂，肩关节保持稳定，呼吸与动作相适应。

图5-19　胸部扩展动作示范

4.引体向上助力

动作目的： 增加训练者引体向上中动作稳定性，减少代偿，让更多背部肌群参与做功。

动作要领： 训练者双手正握闭握单杠，握距略比肩宽，双膝或双腿压在高磅弹力带上。

动作轨迹： 用背阔肌为主导协同上肢将身体向上拉起，拉至下颌超过单杠。静止1秒钟，使背阔肌顶峰收缩，然后背阔肌离心收缩下放至手肘完全伸直。如此重复再做。

动作节奏： 训练者将身体向上拉起时1—2秒，身体下放时2—3秒。

动作呼吸： 训练者将身体向上拉起时呼气，身体下放时吸气。

注意事项： 训练者动作全程保持躯干中立位，挺胸收紧肩胛骨。

图5-20 引体向上助力动作示范

四、动态伸展

动态伸展部分应逐渐增加对肌肉的负荷，充分发挥各大关节功能，全面拉长大肌肉群同时激活小肌肉群。在动态伸展练习部分，动作设计以全身协同发力的大肌肉群动作为主，逐渐增加运动强度，在唤醒肌肉弹性势能基础上兼顾全身柔韧性的伸展。根据单排轮滑球动作专项热身需求的特点，将动态伸展分为直线性主动动态伸展和侧向性主动动态伸展两个部分。

（一）直线性主动动态伸展

1.抱膝行走

动作目的： 提升臀部肌群核心温度，强化中枢神经对该肌群的控制。

动作要领： 训练者双脚开立，站距与肩同宽，行进间动作开始后，依次用双手交替抱每侧膝关节，下肢一侧支撑，另一侧向上收腿，然后左右交替做10次。

动作轨迹： 训练者向上收腿至大腿与躯干呈30°，向下放腿至自然伸直。

动作节奏：训练者向上收腿和向下放腿动作全程控制在2—3秒。

动作呼吸：动作全程保持呼吸自然均匀。

注意事项：训练者向上收腿要有停顿，不要过度发力，躯干全程保持中立。

图5-21　抱膝行走动作示范

2.燕式平衡

动作目的：提升臀部和股后肌群核心温度，强化中枢神经对该肌群的控制。

动作要领：训练者单脚站立呈预备姿势，双臂侧平举拇指朝上，行进间动作开始后，支撑腿单脚站立收腿后向前俯身，双臂朝向45°打开，对侧腿向后伸，左右交替做10次。

动作轨迹：训练者单脚站立收腿至大腿与躯干呈90°，向前俯身至躯干与地面平行。

动作节奏：训练者动作全程控制在2—3秒，在俯身至躯干与地面平行时保持2秒。

动作呼吸：动作全程保持呼吸自然均匀。

注意事项：训练者向前俯身时要屈髋微屈膝，重心压向支撑腿一侧，躯干保持中立。

图5-22　燕式平衡动作示范

3.超人前行

动作目的：交替提升单侧上下肢肌群核心温度，强化中枢神经对该侧肌群的控制。

动作要领：训练者单脚站立呈预备姿势，用一只手抓住对侧脚，尽力使足跟接触与其同侧的臀部，同时抬高对侧手臂，并保持两膝贴紧。抬起腿股四头肌要有拉伸感。双腿交替前行20米。

动作轨迹：训练者单腿支撑站立，一侧腿抬至足跟贴于臀部，同侧上肢自然伸直。

动作节奏：训练者动作全程控制在2—3秒，在一侧动作完成时保持2秒。

动作呼吸：动作全程保持呼吸自然均匀。

注意事项：训练者全程躯干中立，重心压向支撑腿一侧，抬起腿股四头肌有拉伸感。

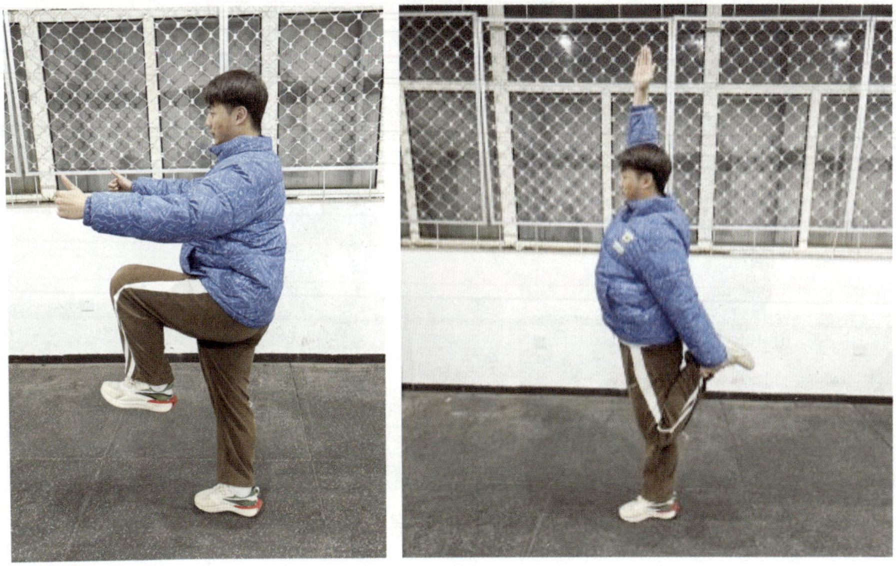

图5-23　超人前行动作示范

4.后弓步伸展

动作目的：交替提升单侧背部和腿部肌群核心温度，强化中枢神经对该肌群的控制。

动作要领：起始动作训练者双脚开立，与肩同宽。动作开始向侧后方迈出一步呈弓步姿势，后腿伸直前脚掌蹬地，双臂从体侧向上伸直，上肢带动躯干向前侧腿一侧做体转，收腿还原至起始动作，然后反方向重复上述动作。

动作轨迹：训练者开始向侧后方迈出一步呈弓步姿势，前侧腿大小腿呈90°，后腿伸直前脚掌蹬地，双臂从体侧向上伸直，上肢带动躯干向前侧腿一侧做180°体转。

动作节奏：训练者全程动作控制在2—3秒，在一侧体转动作完成时保持2秒。

动作呼吸：训练者动作全程保持呼吸自然均匀。

注意事项：训练者全程躯干中立，左右腿间隔一脚距离，向后体转前臂与地面平行。

图5-24　后弓步伸展动作示范

（二）侧向性主动动态伸展

1.侧向熊爬

动作目的：通过动员全身肌肉群的参与，激活全身动力链，为正式内容训练做铺垫。

动作要领：训练者俯卧于瑜伽垫，呈跪姿趴于垫上，双臂和大腿垂直于躯干，头部中立，大小腿呈90°，膝盖抬离地面，背部直立，收紧腹部。

动作轨迹：训练者左右进行移动，移动过程中上肢可做同侧或对侧移动。

动作节奏：训练者全程移动速度要稳定，控制在2秒/步。

动作呼吸：训练者动作全程保持呼吸自然均匀。

注意事项：训练者全程躯干中立，背部直立，膝盖不可触地。

图5-25　侧向熊爬动作示范

2.侧向支撑平移

动作目的：提升全身肌肉群的参与程度，激活全身动力链，为正式内容训练做铺垫。

动作要领：训练者俯卧于瑜伽垫，呈俯卧撑姿势趴于垫上，腹部收紧，头部中立，双腿并拢绷直，前脚掌趴地，背部直立，收紧腹部。

动作轨迹：训练者左右进行移动，移动过程中上肢可做同侧或对侧移动。

动作节奏：训练者全程移动速度要稳定，控制在2秒/步。

动作呼吸：训练者动作全程保持呼吸自然均匀。

注意事项：训练者全程躯干中立，背部直立，腰臀收紧，不可塌腰。

图5-26　侧向支撑平移动作示范

3.侧弓步伸展

动作目的：提升髋部肌群在全身肌肉群的参与程度，强化中枢神经对髋部肌群的控制。

动作要领：训练者并步侧向站立于地面，动作开始向一侧迈出一步呈屈髋侧弓步姿势，同时对侧手臂触碰脚内侧，然后重心移动到对侧做同样动作，依次前行20米。

动作轨迹：训练者向一侧移动落腿时，要求屈髋到大小腿呈90°然后转到对侧腿。

动作节奏：训练者全程移动速度要稳定，控制在3秒/步。

动作呼吸：训练者动作全程保持呼吸自然均匀。

注意事项：训练者全程躯干中立，背部直立，主动屈髋。

图5-27　侧弓步伸展动作示范

五、核心激活

核心充分激活既有助于躯干支柱吸收上下肢力量高效完成动力链的传导，又可以通过核心发力协同上下肢维持运动平衡和运动轨迹稳定。深层的核心肌群激活通常以中低负载、慢速度、时间适中的激活动态动作，达到激活核心抗屈伸、核心抗旋转和核心抗侧屈。

（一）核心部位激活

1.迷你带蚌式

动作目的：激活专项动作所需的髋部核心肌群，提升训练中技术动作的稳定性。

动作要领：训练者侧卧于瑜伽垫上，躯干中立，双腿双脚并拢屈膝30°，在双腿膝盖往上8厘米处放置一根轻磅迷你带，内侧腿紧贴瑜伽垫面，外侧腿保持双脚并拢同时向外侧做髋外展。

动作轨迹：训练者呈动作起始姿势，外侧腿做髋外展至外侧臀部收紧，然后缓慢下落到起点。反方向重复上述动作。

动作节奏：训练者全程移动速度要缓慢稳定，感受臀部肌群充分收缩。

动作呼吸：训练者做髋外展时呼气，下落时吸气。

注意事项：训练者动作全程始终保持躯干中立，腰背挺直，双脚不要分离。

图5-28　迷你带蚌式动作示范

2.俯卧背部W式

动作目的：激活背部核心肌群，强化中枢神经对背部肌群的控制。

动作要领：训练者俯卧于瑜伽垫上，两腿开立与肩同宽，头部微微抬起，双臂朝向45°打开拇指朝上，以背部肩胛骨回收收缩带动双臂向躯干两侧靠拢。

动作轨迹：训练者呈动作起始姿势，双臂朝向45°打开至手臂自然伸直但不过伸，然后向内回收双臂至肘关节贴近躯干两侧。

动作节奏：训练者全程移动速度要缓慢稳定，感受背部肌群的充分收缩。

动作呼吸：训练者双臂打开时吸气，双臂回收时呼气。

注意事项：训练者动作全程始终保持躯干中立，腰背挺直，头部微微抬起。

图5-29　俯卧背部W式动作示范

3.迷你带肩外旋

动作目的：激活肩袖核心肌群，释放肩袖肌群的灵活性。

动作要领：训练者呈站姿，两腿开立与肩同宽，双臂呈弯举姿势，大小臂呈90°，掌心朝上穿过迷你带，然后两臂对抗阻力做肩外旋。

动作轨迹：训练者呈动作起始姿势，双臂水平肩外旋至三角肌后束收紧，然后缓慢回落至起始姿势。

动作节奏：训练者全程移动速度要缓慢稳定，感受肩袖肌群的充分收缩。

动作呼吸：训练者动作全程保持呼吸自然均匀。

注意事项：训练者动作全程始终保持躯干中立，肘关节固定，动作节奏稳定。

图5-30 迷你带肩外旋动作示范

4.腹股沟激活

动作目的：激活腹股沟核心肌群，预防运动损伤。

动作要领：训练者仰卧于瑜伽垫上，双腿开立略比肩窄，大小腿呈90°，双腿膝盖之间放于健身球，通过腹股沟肌群发力挤压健身球，动作全程躯干和双脚保持固定。

动作轨迹：训练者呈动作起始姿势，双腿挤压健身球由二分之一至全部收紧，然后缓慢回落至二分之一收紧状态。以此重复20次。

动作节奏：训练者全程移动速度要缓慢稳定，感受腹股沟肌群的动员和收缩。

动作呼吸：训练者动作全程保持呼吸自然均匀。

注意事项：训练者动作全程始终保持躯干中立，腹部收紧，双脚固定。

图5-31　腹股沟激活动作示范

（二）核心稳定性激活

1.后侧支撑

动作目的：激活核心抗屈功能，防止运动过程中发生躯干过度前倾。

动作要领：训练者仰卧于两个泡沫箱上，头部躯干中立，双腿并拢，腹背臀收紧，保持肩关节、髋关节、膝关节和踝关节在一条直线上。

动作轨迹：训练者动作全程保持肩关节、髋关节、膝关节和踝关节在一条直线上收紧。

动作节奏：训练者全程保持动作稳定，持续20秒。

动作呼吸：训练者动作全程保持呼吸自然均匀。

注意事项：训练者动作全程始终保持躯干中立，腰背直立，双脚固定。

图5-32　后侧支撑动作示范

2. 拉锯式平板支撑

动作目的：激活核心抗伸功能，防止运动过程中发生躯干过度后倾。

动作要领：训练者俯卧肘撑于瑜伽垫上，头部躯干中立，腹部收紧，双脚踏于滑盘上，腿部伸直，靠背阔肌发力带动整个身体向前后滑行。

动作轨迹：训练者呈动作起始姿势，背阔肌离心拉长带动身体向后滑行，然后向心收缩带动身体向前滑行。

动作节奏：训练者全程保持动作节奏稳定，动作前后完成20次。

动作呼吸：训练者向后滑行时吸气，向前滑行时呼气。

注意事项：训练者动作全程始终保持腿部直立，腹部收紧，双脚紧贴于滑盘。

图5-33　拉锯式平板支撑动作示范

3. 侧支撑

动作目的：激活核心抗侧屈功能，防止运动过程中发生躯干不稳定侧屈。

动作要领：训练者侧向单肘撑于瑜伽垫上，头部躯干中立，背部直立，腰部收紧，双脚并拢伸直脚外沿着地，对侧手臂伸直。

动作轨迹：训练者在动作开始后，保持肩关节、髋关节、膝关节和踝关节在一条直线上。

动作节奏：训练者全程保持动作稳定，动作维持20秒。

动作呼吸：训练者动作全程保持呼吸自然均匀。

注意事项：训练者动作全程始终保持腰部收紧不塌，对侧手臂肩关节不过伸。

图5-34　侧支撑动作示范

4.跪姿持棍

动作目的：激活核心抗旋转功能，防止运动过程中发生躯干不稳定旋转。

动作要领：训练者双腿跪于瑜伽垫上，背部直立，顶髋收腹，直臂双握木杆，辅助者侧对训练者，单手握于木杆中间分别随机给训练者向左右拉力，让训练者保持核心稳定。

动作轨迹：训练者呈动作起始姿势，辅助者分别随机给训练者向左右不同的拉力。

动作节奏：训练者全程保持动作稳定，动作维持20秒。

动作呼吸：训练者动作全程保持呼吸自然均匀。

注意事项：训练者动作全程始终保持腰部和髋部收紧，头部和躯干中立。

图5-35 跪姿持棍动作示范

六、神经激活

神经激活动作（如快速脚步移动）可以快速唤醒机体交感神经，让身体快速进入高度兴奋状态，使中枢神经对肌肉控制产生增益效应，增强运动神经元对肌肉的募集能力，提升机体内部供能供氧效率，使机体进入最佳训练状态。

（一）自重类

下面我们主要介绍一下自重类神经激活动作中的下坠蹲。

动作目的：利用下肢推主导全身发力动作，动员全身更多肌肉参与，强化神经—肌肉联系。

动作要领：训练者呈站姿，两腿开立与肩同宽，双臂向斜上45°打开，双脚踮脚尖，踝关节、膝关节和髋关节伸展，然后快速摆臂下蹲。

动作轨迹：训练者呈动作起始姿势，快速下蹲至大小腿呈120°锁止，然后还原动作。

动作节奏：训练者快速摆臂下蹲速度控制在1秒以内。

动作呼吸：训练者动作全程保持呼吸自然均匀。

注意事项：训练者动作全程保持身体中立，下蹲时要快速锁止，屈膝角度大于90°。

图5-36　下坠蹲动作示范

（二）轻工具类

1. 敏捷梯训练

（1）进进出出

动作目的：通过横向快节奏脚步移动练习，增强中枢神经的兴奋性。

动作要领：训练者在动态行进间，躯干处于中立位，双脚依次由外侧到内侧的脚步切换练习，同时上肢配合摆臂，动作全程始终保持腰背挺直。

动作轨迹：训练者围绕敏捷梯由前到后或由后到前，双脚依次由外侧到内侧脚步切换。

动作节奏：训练者动作速度由慢到快，节奏稳定，1—2秒为一个动作周期。

动作呼吸：训练者动作全程保持呼吸自然均匀。

注意事项：训练者动作全程保持身体中立，上下肢协同发力，节奏稳定。

图5-37　进进出出动作示范

（2）前交叉步

动作目的：通过斜向快节奏脚步移动练习，增强中枢神经的兴奋性。

动作要领：训练者躯干中立，围绕敏捷梯，方向支撑腿脚外侧缘发力，摆动腿从侧移动穿过身体体前中心线，落地交换方向腿和摆动腿，上肢积极摆臂配合行进。

动作轨迹：训练者围绕敏捷梯由前到后，双脚依次围绕身体体前中心线做脚步切换。

动作节奏：训练者动作速度由慢到快，节奏稳定，1—2秒为一个动作周期。

动作呼吸：训练者动作全程保持呼吸自然均匀。

注意事项：训练者动作全程保持身体中立，上下肢协同发力，节奏稳定。

图5-38 前交叉步动作示范

2. 障碍栏

（1）双脚跳双脚落

动作目的： 利用基本跳跃练习动作，通过下肢大肌肉群参与，增强中枢神经的兴奋性。

动作要领： 训练者呈站姿，两腿开立与肩同宽，双臂向斜上45° 打开，双脚踮脚尖，踝关节、膝关节和髋关节伸展，快速摆臂下蹲跳过障碍栏，落地时积极缓冲声音小。

动作轨迹： 训练者快速下蹲至大小腿呈120° 起跳，落地时屈髋屈膝120° 。

动作节奏： 训练者全程动作控制在1—2秒完成。重复完成10次。

动作呼吸： 训练者动作全程保持呼吸自然均匀。

注意事项： 训练者动作全程保持身体中立，落地时臀腿积极缓冲且声音小。

图5-39　双脚跳双脚落动作示范

（2）单脚跳单脚落

动作目的：通过单侧肢体练习动作，强化大肌肉群运动神经元的深度募集。

动作要领：训练者呈站姿，两腿开立与肩同宽，双臂向斜上45°打开，单脚踮脚尖，对侧腿抬空屈膝，快速摆臂单腿下蹲跳过障碍栏，落地时积极缓冲声音小。

动作轨迹：训练者快速下蹲至大小腿呈120°起跳，落地时屈髋屈膝120°。

动作节奏：训练者全程动作控制在1—2秒完成。重复完成5次。

动作呼吸：训练者动作全程保持呼吸自然均匀。

注意事项：训练者跳跃全程保持单侧腿踝关节、膝关节和髋关节在一条直线上，落地时臀腿积极缓冲且声音小。

图5-40　单脚跳单脚落动作示范

动作要领：训练者平躺于瑜伽垫，双臂前平举，屈腿至大小腿呈90°，收紧腹部，动作开始，先进行对侧上下肢协同伸展（上肢直臂肩屈，下肢直腿髋伸），还原到起始动作。换到另一对侧完成重复动作。

动作轨迹：训练者做对侧上下肢动作，上肢直臂肩屈约90°，下肢直腿髋伸约10°。

动作节奏：训练者全程保持动作缓慢稳定有节律。

动作呼吸：训练者做对侧上下肢协同动作，上下肢伸展时吸气，还原时呼气。

注意事项：训练者动作全程保持躯干中立，呼吸节奏稳定，注意力集中。

图5-72　核心激活动作示范

（三）核心力量训练动作

1.腹部肌群

（1）仰卧卷腹

动作目的：通过仰卧卷腹动作，充分锻炼单排轮滑球运动员所需上腹部核心力量。

动作要领：训练者仰卧于瑜伽垫上，屈膝90°左右，两腿并拢，脚部平放于地，双手自然平放于同侧大腿正面。动作开始，依靠腹直肌向心收缩带动躯体向身体重心移动。

动作轨迹：训练者随腹直肌收缩双手贴于大腿滑向膝盖，然后离心还原动作。

动作节奏：训练者腹直肌向心收缩时1—2秒，离心还原时2—3秒。

动作呼吸：训练者腹直肌向心收缩时呼气，离心还原时吸气。

注意事项：训练者动作全程下背部不离地，不抱头起。

图5-73　仰卧卷腹动作示范

（2）仰卧尖刀

动作目的：通过仰卧尖刀动作，充分锻炼轮滑球运动员所需整个腹部核心力量。

动作要领：训练者仰卧于瑜伽垫上，两腿直腿并拢，双手交叉于胸前。动作开始，依靠整个腹直肌向心收缩，分别使上背和腿部同时卷起，然后还原动作至起始位置。

动作轨迹：训练者上背卷起至上腹收紧，腿部卷起至下腹收紧，然后离心还原动作。

动作节奏：训练者腹直肌向心收缩时1—2秒，离心还原时2—3秒。

动作呼吸：训练者腹直肌向心收缩时呼气，离心还原时吸气。

注意事项：训练者动作全程上背和腿部同步卷，同时注重呼吸与动作相适应。

图5-74 仰卧尖刀动作示范

（3）仰卧举腿

动作目的：通过仰卧举腿动作，充分锻炼轮滑球运动员所需下腹部核心力量。

动作要领：训练者仰卧于瑜伽垫上，两腿直腿并拢，双手放于躯干两侧。动作开始，腹直肌下腹向心收缩力使腿部卷起，然后还原动作至起始位置。

动作轨迹：训练者下腹卷起至臀部将要抬离地面，然后离心下放还原动作。

动作节奏：训练者腹直肌向心收缩时1—2秒，离心还原时2—3秒。

动作呼吸：训练者腹直肌向心收缩时呼气，离心还原时吸气。

注意事项：训练者动作上卷时臀部不抬离地面，下放还原时脚步不触地。

图5-75　仰卧举腿动作示范

2.臀部肌群

（1）杠铃臀桥

动作目的：通过杠铃臀桥动作，充分锻炼轮滑球运动员所需臀部核心力量。

动作要领：训练者仰卧于哑铃凳上，两腿开立略比肩窄，大小腿呈90°，杠铃放于下腹位置，双手正握闭握于杠铃两侧，腹部收紧，目光投向膝盖方向。动作开始，先做髋屈，再做髋伸，然后还原动作至髋屈位置。

动作轨迹：训练者向下髋屈至臀部接近于触面，向上髋伸至髋部，与大腿平行。

动作节奏：训练者向下髋屈时2—3秒，向上髋伸时1—2秒。

动作呼吸：训练者向下髋屈时吸气，向上髋伸时呼气。

注意事项：训练者动作全程腰部保持稳定，目光投向于膝盖，核心收紧。

图5-76　杠铃臀桥动作示范

（2）罗马尼亚硬拉

动作目的：通过罗马尼亚硬拉动作，充分锻炼轮滑球运动员所需臀部核心力量。

动作要领：训练者双脚开立，站距略比肩窄，正握杠铃于髋部，肩部下沉肩胛收紧，屈髋微屈膝重心后移，杠铃贴于大腿正面下滑至膝盖，然后快速上拉至起始位置。

动作轨迹：训练者下放杠铃至膝盖下方10厘米处，然后向上髋伸至拉至动作起始位置。

动作节奏：训练者下放杠铃时2—3秒，上拉杠铃时1—2秒。

动作呼吸：训练者向下髋屈时吸气，向上髋伸时呼气。

注意事项：训练者动作全程背部直立，屈髋充分，双脚踏实地面。

图5-77　罗马尼亚硬拉动作示范

（四）核心稳定性训练动作

1. 核心抗屈伸训练动作

（1）后侧支撑交替放腿

动作目的：提升核心抗屈力量及稳定性，防止运动过程中躯干频繁前屈前倾。

动作要领： 训练者仰卧于泡沫箱上，头部躯干中立，双腿开立，腹背臀收紧，辅助者双手握于训练者双脚脚踝，让训练者全身收紧悬空，然后随机交替放一只脚，训练者保持身体平衡。

动作轨迹： 训练者被放落一只脚时，保持身体不前屈，脚不落地，迅速回归原位。

动作节奏： 训练者全程保持动作稳定，左右脚各10次。

动作呼吸： 训练者动作全程保持呼吸自然均匀。

注意事项： 训练者动作全程始终保持躯干中立，挺髋直背，双脚随机下放不固定。

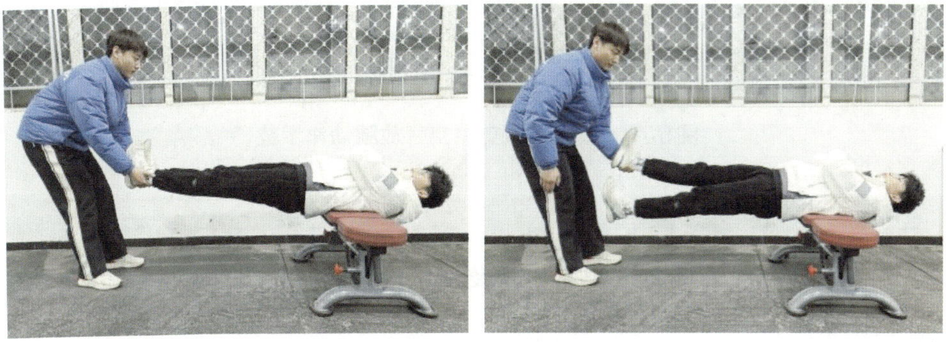

图5-78　后侧支撑交替放腿动作示范

（2）直臂平板支撑交替放腿

动作目的： 提升核心抗伸力量和稳定性，防止运动过程中躯干后仰重心过度后移。

动作要领： 训练者俯卧于瑜伽垫上，双手直臂与肩同宽，头部躯干中立，双腿开立，腹背臀收紧，辅助者双手握于训练者双脚脚踝，让训练者全身收紧悬空，然后随机交替放一只脚，训练者保持身体平衡。

动作轨迹： 训练者被放落一只脚时，保持腰不塌，脚下放不落地，迅速回归原位。

动作节奏： 训练者全程保持动作稳定，左右脚各10次。

动作呼吸： 训练者动作全程保持呼吸自然均匀。

注意事项： 训练者动作全程始终保持躯干中立，腹部收紧，身体呈一条直线。

图5-79　直臂平板支撑交替放腿动作示范

2. 核心抗侧屈训练动作

动作目的： 提升核心抗侧屈力量及稳定性，防止运动中躯干抗侧屈力量不足动作变形。

动作要领： 训练者侧向单肘撑于瑜伽垫上，头部躯干中立，背部直立，腰部收紧，双脚开立夹瑜伽球，脚外沿着地，对侧手臂伸直手持弹力带。

动作轨迹： 训练者动作开始后，辅助者手持弹力带另一头，给训练者不稳定对抗。

动作节奏： 训练者全程保持动作稳定，动作维持20秒。

动作呼吸： 训练者动作全程保持呼吸自然均匀。

注意事项： 训练者动作全程保持身体中立，腰不塌，挺髋收腹，对抗阻力不侧倒。

图5-80　核心抗侧屈训练动作示范

3. 核心抗旋转训练动作

（1）弹力带下劈

动作目的：提升核心抗旋转力量，防止运动过程中发生躯干不稳定旋转。

动作要领：训练者双腿跪于瑜伽垫上，背部直立，顶髋收腹，直臂双握弹力带；辅助者侧对训练者将弹力带一端上固定。训练者先将弹力带拉向身体，然后伸直手臂，最后直臂对抗还原至动作起始位置。训练者全程保持核心稳定对抗。

动作轨迹：训练者先将弹力带拉至胸部，然后伸直手臂至斜下方45°，最后直臂对抗还原至动作起始位置。

动作节奏：训练者全程保持动作稳定，左右两边各做10次。

动作呼吸：训练者动作全程保持呼吸自然均匀。

注意事项：训练者动作全程保持核心收紧，直臂还原时需重点感受核心抗旋转发力。

图5-81　弹力带下劈动作示范

（2）弹力带上提

动作目的：提升核心抗旋转力量，防止运动过程中发生躯干不稳定旋转。

动作要领：训练者双腿跪于瑜伽垫上，背部直立，顶髋收腹，直臂双握弹力带；辅助者侧对训练者将弹力带一端下固定；训练者先将弹力带拉向身体，然后伸直手臂，最后直臂对抗还原至动作起始位置，全程保持核心稳定对抗。

动作轨迹：训练者先将弹力带拉至胸部，然后伸直手臂至斜下方45°，最后直臂对抗还原至动作起始位置。

动作节奏：训练者全程保持动作稳定，左右两边各做10次。

动作呼吸：训练者动作全程保持呼吸自然均匀。

注意事项： 训练者动作全程保持核心收紧，直臂还原时需重点感受核心抗旋转发力。

图5-82　弹力带上提动作示范

（3）瑞士球抗旋转

动作目的： 提升核心抗旋转力量，防止运动过程中发生躯干不稳定旋转。

动作要领： 训练者两脚开立，背部直立，顶髋收腹，双臂直臂手持瑜伽球；辅助者正对左右击打瑜伽球，训练者核心发力对抗瑜伽球左右偏移。

动作轨迹： 训练者手持瑜伽球于身体正中位，辅助者击打球时，球偏移角度小于10°。

动作节奏： 训练者全程保持动作稳定，动作左右各击打10次。

动作呼吸： 训练者动作全程保持呼吸自然均匀。

注意事项：训练者动作全程保持躯干中立，直臂持球，重点感受核心抗旋转发力。

图5-83 瑞士球抗旋转动作示范

（4）弓步绳索下劈

动作目的：利用绳索渐进式负荷提升核心抗旋转力量，增强运动过程核心稳定性。

动作要领：训练者呈后弓步，后腿单膝跪于瑜伽垫上，背部直立，顶髋收腹，直臂双握多功能器械绳索握把，训练者先将绳索拉向身体，然后伸直手臂，最后直臂对抗还原至动作起始位置，训练中可以逐渐增加阻力负荷。

动作轨迹：训练者先将弹力带拉至胸部，然后伸直手臂至斜下方45°，最后直臂对抗还原至动作起始位置。

动作节奏：训练者全程保持动作稳定，左右两边各做10次。

动作呼吸：训练者动作全程保持呼吸自然均匀。

注意事项：训练者动作全程保持核心收紧，直臂还原时需重点感受核心抗旋转发力。

图5-84　弓步绳索下劈动作示范

三、单排轮滑球特定技术力量训练

单排轮滑球是一种高强度对抗的集体球类项目，对运动员的肌肉维度和肌肉力量要求很高。进行力量训练可改善肌肉有氧代谢能力，为单排轮滑球爆发力和速度训练打基础。单排轮滑球专项力量训练包含上肢特定技术力量训练、核心特定技术力量训练和下肢特定技术力量训练三个部分。

（一）上肢特定技术力量训练

对轮滑球运动员进行上肢特定技术力量训练，有利于增强运动员场上的控球能力和射门力量，又能进一步提升上肢技术的稳定性和爆发性。在结合单排轮滑球运动员在场上上肢技术特点的基础上，围绕单排轮滑球运动员在场上的力量需求进行以下专项力量动作设计：

1. 上肢挥杆力量练习（弹力带）

动作目的：利用弹力带渐进式阻力，锻炼轮滑球运动员上肢挥杆力量。

动作要领：训练者双手持弹力带，面向右侧前方站立，左右手依次正握反握弹力带，在动作开始前预先轻微发力对抗弹力带，在动作开始后左右臂协同对抗弹力带发力。

动作轨迹：动作起始训练者手持5磅弹力带，面向右侧前方45°方向，在动作开始后左右臂协同对抗弹力带发力，由后往前至弹力带拉至最紧，由前往后发力时缓慢回归原位。

动作节奏：训练者双臂由后往前快速发力，由前往后缓慢发力。以此重复20次。

动作呼吸：训练者双臂由后往前发力时呼气，由前往后缓慢发力时吸气。

注意事项：训练者动作全程核心收紧，对抗阻力发力时感受核心与上肢联动。

图5-85　上肢挥杆力量练习（弹力带）动作示范

2. 上肢挥杆力量练习（绳索短杠）

动作目的：利用绳索渐增式阻力，锻炼单排轮滑球运动员上肢挥杆力量。

动作要领：训练者动作全程核心收紧，躯干中立，双臂直臂手持绳索握把于胸前，在动作开始前预先轻微发力对抗绳索阻力，在动作开始后双臂协同向左后侧回落绳索，然后躯干带动双臂快速转到右前方。

动作轨迹：训练者躯干连同双臂由后往前快速发力至右前方45° 方向，还原动作。

动作节奏：训练者双臂由后往前快速发力，由前往后缓慢发力。每组8次，4组，阻力强度65%—85%RM，组间休息90秒。

动作呼吸：训练者双臂由后往前发力时呼气，由前往后缓慢发力时吸气。

注意事项：训练者动作全程核心收紧，对抗阻力时感受上肢与核心联动发力。

图5-86　上肢挥杆力量练习（绳索短杠）动作示范

（二）核心特定技术力量训练

对单排轮滑球运动员进行核心特定技术力量训练，既有利于增强运动员场上上下肢动力链传导效率和射门力量协同发力，又能进一步提升运动员在场上高速滑行和身体对抗的稳定性。在结合单排轮滑球运动员在场上核心技术特点的基础上，围绕单排轮滑球运动员在场上的核心力量需求进行以下专项力量动作设计：

1.核心力量练习（弹力带）

动作目的：利用弹力带加杠铃片不恒定阻力，锻炼单排轮滑球运动员核心力量和核心控制能力。

动作要领：训练者动作起始核心收紧，直臂双手持弹力带一端于胸前，弹力带另一端固定且保持水平，弹力带加载2.5千克杠铃片于中间，核心发力对抗不固定弹力带阻力变化。

动作轨迹：训练者在动作开始双臂轻微发力使弹力带发生小幅度震荡，核心肌群发力连同双臂做躯干抗旋转保持。

动作节奏：训练者通过上肢带动弹力带振动（2—3次/秒）达到核心抗旋转的锻炼效果。

动作呼吸：训练者动作全程保持呼吸自然均匀。

注意事项：训练者动作全程核心收紧，沉肩直臂，躯干保持稳定中立。

图5-87　核心力量练习（弹力带）动作示范

2.核心力量练习（绳索直臂上提）

动作目的：利用绳索渐增式阻力，锻炼单排轮滑球运动员核心力量和核心控制能力。

动作要领：训练者动作起始核心收紧，躯干中立，双臂直臂手持绳索握把于胸前，在动作开始前预先轻微发力对抗绳索阻力，动作开始后由前往后再由后往前发力，每组15次，4组，阻力强度20%—30%RM，组间休息60秒。

动作轨迹：训练者在动作开始后双臂协同向左后侧回落绳索，在回落45°躯干带动双臂迅速转到右前方45°方向。

动作节奏：训练者躯干连同双臂由前往后缓慢发力，由后往前快速发力。

动作呼吸：训练者躯干连同双臂由前往后发力时吸气，由后往前快速发力时呼气。

注意事项：训练者动作全程核心收紧，躯干中立，对抗阻力时感受核心发力。

图5-88　核心力量练习（绳索直臂上提）动作示范

（三）下肢特定技术力量训练

对单排轮滑球运动员进行下肢特定技术力量训练，有利于增强他们场上下肢移动加速度和技术动作发力的爆发性，又能进一步提升他们在场上高速滑行和身体对抗的稳定性。在结合单排轮滑球运动员在场上下肢技术特点的基础上，围绕单排轮滑球运动员在场上的下肢力量需求进行以下特定技术力量动作设计：

1. 下肢蹬伸力量练习（绳索单侧后蹬）

动作目的：利用绳索渐增式阻力，锻炼单排轮滑球运动员下肢蹬伸力量。

动作要领：训练者动作起始呈肘撑侧支撑于地面，躯干保持中立位，外侧阻力腿一侧髋、膝和踝在矢状面呈一条直线，前脚掌踩握把，大小腿呈90°，发力向下蹬伸，每组6—8次，4组，阻力强度80%—90%RM，组间休息120秒。

动作轨迹： 训练者在动作开始外侧阻力腿快速做向后蹬伸30°，然后回到起始位置。

动作节奏： 训练者外侧阻力腿由前往后快速发力，由后往前缓慢发力，对侧腿同上。

动作呼吸： 训练者外侧阻力腿由前往后发力时呼气，由后往前还原时吸气。

注意事项： 训练者动作全程躯干中立，蹬伸过程腿部充分发力，膝关节不内扣。

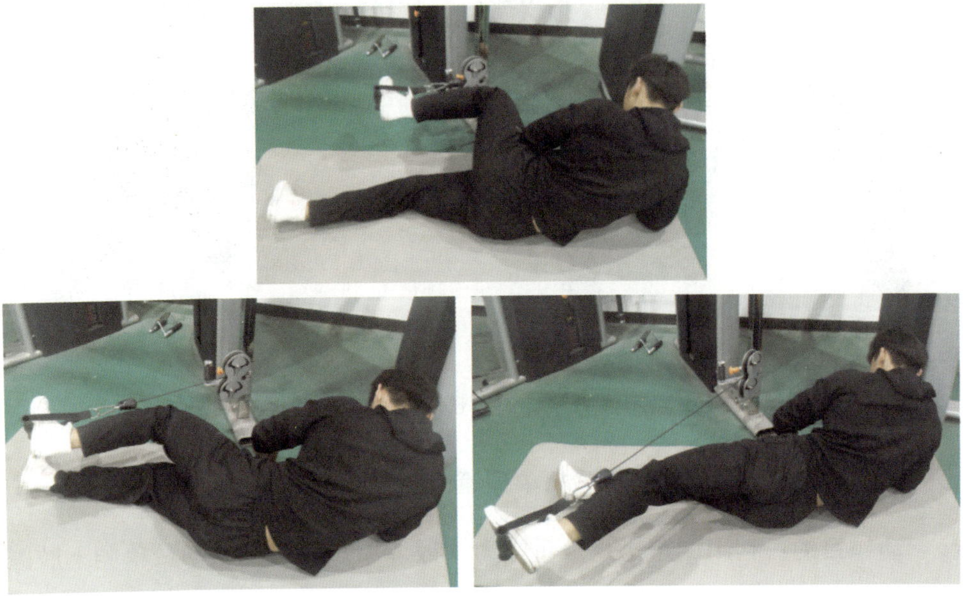

图5-89　下肢蹬伸力量练习（绳索单侧后蹬）动作示范

2. 下肢蹬伸力量练习（地雷杠单侧蹬伸）

动作目的： 利用地雷杠高负重阻力，锻炼单排轮滑球运动员单侧下肢蹬伸力量。

动作要领： 训练者双脚开立与肩同宽，脚尖指向正前方，核心收紧，躯干中立前倾位（大约60°），双手手持杠铃于阻力腿一侧肩上，要求动作全程阻力腿一侧肩、髋、膝和踝在矢状面呈一条直线，阻力腿下蹲后快速发力蹬伸至动作起始位置。每组8次，4组，阻力强度60%—70%RM，组间休息90秒。

动作轨迹：训练者在动作开始后阻力腿屈髋屈膝，下蹲至大小腿120°同时对侧腿向一侧滑出，阻力腿迅速蹬伸至腿部自然伸直但膝关节不超伸。

动作节奏：训练者阻力腿由上往下缓慢发力，由下往上蹬伸时快速发力。

动作呼吸：训练者阻力腿由上往下下蹲时吸气，由下往上蹬伸时呼气。

注意事项：训练者动作全程躯干中立，下蹲缓慢蹬伸充分，膝关节稳定。

图5-90　下肢蹬伸力量练习（地雷杠单侧蹬伸）动作示范

3. 下肢蹬伸力量练习（倒蹬机单侧蹬伸）

动作目的：利用倒蹬机高负重阻力，锻炼单排轮滑球运动员单侧下肢蹬伸力量。

动作要领：训练者侧躺于凳面，核心收紧，躯干中立位，外侧阻力腿全脚掌踏于挡板中上部，单腿自然伸直，要求动作全程阻力腿一侧髋、膝和踝在矢状面呈一条直线，阻力腿屈髋屈膝下蹲后快速发力蹬伸至动作起始位置。每组8次，4组，阻力强度60%—70%RM，组间休息90秒。

动作轨迹：训练者动作开始后阻力腿屈髋屈膝，下蹲至大小腿90°，阻力腿迅速蹬伸至腿部，自然伸直但膝关节不超伸。

动作节奏：训练者阻力腿由上往下缓慢发力，由下往上快速发力。

动作呼吸： 训练者阻力腿由上往下下蹲时吸气，由下往上蹬伸时呼气。

注意事项： 训练者躯干中立，下蹲时膝关节不内扣，上蹬时膝关节不超伸。

图5-91　下肢蹬伸力量练习（倒蹬机单侧蹬伸）动作示范

思考题

1. 单排轮滑球力量训练前动作准备分为几部分？

2. 单排轮滑球力量训练前神经激活内容分为几部分？其中，前交叉步动作要领是什么？

3. 单排轮滑球爆发力训练主要包括哪些内容？

4. 单排轮滑球重器械爆发力训练主要包括哪些内容？其中，膝上高翻的动作要领是什么？

5. 单排轮滑球核心稳定性力量训练主要包括哪些内容？

6. 试列举6种单排轮滑球特定技术力量训练动作。

第六章　单排轮滑球竞赛规则

前　言

《单排轮滑球竞赛规则》是单排轮滑球竞赛过程中所需遵循的法规性文件之一。它为单排轮滑球竞赛提供了客观统一的标准，为正确指导运动员训练、参赛和裁判员公正准确地执法提供依据。

本竞赛规则是根据世界轮滑联合会单排轮滑球技术委员会（WSIHTC）2020年版规则翻译而来，结合北京体育大学付进学教授翻译编写的2017年版《单排轮滑球竞赛规则》和国内竞赛实践制定。本规则适用于全国各级各类单排轮滑球竞赛活动。

本规则由安徽新华学院张爱臣翻译编写，经王志洪、王一博、郭月龙和姬智修订，由国家体育总局社会体育指导中心审核。

目　录

1.3 平局

2. 场地和设施

2.1 轮滑球场

2.2 球门

2.3 球门区

2.4 争球点和争球圈

2.5 裁判区

2.6 运动员席

2.7 受罚席

2.8 信号和计时装置

第二章　球队和比赛工作人员

3. 球队

3.1 球队的组成

3.1.1 队员

3.1.2 队长和副队长

3.1.3 运动员资格

3.2 运动员装备

3.2.1 一般规定

3.2.2 球杆

3.2.3 轮滑球鞋

3.2.4 保护装备

3.2.5 守门员的装备

3.2.6 保护装备的认证

3.2.7 护具的穿戴

3.2.8 危险装备

3.2.9 比赛服装

3.2.10 服装颜色的分配

3.2.11 服装和装备的检查

3.2.12 球

4. 比赛工作人员

4.1 工作人员的任命

4.2 裁判员

4.3 记录员

4.4 计时员

4.5 记罚计时员

4.6 监门员

第三章　比赛规则

5. 比赛的进行

5.1 赛前程序

5.2 准备活动

5.3 比赛首发阵容

5.4 比赛的开始和每局的开始

5.5 比赛通则

5.5.1 争球

5.5.2 暂停

5.5.3 整理服装和装备

5.5.4 运动员的替换

5.5.5 守门员

5.5.6 受伤的运动员

5.5.7 球必须保持运动

5.5.8 踢球

5.5.9 球出界或无法比赛

5.5.10 看不见球或非法球

5.5.11 射中和协助

6. 处罚

6.1 处罚的定义

6.1.1 处罚的类别

6.1.2 小罚

6.1.3 大罚

6.1.4 违例

6.1.5 严重违例

6.1.6 取消比赛资格

6.1.7 附加处罚

6.1.8 罚点球

6.2 处罚的管理

6.2.1 处罚情况的管理

6.2.2 暂缓处罚

6.2.3 同时同等犯规判罚

6.3 处罚的判定

6.4 处罚的执行

6.4.1 常规

6.4.2 抗议

6.4.3 非法装备

6.4.4 争球

6.4.5 整理服装和装备

6.4.6 运动员的替换

6.4.7 守门员犯规的处罚

6.4.8 移动球门

6.4.9 侮辱比赛工作人员和其他不良行为

6.4.10 企图伤人

6.4.11 球杆折断

6.4.12 非法冲撞

6.4.13 向界墙撞人

6.4.14 横杆推阻

6.4.15 故意伤害对方

6.4.16 延误比赛

6.4.17 肘顶人和膝顶人

6.4.18 摔倒压球

6.4.19 打架

6.4.20 用手运球

6.4.21 高杆

6.4.22 抱人

6.4.23 钩人

6.4.24 干扰

6.4.25 观众干扰

6.4.26 背后冲撞

6.4.27 离开运动员席或受罚席

6.4.28 攻击工作人员

6.4.29 猥亵性语言或手势

第一章　一般规则

1. 一般比赛规定

1.1 球队和运动员的资格

A．中国轮滑协会面向全国各行业单位、学校和轮滑球俱乐部开放，条件是他们的运动员须在中国轮滑协会注册，并在中国轮滑协会主办的比赛规定截止时间前确认参赛，且须按时缴纳参赛服务费。

B．运动员参赛必须持身份证和注册证等有效证件，以及能证明是所代表单位的合法资格。

C．青年男子组：参赛运动员年龄应为14岁以上到19岁以下区间（以比赛年度的1月1日起到比赛年度的12月31日前为准）。

D．青年女子组（从2019年1月1日起生效）。

最小年龄：青年女子组运动员的年龄最小是14岁（从比赛年度的1月1日起）。

最大年龄：青年女子组运动员的年龄最大是19岁（到比赛年度的12月31日止）。

E．成年女子组（从2019年1月1日起生效）。

最小年龄：成年女子组运动员的年龄最小是15岁（从比赛年度的1月1日起）。

最大年龄：成年女子组运动员的最大年龄按照中国轮滑协会相关竞赛规程规定。

F．成年男子组（从2019年1月1日起生效）。

最小年龄：成年男子组运动员的年龄最小是15岁（从比赛年度的1月1

日起）。

最大年龄：成年男子组运动员的最大年龄按照中国轮滑协会相关竞赛规程规定。

G．大师赛年龄组：大师赛运动员的最小年龄是38岁，年龄从比赛年度的1月1日起，这适用于男子组和女子组比赛，没有最大年龄限制。

1.2 比赛时间和暂停

A．正常比赛应20分钟一局，共两局，中场休息5分钟，中场休息结束双方交换场地（队员席位置不变）。

B．每个队在每局可以申请一次暂停，暂停时间为1分钟。

注：中国轮滑协会可根据比赛具体情况调整比赛时间。

1.3 平局

加时赛操作方法

◆ 如果在常规比赛结束时比分相等，休息3分钟后进行5分钟加时赛（决赛阶段为10分钟加时赛）。

◆ 常规赛结束后两队不交换场地，直接开始加时赛。

◆ 比赛将在5分钟结束或进球后结束；进球得分的队伍获胜。如果在加时赛期间没有进球，将执行罚点球的程序。

◆ 任何比赛加时阶段，每队均应有3名运动员和1名守门员参赛。

◆ 如果在加时赛时间里双方都没有得分，将采用互射点球的方法分出胜负。

◆ 任何加时赛都是比赛的组成部分，受罚没有结束的队员都将继续受罚。

射球（互射点球）：当采用突然死亡法的加时赛无法分出胜负时，将使用射球的方法来打破两队积分相等的平局。

◆ 射球时每队派3名射手，两队交替射球，其程序按照罚点球的方法进行。两队的队长在开始射球前将指定的三名射手报告给裁判员，裁判员在开始射球前将该名单交给比赛记录员。

◆ 两队的队长用抛币的方法决定哪个队先开始射球。两队的守门员防守各自之前防守的球门，不使用公共的球门。

◆ 在每队3次射门中得分高的队为胜队。

◆ 如果第一轮射完仍为平局，将由每队一人进行打破平局的射球。此时每队任何队员都有资格参加射球比赛，即使已参加过射球的那3名队员。

◆ 一旦出现不同的点球结果，比赛结束。

加时赛执行程序

◆ 加时赛开始时，正常情况每队应有3名队员和1名守门员参加比赛。

如果常规时间结束时一支队伍人数缺少，加时赛将按如下方式开始：

缺少1名队员	加时赛开始时“3vs2”
缺少2名队员	加时赛开始时“4vs2”

在第二种情况下，当出现“4vs3”或“4vs4”后的第一次比赛停止时，场上人数将调整为“3vs2”或“3vs3”。

如果常规时间结束时两支队伍人数均有缺少（如“3vs3”或“2vs2”），加时赛将按如下方式开始：

加时赛阶段双方开始时运动员场上人数和常规赛结束时人数相同。

如果运动员受罚结束返回赛场，场上人数出现“4vs3”或“4vs4”，在第一次停止比赛时，场上人数将改为“3vs2”或“3vs3”。

◆ 如果在加时赛期间，有队伍出现场上缺少两名队员情况，该队场上必须有2名队员参赛，同时允许对方场上队员增加第4名队员。队员受罚结束，程序按照本条第一点执行——缺少2名队员。

◆ 在加时赛期间，同时同等判罚不会改变场上人数。

2. 场地和设施

2.1 轮滑球场

A. 单排轮滑球比赛应在运动地板、瓷砖、木地板、沥青、水泥或任何合适材料铺成的地面上进行。

B. 理想的场地尺寸为50米×25米。然而，场地可以在长40米—60米，宽20米—30米的范围内变化。但其宽度和长度的比例应为1∶2。

C. 世界锦标赛和国际级赛事的场地最小尺寸为50米×25米，全国性比赛场地可以允许的最小尺寸是44米×22米。

D. 比赛场地应按照本规则所示的场地图及上面所标的精确尺寸进行画线，在场地中间画一条红线，以区别攻区和守区。

E. 场地的四周应用木板或玻璃纤维制成围墙，围墙高101厘米—122厘米，理想的高度是107厘米，围墙的四角应为圆弧形，圆弧的半径约为5米。

F. 各地方协会的比赛场地如果与标准场地大小不同，他们的球门线和争球圈可以根据场地的大小按比例变化，如果在比赛中使用这样的场地，应在规程注明或发给各被邀请单位的信息中注明有关场地大小及画线情况，具体解释归主办单位。

2.2 球门

A. 如图所示，球门是由铁管做成的一个矩形架，面向前面的门架内侧高105厘米，内侧宽170厘米。

B. 面向前面的门架应用7.6厘米直径的镀锌铁管制作，上面、底座和后面的支架应用5厘米直径的铁管制作。球门底座的深度从前面到后面弧顶的外缘应为109厘米，顶部门架的深度从前面到后面架的外缘应为74厘米，球门后面中间应用直径5厘米的立柱连接上面门架和底座，球门顶部和后面应用非常结实的门网覆盖，该网应用密集的尼龙线绳机织而成，结实到可以抗得住最强有力的射球，并保证球无法穿过。不允许使用金属制的球门网。

C．在球门横梁向后的球门内45厘米处应悬挂一个白色垂网。这个垂网可比外侧的网细密，宽180厘米，高110厘米，悬挂在门内以防止球从门内反弹出来。这个网必须系在门顶部，让它自由下垂到地面，并与球门柱平行。球门立柱和横梁必须漆成荧光红色或橙色，其他部分应漆成白色。球门底座的弧形和后面的立柱应用吸震材料包裹起来以防止劲射后球反弹出门外。

D．两个球门位于球场的两端相对放置于球门线上，球门线距端线围墙的距离为3.8米。

2.3 球门区

A．在每个球门的前面，用5厘米宽的红线划定一个球门区。从两个球门柱沿球门线向外30厘米处，垂直向球门前画出两条1.2米长的线，用一条平行于球门线的线连接两条垂直线的顶端，即为球门区。对球门区的理解应是立体的，即从地面垂直向上的所有空间。

注：守门员特权区域：前面是到两个端区争球点之间，后面到球门线（见场地图所示）。守门员的身体任何部分在这个区域内时可以压或抓球。

B．门员可以压或抓球门线以后的球或球门网两侧的球，前提是他的身体的任何部分仍在球门区以内。如果他的身体离开了球门区或守门员特权区域而压或抓球而造成比赛停止，应被判小罚。

2.4 争球点和争球圈

A．单排轮滑球场上标有5个争球的位置。

B．中心争球点直径22.5厘米，严格的位于球场的中心位置。以争球点中心为圆心，在其周围画一个3米半径的争球圈。

C．在每个端区里应画两个争球点，争球点直径22.5厘米。两个争球点的连线与球门线平行，距球门线6.10米，两点的圆心彼此相距13.40米，也就是各距球场纵长中心线6.70米。以每个争球点的中心为圆心再画一个半径3米的圆圈为争球圈，争球圈的线宽5厘米。

2.5 裁判区

在紧靠裁判席位置前的场地内，画一个3米半径的半圆为裁判区，在比赛停止时未经裁判员的允许，任何运动员不得进入该区域内，裁判区的线宽5厘米。

2.6 运动员席

每个场地应为每个队准备座椅或板凳，该位置称为“队员席”。每个队员席应至少有16个人的座位，位于边线围墙处尽可能紧靠球场的中央，并方便去休息室的地方。

2.7 受罚席

每个场地应准备称为“受罚席”的座椅或板凳，它是为受罚运动员、记罚员、计时员、记录员准备的。如果受罚席与运动员席在场地的同一侧，受罚席应距运动员席有一定的距离。推荐将受罚席设在队员席的场地对面。

2.8 信号和计时装置

每个场地应有合适的声响装置和计时装置供比赛工作人员使用，并提供电子计时显示供所有比赛的参与者了解比赛的时间情况。计时装置应显示比赛的剩余时间和运动员的剩余受罚时间。

第二章　球队和比赛工作人员

3. 球队

3.1 球队的组成

3.1.1 队员

A. 每队的登记名单最少为6名运动员和2名守门员，最多为14名运动员和2名守门员。

B．报名信息确认后，一旦比赛开始，就不准许调整替补运动员或新增加运动员。

C．达到了前面规定的最少登记人数，比赛就不能因此而被取消，除非该队由于不符合8.1的规定上场人数少于4名运动员和1名守门员时该队将被取消比赛资格。

3.1.2 队长和副队长

A．每队应任命一名队长。

B．每队所有时候都应有一名队长在场上，如果队长不在场上，应由副队长（每队不超过3名）代替他行使职权。

C．守门员不能担任队长或副队长。

D．只有在场上的队长或副队长（但不能两人一起）在比赛停止时有权与裁判员讨论在比赛中出现的与规则解释有关的问题。

3.1.3 运动员资格

A．运动员在参加比赛前必须符合中国轮滑协会相关竞赛规程要求。

B．参赛运动员比赛服与号码必须保持一致。

C．如果进球时，进球一方有不符合资格运动员，则该进球会被认定为无效进球。裁判员在中圈开球前被通知该球是不符合资格运动员射中，该队本场比赛之前所有进球将被取消。

D．如果一名运动员被判罚，在受罚期间发现该运动员为不符合资格队员，他将被驱逐比赛，教练将通过队长指定一名运动员完成剩余受罚时间。

E．如果一名运动员在比赛中被发现不符合运动员资格，他将立刻被开除比赛而不受处罚。

F．所有关于不符合资格运动员参赛情况均须报中国轮滑协会备案。

3.2 运动员装备

3.2.1 一般规定

所有的装备，除了球和轮滑球鞋以外，都应是正规的轮滑球装备。

3.2.2 球杆

A．球杆应是单排轮滑球球杆样式，用木制或其他所允许的材料制成，不允许有任何突出部分。

B．在杆刃上可以缠任何颜色的胶带以增强或改善对球的控制。

C．球杆从根部至杆柄端部不得长于1.57米，杆刃从根部到端部不得长于32厘米，杆刃的弧度没有限制，运动员球杆的杆刃最窄5厘米，最宽9厘米。

D．守门员球杆杆刃的宽度不得超过13厘米，后根部分不得超过14厘米，杆刃从根部至端部不得超过39厘米。

3.2.3 轮滑球鞋

A．轮滑球鞋必须是单排轮的，运动员的鞋可由3或4个轮子组成。

B．守门员的轮滑球鞋可以装5个小轮子，但所有轮子都必须在鞋的下面，前或后面都不能突出。

C．如果轮架是设计装一定数量的轮子，那么所有轮子都必须在位。所有螺丝和轮轴都应是镶嵌或凹进去的，并必须是用保护材料覆盖起来，以防伤及他人和破坏地面。

D．在比赛中不允许使用双排轮滑鞋。

3.2.4 保护装备

A．所有队员，守门员除外，在全部比赛时间里必须穿戴护腿、护肘、经认证的冰球手套，经认证的头盔、面罩，男运动员要戴护裆罩，女运动员要戴骨盆保护装备。

B．手套的手掌全部或部分被摘掉或割裂而赤手握杆的，被认为是非法装备。

C．守门员必须穿戴合身的护胸，规定的守门员手套，经认证的面罩，男运动员要戴护裆罩，女运动员要戴骨盆保护装备。如果守门员戴前臂保护装备，该装备应是软的和易弯曲的。任何单排轮滑球的正规护具都是可以接受的。

D．在全国锦标赛上，19岁以下的运动员必须戴全护面罩，该面罩须与头盔安装在一起。这条规定对男女运动员都适用。年龄超过19岁的运动员可佩戴半面罩。

E．运动员半面罩必须按照规定佩戴，比赛中半面罩戴在偏离位置（如向上倾斜露出眼睛）的将被警告，同一队任何队员再次违反该规定，都将以非法装备被判处小罚。

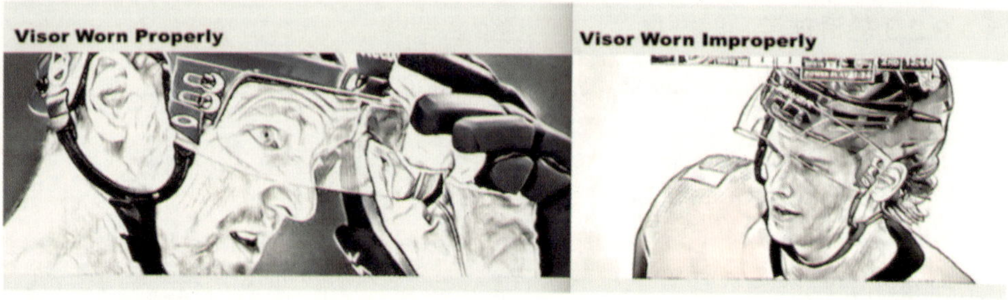

F．戴半面罩的运动员必须佩戴护齿。

G．所有运动员的头盔都必须用带在下颏系牢。

注：所有的男、女青年运动员无论年龄大小都必须佩戴全面罩。

3.2.5 守门员的装备

A．守门员的全部装备（轮滑鞋、球杆除外）必须是为了保护头或身体，决不允许有任何能给防守球门以不合法帮助的衣服或装备（例如增加护腿内侧滑行辅助材料）。

B．守门员手套上的连接拇指与食指之间的连接物、窝或小兜子，不能超过拇指与食指充分张开时所形成的角度的面积。

C．守门员手套背部的保护垫和其手套的组成部分，不得超过20厘米宽和40厘米长。

D．守门员所穿用的护腹禁止超过大腿前部或露在运动裤外面。

E．守门员的护腿是新的时，穿着时测量不应超过30厘米宽，并不允许有任何形式的改变。

3.2.6 保护装备的认证

运动员的头盔和面罩，守门员的面罩都必须是HECC/CSA/CE认证的。

3.2.7 护具的穿戴

所有护具（手套、头盔面罩和守门员的护腿除外）必须全部穿在运动服里面。

3.2.8 危险装备

A．严禁使用金属或其他容易引起运动员受伤的材料制成的护具和保护物品。

注：护肘如未使用海绵状橡皮或类似的软材料包裹，厚度小于12.5毫米的，即被认为是危险装备。

B．佩戴眼镜者的眼镜必须是塑料的，不允许用玻璃的或焦距透镜的镜片。

C．任何运动员如需穿戴由医师包扎的保护装备，必须在赛前经组委会批准。

3.2.9 比赛服装

A．所有参赛的运动员都应有两套不同颜色的上衣。

B．服装必须是长袖上衣和长裤子，守门员上衣应与队友同色同款。

C．每个队员和每个守门员都必须使用自己的号码，号码只允许缝在后背，至少20—25厘米高，号码数字必须是1—99号，数字号码不能以“0”开头（如数字2，不能是02）。

D．队服的背后、袖子和胸前右侧必须有数字号码，正面数字高度为8厘米，宽4厘米。

E．同一队里不能有两个相同的号码，在最初的登记以后未经组委会书面批准任何运动员不得改变或更换号码。

F．一名队长和三名副队长的“C”“A”符号应缝在左肩上。

G．允许运动员在护腿或运动服上使用胶带，但胶带必须是透明的。

3.2.10 服装颜色的分配

A．在比赛中，如果两队服装颜色相近，主队有责任更换队服。此事由当场执法裁判决定。主队应穿浅色的比赛服。

B．全队的服装（“上衣及护裤”）必须是相同的款式和统一的颜色。

3.2.11 服装和装备的检查

在比赛开始之前负责该场比赛的裁判人员应检查两队的服装和护具。对在比赛开始之前穿戴不符合规则的装备的运动员不予处罚。对在比赛开始之后穿戴非法或危险装备的应按照规则进行纠正。

3.2.12 球

A．比赛用球应为塑料或者其他认证的材料制成，厚度为22毫米—30毫米（有无凸点均可），直径77毫米，重量120克—130克之间，颜色为黑色。

B．比赛用球必须是经组委会认证的球。

C．主队或承办方应提供足够的比赛用球。

D．这些球应保存在受罚席，由一名场外裁判员或一个专门的人负责保管。

4.比赛工作人员

4.1 工作人员的任命

A．每场比赛应用两名裁判员。

B．其他裁判员包括计时员，记录员，监门员以及负责受罚队员受罚时间的记罚计时员。

C．如果在比赛进行中原来正式任命的裁判员到场，他们是否将替补裁判员换下场，应由中国轮滑协会裁判委员会的在场代表决定。

4.2 裁判员

A．所有锦标赛的比赛将使用由中国轮滑协会裁判委员会任命的两名裁判员。

B．如果指定的裁判员不能到场，将由中国轮滑协会裁判委员会任命其他的裁判员。

C．其中的一名裁判员将被任命为主裁判员。

D．两名裁判员有相似的职责，但在有争议时主裁判的决定是最终的。

E．主裁判对比赛中出现的所有争议拥有最终决定权。而不会根据申诉进行重新裁决。

F．主裁判对所有进球有最终决定权，无论有争议与否。在做出最终决定前可与另一裁判员和监门员（如果设立的话）商讨。

G．裁判员是中国轮滑协会的代表。他们控制和管理全部场上和场下的运动员、场外裁判员和参赛俱乐部的官员。他们将在所有合法情况下得到支持。

H．所有裁判员应穿黑色的裤子和经认证的裁判服上衣，并穿戴其他必要装备。

I．执场的裁判员应是来自与参赛队无关的组织。

J．所有的裁判员和场外裁判员在比赛期间必须得到全体运动员和队的官员的礼貌对待。对这条的违反将报告给中国轮滑协会，由其给予处罚。

K．裁判员应在每场每局比赛规定开始的时间看着双方队来到场上，并开始每局和决胜局的比赛。

L．当某队领队或教练提出要求时，裁判员应检查运动员所穿的装备，但这项要求必须由队长或副队长提出。

M．裁判员应对所有出现的犯规进行处罚，并向记录员报告判罚时间和犯规内容。他还应报告射中者和协助者的号码。

N．裁判员在每局和决胜局结束时应留在场上看着双方队回到运动员席或更衣室。

O．每场比赛结束后裁判员应检查记录表并签字，并确保双方队长签好字，然后交还记录员。

P．裁判员应在比赛结束后立即以书面形式向中国轮滑协会报告有关判开除比赛、严重违例、特别严重违例和取消比赛资格的详细情况，以及非正常的延误情况，确保报告真实可信。

4.3 记录员

记录员应该：

* 比赛开始之前，记录员应从每队的领队或教练处得到比赛运动员名单，由其核实运动员名单并签字。将每队的队长和副队长在记录表上做出标记。

* 记录员应在比赛开球之前将上场阵容名单交给裁判员，并把他认为不符合规则的事情提醒裁判员注意。

* 记录员应在记录表上正确记录射中得分，得分者和协助者。

* 如果使用广播设备，记录员应在每次射中球门后立即宣布得分运动员和协助运动员的号码和姓名。

* 根据监门员的报告记录守门员的救球次数。如果没有监门员，由记录员进行记录。

* 正确记录所有的判罚，包括受罚运动员的姓名和号码，受罚时间，犯规内容以及判罚的时间。

* 记录员应提醒裁判员某运动员在该场比赛中已受第二次或第三次处罚，或已受第二次违例处罚。

* 每场比赛结束后在记录表上签字，让裁判员检查记录表并签字，并确保双方队长签好字，然后交给中国轮滑协会指定的代表。

* 每场比赛结束后，队长或教练必须在比赛记录表上签字，连同裁判员一起检查其记录的准确性。

4.4 计时员

计时员应该：

* 计时员应记录和掌握比赛开始和结束的时间，和比赛中的实际比赛时间。

* 计时员应用信号通知裁判员比赛开始的时间和第二局、决胜局的开始时间。如果场地没有设置自动音响、锣、汽笛，或这些设备失灵，计时员应用吹哨通知每局和决胜局比赛的结束。

* 当每局和决胜局比赛还剩两分钟时，计时员应通过广播予以宣布。

* 从计时钟上记录每次射中得分和犯规判罚的时间，记录时间应用分和秒。

* 记录每队请求暂停的时间。

4.5 记罚计时员

记罚计时员应该：

* 记罚计时员在比赛中掌握受罚运动员的受罚时间，当受罚运动员要求时告诉其还需受罚多少时间。

* 如果受罚运动员在受罚结束之前离开受罚席，记罚计时员应记下时间并示意裁判员，裁判员应尽快停止比赛。

* 如果有公共广播设备，记罚计时员应通过宣告员宣布受罚运动员的名字，犯规种类和所受处罚及时间。

4.6 监门员

A．由中国轮滑协会决定是否使用监门员。

B．每个球门后应有一名监门员，他们须保证在比赛中不是某比赛队的成员，在比赛过程中不能更换他们，除非在比赛开始后，发现某一监门员明显地偏袒一方或做出不公正的决定，在这种情况下，主裁判可以指定一名监门员替换他。

C．比赛中每个监门员必须在球门后的固定位置，他们在比赛开始后全场不调换位置。他们的职权只限于当场。

D．监门员的职责如下：

* 检查球门网，确保没有球可以穿过的洞。

* 查看球门是否始终保持在正确的位置上。

* 当球完全越过球门线而进入球门时，应向上伸直双臂，举手示意。

* 当球射在门上但没有进球时，应向两侧伸直手臂。

* 协助裁判员确定攻队队员是否在球进入球门区之前进入球门区内。

* 当球被守门员压住而无法继续比赛时，以伸直一臂于头上示意给裁判员。

* 精确记录守门员救球次数，在半场结束和全场结束时报告给记录员。

注：救球是指当时要进门但被守门员挡住的球。

第三章　比赛规则

5. 比赛的进行

5.1 赛前程序

A．比赛开始之前，双方的领队或教练必须把本场合法参加比赛的队员名单交给比赛记录员，名单里包括队员、守门员、队长、副队长。

B．这些队员的名字必须是包括在锦标赛之前上交的队员名单之内的。

C．在比赛开始之后，队员名单不能再改变或增加，除非在比赛开始后守门员受伤或得病，可由替补守门员或一名事先在名单中包括的运动员代替受伤或得病的守门员。

5.2 准备活动

A．所有上场做准备活动的运动员必须穿戴全部护具和正规的比赛服。

B．在赛前准备活动和各局比赛开始之前的准备活动，各队只能在自己所在的半场内进行。

C．在比赛暂停期间、半场休息时间和加时赛之前，不允许在场地内进行准备活动。

5.3 比赛首发阵容

A．比赛开始之前，队的领队或教练应向裁判员或记录员列出首发阵容名单。

B．在裁判员吹哨开始比赛时每队必须有1名守门员和4名运动员在场上。

5.4 比赛的开始和每局的开始

A．比赛开始之前，裁判员应查看比赛计时员，记录员，记罚员及监门员是否已经就位。

B．比赛应在预定的时间，以在中心争球点争球的方式开始比赛。下半场开始、每次射中球门之后、突然死亡法的决胜局都以同样的方式开球。

C．比赛不能因仪式、展览、抗议、赠送礼品等原因推迟，除非事先经过赛会组织者批准。

D．主队应挑选开赛时防守哪个球门。

E．两队在开始比赛时应防守距自己队员席远端的球门。

F．只有着比赛服装的运动员以及领队、教练、训练员（共5名非比赛人员）可以在队员席内。

G．比赛期间，领队、教练和训练员应严格待在队员席的长度范围之内。违反这个规定，应受队小罚。

5.5 比赛通则

5.5.1 争球

A．争球时，两队都应在场上列出正确的人数就位准备争球。所有的争球，客队应首先在场上列好比赛阵容。

B．争球的运动员应正面向对方的端区，彼此相距约一杆远的距离，杆刃放在地面上。所有其他运动员必须距争球运动员至少3米远并在己方一侧。

C．争球运动员必须把杆刃平放在地面上，在中心争球点争球时，客队先将球杆放置于地面，其他争球点守方队员先将球杆放置于地面。

D．无论在什么地方争球，运动员都不得用自己的身体或球杆与对方运动员身体作任何接触，直到争球结束，比赛正常进行时。裁判员应对违反这条规则而做身体接触的运动员判小罚。

注："争球"的开始是指在裁判员指定了争球地点并将球已掷下时。一旦某队已经就位，裁判员应在5秒钟内掷球开始比赛。

E．如果争球运动员在裁判员发出指令时还不立刻做好争球姿势，裁判员可以命令他退出争球，由该队另一名场上运动员替他争球。

F．攻队在攻区内造成比赛停止，应在中心开球点争球。

注：包括在没受到守队干扰的情况下，攻队运动员把球射到门网背后造成的比赛停止。

G．双方犯规造成的比赛停止，在双方犯规或比赛停止的地点争球，除非规则另有规定。

H．当比赛停止出现在端区争球点与端线界墙之间时，应在比赛停止一侧的端区争球点争球，除非规则另有规定。

I．当球从裁判员身上直接弹入球门时，应判无效，应在该端区争球点争球。

J．在比赛停止期间攻队的替补队员进入到攻区内双方队员聚集的地方，该次争球应移到中心争球点进行。

注：这款的目的是防止比赛停止后队员的聚集和可能发生的吵架。

K．由于规则内没有明确规定的原因造成的比赛停止，应在比赛停止的地点争球。

5.5.2 暂停

A．暂停应由队长或副队长在比赛停止时提出，暂停后以争球方式恢复比赛。

B．比赛停止时裁判员应允许叫暂停，在这期间任何时候都可以，直到开球时掷球落地（除5.5.2E条外）。

C．暂停开始时裁判员必须通知计时员，暂停结束时计时员应提示裁判员。

D．暂停时间为1分钟，每队每半场可以请求一次暂停。在比赛中的任何时候裁判员都可以叫暂停。

E．两队可以在同一次比赛停止时叫暂停，然而一旦一支队叫了暂停，另一支队必须在前一个暂停时间60秒钟结束之前表明叫暂停的意图。

F．当暂停期间，所有队员（包括守门员）都可以回到运动员席处去（受罚队员除外）。

G．在加时赛中不允许叫暂停。

H．暂停结束后，应重新执行换人程序。

I．任何队伍在半场时间内已经要过暂停的情况下再次请求暂停，将因延误比赛受到队小罚的处罚。

5.5.3 整理服装和装备

A．比赛不能由于整理衣服、装备、轮滑鞋或球杆的原因而停止，也不能因此而延误比赛。违反此规定应判小罚。

B．运动员有责任保持服装和装备处于合适状态，如果需要整理时，应离开场地由别人替补上场，以不影响比赛的继续进行。

注：如果运动员在比赛中头盔掉了，他必须马上拾起头盔戴好系牢，或者立刻回到队员席。违反这条规定应以“非法装备”判小罚。

然而，在比赛停止后，得到裁判员允许的守门员可以整理或修理服装、装备和轮滑鞋。在得到裁判员允许时，守门员还可以更换他的面罩，但不允许用时间来修理或固定面罩。

5.5.4 运动员的替换

A．在比赛进行中，任何时候每队不得在场上超过4名运动员和1名守门员。

B．任何时候都可以从运动员席上替换运动员，被替换的运动员应先到达距运动员席3米以内后替补运动员方可进场。

C．守门员可以被其他运动员替换，但这个运动员不享有守门员的特权。

D．如果守门员离开球门区去运动员席进行替换，在替他的运动员进场前他必须到达距运动员席3米的范围内。

E．受罚结束的运动员若被替换，他必须通过赛场内回到自己的运动员席方可被替换。

F．如果某队在控球期间，涉及该队守门员替换时，若替换队员过早入场，裁判员应立刻停止比赛，在中心开球点或端区争球点争球（在哪争球以对非犯规队有利为原则）。如果非法替换的队当时没有控制球，裁判员应判该队小罚。

G．在比赛停止期间进行运动员替换，将要执行争球的裁判员将先回到争球时应站的位置。不执行争球的裁判员将留出5秒钟的时间，允许客队更换运动员。这5秒钟结束之后，不执行争球的裁判员将举起手臂，示意客队不允许再更换运动员；裁判员仍然举着手臂，持续5秒钟的时间，让主队更换运动员；

5秒钟结束后裁判员放下手臂，表示主队也不可以再替换运动员。此时执行争球的裁判员吹哨，并在5秒钟内掷球开始比赛。如果某队在给他们规定的时间之后换人，裁判员应将该运动员送回运动员席，此后如该队再有违反这个程序的犯规，裁判员应判该队小罚。

注：一次换人包括换1到4个运动员。一旦某队使用了给他规定的时间换人，他就不能再进行额外的换人。

H．每次比赛停止每队只允许进行一次换人。

5.5.5 守门员

A．每队在场上只允许有一名守门员。

B．任何替补守门员进场比赛都不允许有准备活动时间。

5.5.6 受伤的运动员

A．比赛当中有运动员（守门员除外）受伤或被迫离开场地时，他可以退出比赛被另外的运动员替补，但两队不能离开场地而应继续比赛。

B．如果守门员受伤或得病时，他应立刻准备重新开始比赛，或立刻被替补守门员替换，裁判员不能因他受伤或得病而浪费时间来等待他恢复比赛。替补守门员没有准备活动时间。

C．替补守门员应遵守对守门员的所有规定并享有守门员的特权。

D．当对正式的守门员进行替换后，这名正式的守门员在此后的第一次比赛停止前不得再进场比赛。

E．当运动员因受伤不能继续比赛也不能回到运动员席时，在该队得到控制球权以前，比赛不能停止。如果该队在他受伤时就控制球，除非该队有良好的得分的机会，否则比赛应立刻停止。

F．运动员（守门员除外）受伤明显很严重导致比赛停止，他在恢复比赛的争球以前不得再参加比赛。

注：运动员明显地受重伤时裁判员可以立即停止比赛而不管谁在控制球。

5.5.7 球必须保持运动

A．在所有时间里球必须保持运动。

B．在没有对方阻截的情况下，控制球队在自己的守区球门后一旦运球后就必须向对方球门方向前进。除非该队场上人数缺少。

C．第一次违反这个规定，应停止比赛，在犯规队球门附近的争球点争球，并警告犯规队队长或副队长或该队。在同一半场中同一队第二次违反这个规定，应判该犯规运动员以小罚。

D．运动员在没有受到对方挤贴时，故意将球向界墙挤住，应判小罚。

E．违反这个规定，应在距该犯规队球门最近的争球点争球。

5.5.8 踢球

在任何区域内均可踢球，但攻队运动员踢球入门应判无效。

5.5.9 球出界或无法比赛

A．当球飞出场地端线或边线界墙，或球打中赛场上面（除界墙、防护玻璃或防护网以外）的障碍物时，应在球被射或被弹的地点争球，除非规则另有规定。

B．当球困在球门网外侧而无法比赛时，或双方运动员故意挤住球，或其他原因无法比赛时，裁判员应停止比赛并在邻近的争球点争球。如果裁判员认为比赛停止是由攻队运动员造成的，应在攻队球门邻近的争球点或中线争球点争球。

注：包括攻队运动员在没有对方运动员干扰的情况下把球射到守队球门网后面造成的比赛停止。

C．守队或攻队可以在三秒钟之内把球打离球门网而继续比赛，如果球在球门网上超过三秒钟，应停止比赛，在最近的争球点争球，如果是攻队造成的，在中圈争球点争球。

D．如果球掉到界墙上边，可以用手或球杆打下来继续比赛。

5.5.10 看不见球或非法球

A．因运动员争夺球或运动员意外地摔倒在球上，裁判员看不见球时，应立刻停止比赛，在距比赛停止地点最近的争球点争球（除6.4.18 B外）。

B．在比赛进行中场上出现两个球时，可用合法的球比赛到控制球一方完成比赛。如果裁判员认为合法的球受到了干扰，应立刻停止比赛。

5.5.11 射中和协助

A．攻队运动员用球杆将球射进两球门柱之间、横梁以下，并完全越过球门线，即为射中球门。

B．将球合法地射入对方门内的得分者，应记入记录表。

C．当有运动员射中球门时，对给他传球导致进球的运动员应确定为协助者。

D．守队运动员以任何方式将球碰入球门，判为射中，攻队最后触球运动员为射中者，不判协助者。

E．攻队运动员射的球，触及同队运动员的任何部分弹入门内，判为射中球门，被球触及的运动员为射中者。

F．运动员将球合法地打入对方球门区时，这个球应是自由的，可以被另外的攻队运动员获得，由此而射中球门应为合法。

G．如果球被踢入、扔入或其他用球杆以外的任何部位和物品故意导入门内，不算射中。

H．如果攻队运动员踢球从任何运动员身上弹入门内，进球无效。

I．球碰到裁判员身上直接弹入门内，不算射中。

J．攻队队员用球杆击球点高于球门横梁击球入门，进球无效。如果守队队员这样击球入自己门，进球有效。

K．当守门员在球门区内时，运动员对其冲撞和进行身体接触，根据裁判员的判断，干扰了守门员的正常防守，那么在接触之前或之后的进球都判无效，并对该运动员判大罚加严重违例。

L．任何规则规定以外的进球都无效。

6. 处罚

6.1 处罚的定义

6.1.1 处罚的类别

* 小罚
* 队小罚
* 大罚
* 违例
* 严重违例
* 停赛
* 罚点球

6.1.2 小罚

A．运动员（守门员除外）受到小罚时，应离场受罚2分钟。在这个时间内不允许替补。双方同时犯规时除外（规则6.2.3）。

B．守门员犯规受小罚，不到受罚席去，而由一名犯规时在场上的运动员代替他去受罚。这名运动员由犯规队的领队或教练通过场上队长指定并不得改变。

C．如果受伤的运动员被判一个小罚，受罚队应派一名替补运动员到受罚席去代替受罚。代替受罚的运动员必须是从受罚席上进入比赛，违反此规定应判队小罚。因受伤而由其他运动员代替他受罚的运动员，在他受罚期满前他不能参加比赛。

D．“队小罚”是指受罚队的一名运动员应离场受罚2分钟。如果可以识别造成犯规的运动员，由该队员受罚，如果不能识别造成犯规的运动员，受罚队的领队或教练可通过场上队长指定队内任何一名犯规时在场上的运动员去受罚。

6.1.3 大罚

A．任何运动员，包括守门员，受到大罚处罚时，应退场到更衣室，所受的5分钟大罚由其他替补队员代替他受罚。

B．任何队员或守门员被判大罚时还应被判一个严重违例。

C．当双方运动员在同一次比赛停止同时各被判同样时间的处罚（包括大罚和取消比赛资格）时，双方同样数目的替补运动员即进场代替他们比赛。这种处罚不属于暂缓处罚的范围。

D．当双方同时犯规被判大罚和取消比赛资格立即替补的规定适用时，但又有被判时间不同的处罚时，引起总受罚时间不同的处罚应由受罚运动员按正常方式并首先受罚，引起总受罚时间不同的处罚应执行6.1.2小罚和6.2.2暂缓处罚的规定。任何代替引起总受罚时间不同的处罚而去受罚的人，必须是犯规当时在场上的运动员。

6.1.4 违例

A．运动员（守门员除外）受到违例处罚时，应离场受罚10分钟，但允许另有运动员立即上场替补。受违例处罚结束的运动员，须在受罚席等到比赛停止时再上场。

B．守门员受到违例处罚时，由犯规当时在场上的其他同伴代替他去受罚，这名运动员由该队领队或教练通过场上队长去指定。

C．一名运动员同时被判一个小罚和一个违例处罚时，受罚队应立即派一名替补运动员到受罚席受小罚，并不得改变。违例处罚将从小罚结束时开始。

6.1.5 严重违例

A．受“严重违例”处罚的运动员，将被停止参加该场剩余时间的比赛，并离开退场到更衣室，但允许另有运动员立即替补。对他的处罚要报告给中国轮滑协会以便采取进一步的处罚（见8.2 A款）。如果对该犯规运动员还有其他时间处罚的话，该队领队或教练通过场上队长去指定一名犯规当时在场上的其他同伴代替他去受时间的处罚。

B．守门员犯规受严重违例处罚，由该队的一名运动员或替补守门员上场代替他比赛。如果是运动员应允许其10分钟时间穿戴全部守门员的装备。

C．受严重违例处罚的运动员，无论何时被判罚，在记录表上都要给该运动员记10分钟。

注：对严重违例犯规的跟踪处理由赛会组委会负责，中国轮滑协会批准。

6.1.6 取消比赛资格

A．受取消比赛资格处罚的运动员不准在比赛的剩余时间里参赛，应立即退场至更衣室。该队应立即派一名运动员到受罚席代替受罚5分钟。不管对方射中球门与否，该处罚不能自动解除（该犯规应记录在犯规队员名下）。

B．守门员犯规受取消比赛资格处罚，由该队的一名运动员或替补守门员上场代替他比赛。如果是运动员应允许其穿戴全部守门员的装备，可给10分钟时间穿戴守门员装备。但根据各单独条款所判的处罚仍要执行，包括取消比赛资格。这些处罚由犯规队的领队或教练通过场上队长指定一名犯规当时在场上的运动员去代替他受罚。

C．对所有取消比赛资格的处罚，不论何时被判罚，或按规定增加的处罚，对每个犯规运动员应记录5分钟。

6.1.7 附加处罚

A．任何队员或守门员在同一场比赛中第三次被判罚，应再增判一个违例的处罚。小罚、双方同时犯规的处罚，以及被缓判因被射中球门而取消的处罚都包括在内。

注：该运动员将应由一名替补运动员为他受小罚，而他本人要受全部12分钟的处罚。

B．任何受到附加违例处罚的队员在该场比赛又受到处罚时，应受到开除该场比赛的处罚。

C．任何运动员在一场比赛中第三次被判杆上犯规，对该运动员还应加判开除该场比赛的处罚，使其被罚退出该场比赛。一名替补运动员将替他受被判的处罚。杆上犯规包括：用杆击打、高杆、横杆推阻、杆柄杵人、杆刃刺人。

注：开除该场比赛的处罚是该犯规队员退场到更衣室，不能参加该场剩余时间的比赛。由同队其他队员代替他到受罚席受第三次被判的处罚。

D．任何队员或守门员在一场比赛中受到第二次违例处罚时，还应对他加判严重违例的处罚。

6.1.8 罚点球

A．遇有犯规判罚点球时，要按下列方式进行：

注：判罚点球的5项条件是：

被犯规的队员必须控制球

运球越过中线

除守门员外没有其他对方队员需要越过

必须是被从背后的犯规所影响

失去了合理的得分机会

● 除了执行罚球的运动员以外，罚点球时其他运动员要全部回到运动员席。

● 在判罚点球时，受罚队的守门员已下场由另一名运动员替补，可允许其在罚点球之前回到场上。

● 裁判员应通知宣告员宣布由裁判员指定的或罚球队选派的执行罚点球运动员的姓名。

● 当判罚点球是根据非法加入比赛、投扔球杆、从背后犯规时，裁判员应指定由被犯规涉及的运动员执行罚球。当判罚点球是根据球门区内压球、从球门区内拿起球时，应由非犯规队队长从犯规当时在场上的运动员中选派一名运动员执行罚球。

● 如果由于受伤的原因被裁判员指定的运动员在合理的时间内不能执行罚球时，应由该队队长从犯规当时在场上的运动员中选派一名运动员执行罚球。

● 这个由该队队长选择的运动员应报告给裁判员并不得改变。

● 如果判罚点球被犯规涉及运动员也犯规了，他应先执行罚球而后去受罚。

● 裁判员将球放在中心开球点上，罚球运动员根据裁判员的哨音开始去攻对方的球门。

● 守门员在裁判员吹响哨前必须留在球门区内。罚球运动员控制球后必须保持球向对方球门线方向前进，并一次射门结束罚球。如果守门员在罚球运动员触球前离开球门区，而该队员又没有罚中球门，应让该运动员重新罚球。

● 任何性质的反弹回的球再射门都无效，球一旦越过球门线罚球就算结束。守门员可以用任何方式阻止射门，但不得投扔球杆或其他物件，违者判射中一球。

● 在裁判员鸣哨前或未经裁判员允许，运动员不能提前接触球，否则取消本次罚点球机会。

注：球从守门员身上反弹入门，进球有效。

B. 如果罚球时对方运动员（守门员除外）对罚球运动员进行干扰，不管进球与否都判射中一球。罚点球所占的时间不包括在规定的比赛时间或决胜局的时间内。

C. 罚点球射中球门时，应在开球点上争球，未射中球门时，应在罚球区域内的端区争球点上争球。

D. 如果招致判罚点球的犯规只够判小罚，则不管罚球射中与否，小罚免予处罚。

E．如果这个招致判罚点球的犯规达到判大罚或取消比赛资格的程度，这样的处罚仍应执行。

F．如果裁判员示意犯规缓判时比赛结束，但造成判罚点球的犯规是发生在实际比赛时间内，应照常判罚点球并立即执行。

G．任何招致罚点球的犯规，其犯规信息应填写在记录表上，包括处罚时间、运动员姓名和号码及犯规类型（如绊人、用杆击打、抱人等）。

6.2 处罚管理

6.2.1 处罚情况的管理

A．当某队场上人数只剩3人（包括守门员）时，此时再对该队的处罚不应使其人数再减少，这时的处罚就变为暂缓处罚。

B．当某队由于一个或一个以上小罚或队小罚而引起“人数缺少”时，对方射中球门，则上述那些处罚中第一个受罚运动员应自动结束受罚。

注：“人数缺少”是指该队在被射中球门时，在场上的运动员数目少于对方的数目。自动结束受罚的运动员应是引起“人数缺少”的那一个（第一个）。双方犯规同时被判的小罚没有引起哪一方“人数缺少”，尽管运动员席内各有受罚运动员，但场上人数没有受到影响，因此，对双方同时犯规所判的处罚时间不会因有射中球门而缩短。这条规定也适用于罚点球得分时。

C．当某运动员同时受一个大罚和一个小罚时，应先受大罚，除非根据规则6.2.2的规定小罚应先受罚。

注：这也适用于同一名运动员受两个处罚（见6.2.2C款的注）。

6.2.2 暂缓处罚

A．如果某队已有两名运动员正在受罚，又有第三名运动员被判罚，他的受罚时间要在前两名受罚运动员之一的受罚时间结束时开始计算。但第三个运动员一经被判罚，他应立刻到受罚席去，在他的受罚时间开始之前可由另一名运动员替补他上场比赛。

B．某队同时有三名运动员在受罚席受罚，根据暂缓处罚的规定，有一名运动员替补第三名犯规运动员上场时，在比赛停止前，谁也不能返回场内。如果比赛停止了，受罚期满的运动员都可以返回场。然而，由于受罚结束，该队已有权在场上超过四名运动员时，记罚计时员可以允许其按照受罚结束的顺序返回场内。

C．在出现暂缓处罚时，裁判员应提醒记罚计时员，受罚运动员受罚结束只有在比赛停止时才能让其上场。若同一队的两名受罚运动员受罚时间同时结束，队长应向裁判员指定哪一名先进场，裁判员应通知记罚计时员。当同队的两个运动员同时被判犯规，一个是大罚，一个是小罚，记罚计时员应将小罚作为第一个处罚记录。

注：这也适用于两个处罚判给同队的不同的运动员。

D．某队已经场上人数缺少，裁判员又对该队进行犯规缓判，此时对方射中球门，原来引起人数缺少的受罚运动员应自动结束受罚，对现在缓判的运动员应正常判罚，场上仍人数缺少。

6.2.3 同时同等犯规判罚

A．同时同等犯规判罚（大罚或小罚）指不会造成双方人数缺少的判罚（如4打4，3打3），当双方同时受到同样时长的处罚时会发生这种情况。当他们被判罚，这些受罚运动员就应到受罚席去，双方队可以对这些运动员立即替补。

B．这些受罚运动员应罚满他们的全部受罚时间，并坐到他们受罚时间结束后的第一次比赛停止。

C．如果某队在此前已有一名运动员受罚，那么这些双方同时犯规的处罚不改变场上的人数。

6.3 处罚的判定

A．控制球队运动员犯规应判小罚、大罚或取消比赛资格时应立即停止比赛，处罚犯规运动员。争球应在犯规队守区的争球点。

B．非控制球队运动员犯规应判小罚、大罚、违例或取消比赛资格时，裁判员应举起右臂表示暂缓判罚，待控制球队完成比赛或失掉球权，裁判员吹哨立即停止比赛，处罚犯规运动员。争球应在犯规队守区的争球点。

C．如果缓判的是小罚，非犯规队射中球门，这个小罚将不予处罚，但大罚和取消比赛资格仍按正常方式处罚，而不管射中球门与否（处罚应由记录员记录）。

注：这款中的“控制球队完成比赛”是指球必须被对方运动员或守门员控制或掌握，或者球被双方挤住，而不是指球从守门员处、球门或界墙弹离，或偶然接触了对方运动员的身体或装备。

D．如果裁判员已示意缓判，在他鸣哨前，非犯规队由于自己运动员的动作使球进入自己的球门，则进球有效，裁判员表示缓判的犯规照常处罚。

E．某队由于一个或几个小罚、队小罚而人数缺少，裁判员又对该队示意小罚的缓判，在他鸣哨前非犯规队射中球门，缓判的小罚应处罚，但正在受罚的小罚中的第一个应自动结束受罚（6.2.1 B）。

F．无论在裁判员鸣哨之前或之后，该犯规运动员在同一次比赛中再次犯规，他应连续受所有这些犯规的处罚。如果某运动员被缓判一个小罚，此时本队没有其他队员受小罚或双重小罚，但在裁判员吹哨前对方射中球门，该小罚将不予处罚，但这个犯规应记录在该运动员的犯规总数里。如果缓判的是大罚，应正常处罚。

6.4 处罚的执行

6.4.1 常规

A．任何队员或守门员在比赛进行或停止时犯规，都应像在比赛进行中一样对其进行处罚。

B．除非受罚时间结束，或半场或全场比赛结束，受罚运动员不能离开受罚席，也不能因任何其他原因离开受罚席。加时赛是比赛的一部分，任何受罚时间未结束的运动员必须继续受罚。所有受罚运动员必须在受罚席内坐到他们的受罚时间结束。

C．当受罚运动员的受罚时间结束，或因该队被射中球门而结束受罚，在被替补前该队员必须先回到场上去。

D．当双方同样数目的运动员同时同等犯规各被判同样数目的小罚时，这些受罚运动员应在受罚席坐到他们受罚时间结束后的第一次比赛停止。当他们一旦被判罚，双方同样数目的替补运动员即进场代替他们比赛。这种处罚不属于暂缓处罚的范围（6.3）。

E．当双方各有一名队员同时同等受到相同时间处罚（如小罚、队小罚），这些受罚运动员应在受罚席坐到他们受罚时间结束后的第一次比赛停止。当他们一旦被判罚，双方各有一名替补运动员立即进场代替他们比赛。这种处罚不属于暂缓处罚的范围（6.2.2或6.1.4）。

6.4.2 抗议

A．对处罚的抱怨不属于“规则解释”的问题，任何队长、副队长和其他运动员对判罚进行抱怨的行为应被判违例。

B．任何队长、副队长或运动员离开运动员席来抗议或以任何目的来干涉裁判员的行为必须判违例。

6.4.3 非法装备

A．队员，包括守门员在比赛中使用不符合规则3.2.2规定的球杆应被判小罚。

B．任何队员穿着不符合规则3.2.3规定的轮滑鞋上场比赛，应被判小罚。在他没有更换或修理轮滑鞋使其符合规定前不得再上场参加比赛。

C．任何队员穿戴不符合规则3.2.4规定的护具参加比赛应被判小罚。

D．守门员使用或穿戴非法装备应被判小罚。

E．比赛进行中守门员的头盔脱落，裁判员应立刻停止比赛，不予处罚，除非裁判员认为守门员是故意使头盔脱落以造成比赛停止，这种情况在不构成判罚点球的条件下应对其判小罚。守门员的其他装备脱落时不应停止比赛。

F．当裁判员对使用不符合规则3.2.7规定有关保护装备的运动员一次警告之后，再犯时应对其判小罚。

6.4.4 争球

A．对在争球时做引起双方身体接触的动作的队员应判小罚。

B．对某队在同一次争球中第二次违反规则5.5.1款规定的队员应按延误比赛判小罚。

6.4.5 整理服装和装备

对违反规则5.5.3款规定调整服装和装备的队员应按延误比赛判小罚。

注：如果运动员在比赛进行中头盔掉了，他必须马上拾起头盔戴好系牢，或者立刻回到队员席被替换。如果他参加了比赛，应立刻停止比赛，判该队员小罚。

然而，得到裁判员允许的守门员可以整理或修理服装、装备、鞋和滑轮。在得到裁判员允许时，守门员还可以更换他的面罩，但不允许用时间来修理或固定面罩。

6.4.6 运动员的替换

A．对违反规则5.5.4款中任何规定的队员应判队小罚，由该犯规的队员去受罚。

B．在换人的过程中，无论进场的运动员还是离场的运动员故意用球杆、轮滑鞋、手触碰球，或与对方运动员进行身体接触，而将要离场或进场的运动员实际还在场地内时，应按“场上多人”判队小罚。然而，如果进场或离场的运动员是意外被球打中，不应对其判罚，比赛也不应停止。

C．如果在比赛的最后2分钟或加时赛中，守队有意进行非法替换（场上多人），应由非犯规队罚点球，而不执行队小罚。

6.4.7 守门员犯规的处罚

A．守门员以任何方式完全越过中线参加了比赛，应判小罚（除守门员替换情况外）。

B．当守门员的身体完全离开了守门员的特权区域，或球在球门线后时守门员的身体完全离开了球门区，故意摔倒压球，握球，将球抓或搂向身体，或将球向界墙挤住，应对其判小罚。

C．当没有对方队员在附近时，守门员用手握球超过3秒钟，应被判小罚。

D．守门员不能以任何方式故意握球使裁判员认为其目的是造成比赛停止的行为，也不能故意将球放到护腿里或球门网上面，不能在球门前或其附近堆积障碍物等裁判员认为可以阻挡球入门的行为。

注：本款规定的目的是保持比赛顺利进行，守门员的任何行为造成比赛不必要的停止，不必警告，必须判罚。

守门员向前方投扔球被对方运动员获得，裁判员应允许比赛继续进行。如果是被同队队员获得，应停止比赛进行争球。允许守门员用手给自己的同伴传球，但必须是向自己特权区域的外面（两侧）或球门侧面球门线以后。

E．守门员故意将球放到球门网上面造成比赛停止，应被判小罚。

F．当守门员离开了他的球门区附近参加了争执，应判严重违例。

注：对守门员的处罚，无论由谁代替他受罚或谁替换他，在记录表上都记在守门员名下。

6.4.8 移动球门

A．运动员（包括守门员）故意将球门移动离开它的正常位置，应按延误比赛判小罚。

B．如果上款的情况出现在全场比赛的最后2分钟或加时赛，应判罚点球。

6.4.9 侮辱比赛工作人员和其他不良行为

A．根据裁判员的判断，对侮辱比赛工作人员和其他不良行为的运动员可以判小罚或违例。

注：执行这条规则的时候，在许多情况下，裁判员对判“小罚”、“违例”或“队小罚”可予以选择。原则上对出现在靠近运动员席或运动员席中脱离了比赛的运动员身上，影响了没参加比赛的人或运动员的这类犯规，应判“队小罚”。

对在场上的运动员可判小罚或违例。对在场上的队员或受罚席里受罚的队员，容易确定是谁犯规的，应对其判“违例”。

B．对在裁判员到达捡球地点时故意将球击开的运动员，应判严重违例。

C．对无论何时用球杆或其他装备猛敲界墙或球门的运动员判违例。

D．运动员受罚后不立即前往受罚席应被判违例。一名运动员卷入打架或吵架被拆散并被罚时，没有立即去受罚席，或坚持及企图继续打架或吵架，或反抗裁判员执行他们的职责，应判严重违例。

E．经裁判员一次警告后，任何坚持错误（包括用威胁、辱骂的语言或手势或类似的动作）、企图激怒对方使其犯规而受罚的行为的运动员应判严重违例。

F．任何代表队领队、教练、训练员以及相关人员发生无论何种类型的不良行为犯规，应判将其从比赛场馆中驱逐出去，他的行为应报告给中国轮滑协会。

G．如果任何领队、教练或训练员被裁判员命令离开运动员席，他也不能坐在他的运动员席附近，不得以任何方式指导或企图指导他的队的比赛。

H．如果某队的运动员对任何人或任何裁判员使用肮脏的、不尊敬的以及骂人的语言，应判违例。

I．比赛进行或停止时，任何运动员、领队、教练或训练员在运动员席或受罚席及附近向场内投扔任何东西，应判严重违例。

J. 任何运动员、领队、教练或训练员以任何方式干扰比赛工作人员，包括裁判员、计时员或监门员执行其工作职责时，应判严重违例。

注：根据这条规则裁判员如果认为有正当理由，可对其进一步处罚。

K. 当裁判员在进行报告或与比赛工作人员，包括计时员、记罚计时员、记录员或宣告员商讨事情时，任何运动员进入裁判区应判违例，但如果他是为了到受罚席去受罚时除外。

L. 任何队员或队的官员对裁判员的判定进行争论或有不符合运动员道德的行为，应对其判小罚或队小罚。对坚持争论的队员或守门员应判违例，对更进一步争论的队员或守门员应判严重违例。如果队的官员在被判小罚或队小罚后坚持争论，应判严重违例。裁判员在判违例或严重违例之前不是必须先判小罚，但他可以在最初时判这些处罚中的任何一种。

注：如果已经因不良行为被判罚的队员坚持他的行为，应判特别严重违反纪律，以扰乱比赛秩序或把比赛带入争吵判罚。

6.4.10 企图伤人

运动员以任何方式企图伤害对方运动员、裁判员、领队、教练或训练员，应判取消比赛资格，并将情况报告给中国轮滑协会以便进一步处理。受罚运动员在五分钟以后允许被替补。

6.4.11 球杆折断

A. 运动员或守门员球杆损坏后，立即丢下坏杆可以参加比赛，违者应判小罚。

B. 运动员或守门员球杆折断不能接受从球场任何处投扔到场地上的球杆，而必须是从他的运动员席处取得球杆。根据本条规则非法取得球杆的运动员或守门员将被判小罚。对向场地内投扔球杆的运动员应判小罚加严重违例。如果不能确认是哪个运动员，应对该队判队小罚。

C. 守门员也不能使用坏杆继续比赛。

注：坏杆是指裁判员认为不适合在正常比赛中使用的球杆。

6.4.12 非法冲撞

A．运动员助跑或跳起冲撞对方或袭击对方，根据裁判员的判断，可判小罚或大罚加严重违例。

B．当守门员在球门区内时，运动员对其冲撞应判大罚加严重违例。根据裁判员的判断，如果冲撞的运动员是对正常防守的守门员进行身体接触和干扰，那么在接触之前或之后的进球都判无效。

注：当守门员在球门区外时，对方运动员对其进行不必要的接触，应按干扰或非法冲撞判罚（小罚或大罚加严重违例）。

6.4.13 向界墙撞人

运动员用身体冲撞、横杆推阻、肘顶、非法冲撞或绊的方法使对方猛烈摔到界墙上，应判小罚或者裁判员视其猛烈程度判大罚加严重违例。

注：对运球的运动员做不必要的接触使其被摔到界墙上应按“向界墙撞人”判罚，对没有接触到界墙的情况应按“非法冲撞”判罚。

使沿界墙运球、努力从非常狭小的空当中通过的运动员“翻车”，不算向界墙撞人，但如果对方不是运球者则被认为是向界墙撞人、非法冲撞或干扰犯规，如果是用臂或球杆造成的应按抱人、勾人处罚。

6.4.14 横杆推阻

A．运动员用横杆推阻对方，应判小罚，或者根据裁判员的判断，可判大罚加严重违例。

B．运动员用横杆推阻对方在球门区内的守门员应判大罚加严重违例。

C．运动员用横杆推阻使对方受伤，应判大罚加严重违例。

注：“横杆推阻”是指用双手握全部离开地面的球杆做推阻动作。

6.4.15 故意伤害对方

A．运动员以任何方式故意伤害对方应判取消比赛资格。

B．从判取消比赛资格时开始，经过5分钟的比赛时间后方可对被判罚的运动员进行替补。

C．运动员踢或企图踢对方运动员身体的任何部分或轮滑鞋，应判取消比赛资格。

注：所有这些情况应报告给中国轮滑协会。

6.4.16 延误比赛

A．不允许运动员或守门员用故意射或打球出界的方式延误比赛。对将球扔出界外的运动员或守门员，裁判员应立即判小罚而不必经过警告。

B．当裁判员警告队长或副队长，要求他们纠正场上人数和开始比赛，而他们没有执行裁判员的要求，并以增加替补运动员或任何其他方式延误比赛，应判该队小罚。

6.4.17 肘顶人和膝顶人

A．对用肘或膝顶对方的运动员，应判小罚，或者根据裁判员的判断，可判大罚加严重违例。

B．对用肘或膝顶人致使对方受伤的运动员，应判大罚加严重违例。

6.4.18 摔倒压球

A．运动员（守门员除外）故意摔倒在球上或把球搂住，应判小罚。

注：如果由于防守运动员跪下阻挡射球而球射到他的下面，或打进他的服装或装备里，不应处罚。但是任何用手使球无法比赛时，应立刻判罚。

B．球在球门区内时，守队运动员（守门员除外）不得摔倒在球上或抱球，或把球搂住、握住。违反了这个规则，比赛应立刻停止，并判罚点球。如果此时守门员因被替换而不在场上，不应判罚点球，而是直接判射中得分。

6.4.19 打架

A．打架的定义是运动员用拳击打对方并实际接触了对方。

注：推、搡、抓、拽是可以判罚的犯规，但根据这个定义可以不认为是打架。

B．对首先开始打架的运动员判大罚加严重违例。

C．被打的运动员还击或企图还击应判小罚，如果这些运动员继续进行打架，裁判员可视情况判大罚或双重小罚。

注：这条规则给裁判员提供了很宽的处罚范围，使他能对程度明显不同的参加者的处罚有所区别，无论在斗殴中是开始的还是继续斗殴的，裁判员对上述权力应确切执行。

裁判员应利用规则的每一条款去制止吵架，并执行6.4.9款来达成此目的，但双方同时被判大罚时除外。

D．对参与离开比赛场地的打架或与场外的运动员打架者，应判严重违例。

E．对第一名介入打架的场上运动员或守门员应判严重违例。

注：运用6.4.19E时必须得有一名队员被判大罚加严重违例。

F．对故意摘掉头盔去参与打架，在其应判的处罚外再加判特别严重违例。

注：如果被判该处罚的运动员所在的队下一场轮空，这个处罚可以延至该队的下下场比赛执行。

受罚队应派一名运动员到受罚席，该队应场上人数缺少一个大罚的时间。

G．参与打架的运动员如果手上戴戒指或缠了胶带，以获得优势或致对方受伤，应判取消比赛资格。

H．任何运动员因打架被判大罚加严重违例，将自动被取消他该场比赛的剩余时间和参加该队下一场比赛的资格，除非规则另有规定。

注：全国锦标赛、联赛决赛期间，某队一名队员在比赛中首先在赛场上

动手打人，裁判要马上阻止他们打架，对首先打架的队员判取消比赛资格。在上述情况下，被打的对方队员，在试图克制或被裁判警告后，仍坚持报复打了对方队员，他也将受到取消比赛判罚。一个被打了的人为了自卫保护自己，都不还手去打对方是不现实的，这根据轮滑球竞赛规则6.4.19B执行。如果首先打架的队员在打架前的报复行为构成一个犯规，裁判员应立即判罚，无论这个犯规是大罚还是小罚，都不能作为引起打架的原因。

在全国锦标赛、联赛最后一场比赛中一名队员因打架被判取消比赛资格无论这个队最后积分排名位置如何，在这些情况被调查后受到影响的队伍将被通知该运动员因为他的严重违纪行为被停赛一年，该运动员不得以任何身份参加中国轮滑协会主办的各类赛事，同时，他可能受到进一步的追加处罚。

6.4.20 用手运球

A．运动员（守门员除外）故意合闭手或手套握球，应停止比赛并判小罚。

B．任何运动员（守门员除外）在比赛进行中用手拿起地面上的球，应判小罚。

C．允许运动员用张开的手停或击腾空球，或用手沿地面推球，比赛可不停止，除非根据裁判员的判断他是故意将球倒给同队的运动员，这种情况下应停止比赛，在犯规地点争球。

D．允许守门员用手向场地的侧面传或滚球，但不允许向对方的球门方向传、扔、滚球。守门员可以按照附图标注的区域给自己的队员用手传球，裁判员不应判手传球停止比赛。

E．队员在攻区内手传球，应在中心争球点争球。在守区内手传球，应在传球起点一侧的端区争球点争球。

注：这款规定也是为了保证比赛的连续性，裁判员不应停止比赛，除非他认为导球给同队运动员是故意的。不得用手击球直接或间接入门，只要最后打球是用手，无论是从哪弹入门内都无效。唯一的例外是用手打球的人如果是

守队队员，球入门内应判有效。

6.4.21 高杆

A．禁止运动员将球杆刃举过肩部的正常高度。

B．不准举杆过肩击腾空球，发生这种情况时应鸣哨，在犯规地点争球，但下列情况除外：

a．守队运动员这样击球后球为对方获得，比赛应继续进行；

b．守队运动员这样击球入自己的球门，应判进球有效。

C．如果挥舞高于肩部的球杆打靠近对方运动员的球时，应按高杆判小罚。

例外：对这款规定例外的情况：当运动员在头上将球杆从一手换到另一手时，可以击球，但以对其他运动员没有危险为条件。

注：在大力击球动作的开始和结束时球杆刃可以高于肩的高度。

判高杆处罚时不必是接触着对方才判，但必须是对方运动员距离非常近时才能判。

D．如果运动员将球杆刃举过对方肩部的正常高度时与对方接触或恫吓对方，应判小罚，或者根据裁判员的判断，也可判大罚加严重违例。如果造成对方受伤，应判大罚加严重违例。

E．如果运动员握杆的任何部分高于肩部，伤及了对方运动员的头或脸部，应判大罚加严重违例。

F．场上人数多于对方的队的运动员举杆过肩击球而使比赛停止，争球应在犯规队守区争球点进行。

6.4.22 抱人

A．用手、腿、脚或球杆，或任何其他方式抱对方运动员，应判小罚，或者根据裁判员的判断，可判大罚加严重违例。

B．抱人动作的后果致使对方受伤，应判大罚加严重违例。

6.4.23 钩人

A．用球杆的无论哪端钩人，阻碍或试图阻碍对方运动员前进，应判小罚，或者根据裁判员的判断，可判大罚加严重违例。

B．由于钩人致使对方受伤的运动员应判大罚加严重违例。

注：当运动员阻截其他人时，只是球杆对球杆的接触，这样的动作不算是钩人或抱人，他可以将对方的球杆压转下来。

6.4.24 干扰

A．对干扰或阻碍对方非控制球运动员的前进，或有意打落对方手中的球杆，或阻碍对方拾起球杆，或向对方运球者打、射任何掉落的或折断的球杆、非法的球或其他物件，使其分散注意力的运动员应判小罚，或者根据裁判员的判断，可判大罚加严重违例。

注：最后触球的运动员（守门员除外）应被认为是控制球的运动员。在执行本规则时，裁判员应确定干扰的引起者——经常是攻队运动员的动作引起干扰，因为守队运动员有权防守他的区域或紧逼进攻运动员。不允许控制球的一方为掩护带球运动员而有意阻扰对方。

B．比赛进行中如果运动员席或受罚席上的运动员用球杆或身体干扰球或运动员，应判小罚加严重违例。

C．除了球已在球门区内时以外，任何运动员用身体或球杆与对方球门区内的守门员发生直接接触，干扰或妨碍了守门员的行动，应判小罚。

D．球不在球门区内时，不允许攻队运动员站在球门区线上或球门区内，或将球杆放在球门区内，若出现这种情况时射中球门应判无效，在中心争球点争球。

E．正当进攻运动员由于受守队运动员的身体干扰而在球门区内时，此时射中球门应判有效。

F．如果当某队守门员离场时，该队任何非法上场的人，包括领队、教练或训练员，用身体或球杆或其他物件对球或对方运动员进行干扰，裁判员应立刻判非犯规队射中得分。

注：对非控制球的运动员进行不必要的接触都应按干扰处罚。裁判员应特别注意以下三种类型应判为干扰的犯规：

a．守队在自己的端区控制球时，该队其他运动员排列阻截干扰对方来抢球的人以掩护运球运动员。

b．争球运动员争球后，在对方运动员没控制球时对其进行干扰。

c．运球运动员在留传后，用身体接触对方进行干扰。

注：所有攻方和守方运动员都企图和可以在门前占据位置，由此而发生偶然的接触不应认为是干扰或不必要的粗暴。然而，如果某运动员跑向并接触了对方，或使用身体冲撞，裁判员根据判断，可对其按干扰、非法冲撞或不必要的粗暴判小罚。

6.4.25 观众干扰

如果观众将运动员抱住或干扰了运动员，裁判员应吹哨停止比赛，如受干扰的队正在控制球，应允许该队完成比赛后吹哨。争球应在比赛停止地点进行。

注：运动员与观众吵架，无论当时对其处罚与否，裁判员应向主办单位报告情况以便给予可能的纪律制裁。如果观众向场上投扔物件而干扰了比赛，裁判员应停止比赛，并在比赛停止的地点争球。

6.4.26 背后冲撞

A．运动员在场地的任何地方从背后推、身体冲撞或打击对方运动员，应判大罚加严重违例。

B．运动员从对方运动员背后用高杆、横杆推阻、身体冲撞、打击或推等任何方式，使对方运动员摔到界墙或球门上，使该运动员无法保护或防护自己，对此应判取消比赛资格。

注：当运动员受到从背后以任何方式来的冲撞时，裁判员不能以其他处罚来代替此条规定的处罚，这条规则必须严格地得到执行。

6.4.27 离开运动员席或受罚席

A．除非每局结束或受罚时间结束，任何运动员不得离开受罚席。

B．不论比赛是停止还是进行，运动员在他的受罚期满之前离开受罚席，应加判小罚，在原受罚期满后立刻执行。

C．如果受罚运动员在他受罚期满前离开受罚席，记罚计时员应记下时间并在下次比赛停止时通知裁判员。运动员受罚未结束而回到场上是由于记罚计时员的错误时，不应对其判罚，他只需罚满未罚完的时间。

D．受罚运动员在受罚未结束前离开受罚席（不管是谁的错误），非法进入场地，当他在场上时该队射中球门，应判无效，对所有应判的处罚仍应执行。

E．任何时候运动员不得离开运动员席或受罚席去加入吵架。吵架之前替换运动员是允许的，但替换的运动员不得加入吵架。

F．对在场上吵架期间第一名离开队员席或受罚席的队员应判双重小罚加严重违例。

G．如果双方运动员同时离开队员席，应识别出两队各自的第一名离开的队员，判他们双重小罚。根据这条规则对任何离开队员席的运动员都可以判严重违例，再加上他们可能招致的其他处罚。

H．受罚运动员在比赛停止期间离开受罚席并加入吵架，应判小罚加严重违例，在原受罚期满后立刻执行。

I．如果有运动员从运动员席上非法加入比赛，在他在场上时该队射中球门应判无效，对所有应判的处罚仍应执行。

6.4.28 攻击工作人员

A．任何运动员触及或抱裁判员或比赛工作人员，或用手或球杆绊，或用身体冲撞裁判员或比赛工作人员，应判取消比赛资格。对此处罚可按规定进行替补。

B．任何领队、教练或训练员抱或打比赛工作人员，应判取消比赛资格。

6.4.29 猥亵性语言或手势

运动员、领队、教练、训练员如有下列行为应被判严重违例：

◆ 在场上或赛场的任何地方对任何人使用猥亵性语言或手势，包括丑化比赛和种族歧视的评论。

◆ 对裁判员的判决进行争论或表示不敬。

◆ 败坏比赛的声誉。

注：所有比赛工作人员和队的工作人员都有责任向中国轮滑协会送交报告，写明有关运动员、教练或其他队的官员使用猥亵性语言或手势的详细情况，中国轮滑协会应对其进行进一步的处罚。

6.4.30 用杆击打

A．运动员用球杆击打对方，以阻碍或企图阻碍对方运动员的行进，裁判员可视情况判小罚或大罚加严重违例。任何运动员追赶对方运球运动员时球杆与对方身体的接触将被认为是用球杆打人。

B．运动员用球杆击打对方致使对方受伤者，应判大罚加严重违例。

注：运动员向对方挥舞球杆（无论在距离之内还是之外），不管触及对方与否，或者运动员借口打球而乱舞球杆，以此恐吓对方，都应按“用球杆击打”处罚。

C．运动员在与另一名运动员吵架时挥舞球杆触及了对方，应判取消比赛资格。这将被认为是故意去伤害对方。

D．任何非控制球的运动员不能用球杆与对方守门员接触，否则即被认为是用杆击打犯规而被判罚。

注：除非规则另有规定外，裁判员应对违反本条规则的队员正常处罚，

并把违反这条规则的情况向中国轮滑协会报告。

6.4.31 杆刃刺人和杆柄杵人

A．运动员用杆刃刺人或企图用杆刃刺人，用杆柄杵人或企图用杆柄杵人，应判双重小罚。

B．用杆刃刺人或用杆柄杵人致使对方受伤者应判取消比赛资格。这应像6.4.15故意企图伤害对方一样对待。

注：杆刃刺人是指用一手或两手握杆，用杆刃的尖去刺对方。杆柄杵人是指用一手或两手握杆，用杆柄后端头去刺对方。“企图用杆刃刺人”包括所有做出来的刺人动作，不管实际接触对方与否。

6.4.32 投扔球杆

A．任何队员或非比赛人员，从队员席或受罚席向场上投扔球杆或其他物品，应判队小罚加严重违例。如果不能确定是哪个运动员，只对该队判队小罚。

B．任何场上运动员在任何区域里投扔球杆、球杆的损坏部分，或其他物品，应判大罚加严重违例，如果这个行为被判罚点球时除外。

C．如果对方的守门员已离场（例如被合法替换），攻队队员没有其他对方队员需越过时遭到投扔球杆或物品的干扰，失去对空门的得分机会时，应判射中一球。

注：如果运动员向场地边上扔打坏的球杆而又没有越过界墙，没有干扰比赛和对方运动员，不应判罚。裁判员应将运动员向场外投扔球杆或坏杆的事件向中国轮滑协会报告，以便采取纪律处罚。

6.4.33 绊人

A．用球杆、膝、足、臂、手或肘去绊对方运动员或使对方摔倒时，应判小罚，或者根据裁判员的判断，可判大罚加严重违例。

注：裁判员如确认某运动员是为了钩挡球而夺得了球时，因此绊倒了对

方运球运动员，应不予处罚。

B．用球杆、膝、足、臂、手或肘去绊对方运动员并使对方摔倒而受伤，应判大罚加严重违例。

6.4.34 粗暴

A．任何运动员有粗暴行为，应判小罚，或者根据裁判员的判断，可判大罚加严重违例。

B．如因粗暴犯规的结果使对方运动员受伤时，应判该粗暴运动员大罚加严重违例。

注：这不包括双方去追球而有身体接触的运动员，或挤压对方使其丢球，或接触了对方的头，只要是设法得球，可不认为是粗暴。然而，这不适用于那些非控制球的运动员使自己的身体抛向对方以此得球。

当对方运动员与控制球运动员有不必要的接触都应判为不必要的粗暴。

6.4.35 判罚点球和直接得分

A．攻队控制球的运动员正处在他与对方守门员之间没有阻碍者的情况下，受到对方非法加入比赛的运动员的干扰，应判罚点球。

B．如果对方守门员已离场，攻队运动员进攻没人防守的球门时被非法加入比赛的人干扰，应判直接得分。

C．如果对方守门员已离场，攻队控制球运动员没有对方运动员需越过，受到对方运动员投扔的球杆或坏杆的干扰，或受到从后边来的犯规的侵犯，阻碍了其对空门的射门，应判直接得分。

D．比赛进行中队员（守门员除外）将球门区内的球用手拿起来，应立刻停止比赛，判罚点球。

E．比赛进行中球在球门区内时，守队队员（守门员除外）摔倒在球上，握住球，或将球搂到身体下，应立刻停止比赛，判罚点球。

注：对这条规则的解释是当球在球门区内时判罚点球，当球在球门区外

时应判小罚。

F. 如果队员（包括守门员）故意移动球门以阻止对方突破队员的得分机会，或对方队员的理想得分机会时，对该队应判罚点球。如果此时守门员已被其他队员替换而不在场上，应判直接得分。

G. 球在守区时，守队的运动员，包括守门员，故意向球投扔球杆或坏杆或其他物件，应允许攻队完成比赛，如果攻队未射中球门，应判由非犯规队罚点球，由裁判员指定被犯规涉及的运动员执行罚球。

H. 控制球的运动员在攻区内，除守门员外没有其他运动员需越过时，因遭到从后面来的绊或其他侵犯而失去合适的射门机会，应判罚点球。在攻队没有失掉控制球以前不要停止比赛。

注：这款规定是为了恢复在攻区内由于背后犯规而失掉的合理得分机会。“控制球”是指用球杆运球。如果在运球过程中球被另一运动员或他的装备接触或打到球门柱上弹离，这个运动员不再被认为是控制球。

I. 如果守队守门员已下场（被合法替换下场），攻队控制球队员与球门之间没有防守运动员，受到绊或其他犯规而失掉打空门的机会时，应立刻停止比赛，判直接得分。

第四章　纪律、制裁和争议

7. 纪律

中国轮滑协会将通过事故报告得到有关锦标赛及相关赛事发生的纪律制裁情况。

交给中国轮滑协会的事故报告应是下列内容：

（a）中国轮滑协会应及时调查受到取消比赛资格处罚的运动员，并有全部权利给予进一步的处罚。

（b）受到取消比赛资格处罚的运动员应被取消锦标赛及相关赛事的余下比赛，或等待中国轮滑协会进行全部调查之后。中国轮滑协会有权利修改或调整取消比赛资格的期限。

8. 制裁

8.1 取消比赛

A．取消比赛应根据下列原因：

● 在比赛开始时（裁判员吹哨开始比赛）某队没有派4名运动员和1名守门员穿着全部服装和装备在场上。

● 某队队长递交了不能参加某场比赛的书面报告并被赛会监督接受同意。在这种情况下，对方队无须着装备和出现在赛场上，但仍算该队获胜。

● 在比赛进行中某队由于受伤或有病无法派4名运动员和1名守门员去继续比赛。

● 由于运动员受到处罚，该队不能在场上列出应有人数继续比赛。

● 当裁判员通知某队的领队、教练该队开始比赛时，该队没有在5分钟内回到场上开始比赛，应取消这场比赛，并将该事件向中国轮滑协会报告，以便给予进一步处理。

● 当两个队都在场上时，裁判员命令比赛开始，某队由于任何原因拒绝比赛，裁判员应警告队长，并限该队在15秒钟内开始或恢复比赛，如果15秒钟结束，该队仍拒绝比赛，裁判员应判该队一个队小罚，由领队或教练通过队长指定一名运动员受罚。如果同一事件重复继续，裁判员应宣布比赛取消，并将该事件向中国轮滑协会报告，以便给予进一步处理。

注：在这里拒绝开始比赛是非常严重的犯规。一般来说，我们的规则规定队伍应在2分钟之内恢复比赛，他们这样做了，也应该判教练一个大罚加严重违例。此外，如果拒绝比赛出现在全场最后2分钟或加时赛中，还应判罚点球。如果队伍没有在2分钟之内恢复比赛，或者第二次拒绝开始比赛，比赛应

立刻被取消。对队伍和教练的进一步处罚措施将在书面报告交给中国轮滑协会之后由中国轮滑协会决定。这也适用于那些被判退场而坚持不退场的运动员或队的官员，不只是针对全队因抗议而拒绝开始比赛的情况。

B．当出现取消比赛的情况后，得分及统计应按如下计算：

● 被取消比赛的队该场比赛得0分（负），对方队得3分（获该场比赛胜利），进球数判为1比0。被取消比赛资格的队（负队）如果可以继续参加循环赛时，将为该场比赛被处罚3分，将从该队在循环赛中的积分中减去3分。

● 胜队的队长被判射中一球（这个球不能算给其他人），不判协助者。

● 无论哪支球队的守门员都不统计被射、救球和失球数。

C．一支球队在一次比赛中只允许被取消比赛一场，不影响该队继续参赛的资格。如果该队被取消比赛第二场，将被取消参加余下场次的比赛资格。如果在循环赛结束以后的比赛中出现取消比赛的情况，无论是在争夺奖牌的比赛还是排名次的比赛，一次即取消该队所有余下比赛的资格。

D．在出现某队被从比赛中开除的事件时，需改变下列统计：

a．被开除队的所有统计将被取消，包括队的得分、所有进球、协助、救球、失球、受罚时间及其他有关统计。

b．所有与被开除队比赛过的队的成绩和统计也要取消，视为没有与该队比赛过。

注：被开除队的所有被判罚时间也取消时，比赛监督或组委会对运动员的处罚将不取消。

主办单位应发出通报，通报被开除队的情况。

8.2 停赛

A．任何队员被判大罚加严重违例将自动被取消参加该场比赛的余下时间，并自动停止参加该队的下一场比赛，除非规则另有规定。

B．如果在裁判员警告之后，运动员、教练或领队坚持继续其特别严重违例的行为，将被停赛一年或更长，由中国轮滑协会决定。

C．在比赛开始以后，未经裁判员允许，任何教练、训练员或领队擅自进入比赛场上，将被判严重违例，立刻被驱逐出场地，并被停止参加该队下一场比赛的资格。任何运动员抱或打裁判员将被取消参加锦标赛及相关赛事所有余下比赛的资格。

D．任何领队、教练或训练员抱或打裁判员将被驱逐回更衣室，由中国轮滑协会决定进一步的处罚措施。

9. 争议

9.1 申诉

A．场上队长如果正式向裁判员提出申诉，裁判员应立刻通知对方队的队长。其他人无权向裁判员申诉。一旦裁判员对比赛中出现的事情做了判定，这个判定是不可改变的，除非中国轮滑协会或仲裁委员会收到了正式的书面申诉及1000元人民币的申诉费，在这种情况下，中国轮滑协会或仲裁委员会将进行调查，如果支持申诉，申诉费将退回申诉一方，如果不支持申诉的内容，申诉费将没收。

B．如果提出申诉（如很坏的场地条件、运动员的护具、运动员的资格等），只有在比赛开始前向裁判员提出才有效。裁判员将告知双方队长，比赛将在有申诉的情况下进行。所有的申诉必须是书面的并附有申诉费，比赛结束后一个半小时内上交到中国轮滑协会并得到确认。如果在比赛开始前有足够的时间解决申诉的问题，此事将由中国轮滑协会直接解决。

C．每个参赛单位都有权对锦标赛及相关赛事中出现的事件（武断的决定或其他）提出申诉。该申诉必须是书面的，并在事件结束后3小时内交给中国轮滑协会或授权代表才有效。

D．所有对裁判员判决的申诉（如A所述），必须是书面的，并在事件结束后3小时内交给中国轮滑协会执行委员会的成员，并附1000元申诉费。

9.2 上诉

对执行委员会决定的上诉应递交给中国轮滑协会代表大会。

9.3 循环赛的得分和决定名次的方法

循环赛结束后，积分获得如下：

常规时间比赛胜队得3分

加时赛或点球胜队得2分

加时赛或点球负队得1分

常规时间比赛负队得0分

被取消比赛的队得−3分

两支队间决定名次方法

积分：循环赛的名次是按照循环赛中的积分多少排列，积分多者名次列前。如果两队或两支以上的队伍积分相同，按照下述方法决定名次：

胜负关系：积分相同的队伍相互之间比赛胜者名次列前。

三支或更多队伍间决定名次方法

积分：循环赛的名次是按照队伍在循环赛中的积分多少排名，积分多者名次列前。如果三支或三支以上队伍积分相同，按照下述方法决定名次：

a．获胜场数：在当前循环赛阶段中，如果队伍间积分相同，获胜场次数多的队伍名次列前。

b．净胜球（队间）：如果仍然不能决出排名，在积分相同队伍之间的比赛场次中，净胜球数多的队伍列前。

c．净胜球（全部）：如果仍然不能决出排名，在当前循环赛阶段中，所有比赛场次净胜球数多的队伍列前。

d．失球数：如果仍然不能决出排名，在当前循环赛阶段中，所有比赛场次失球数少的队名次列前。

e. 进球数：如果仍然不能决出排名，在当前循环赛阶段中，所有比赛场次进球数多的队名次列前。

如果一支球队在以上的标准中首先被确定排名（淘汰），剩下的队伍（如3个超过2个）将从本款第一条“获胜场数”重新开始排名。当剩下两支队伍时，将按照以上“两支队间决定名次方法”的标准执行。

附录A　50米×25米场地图

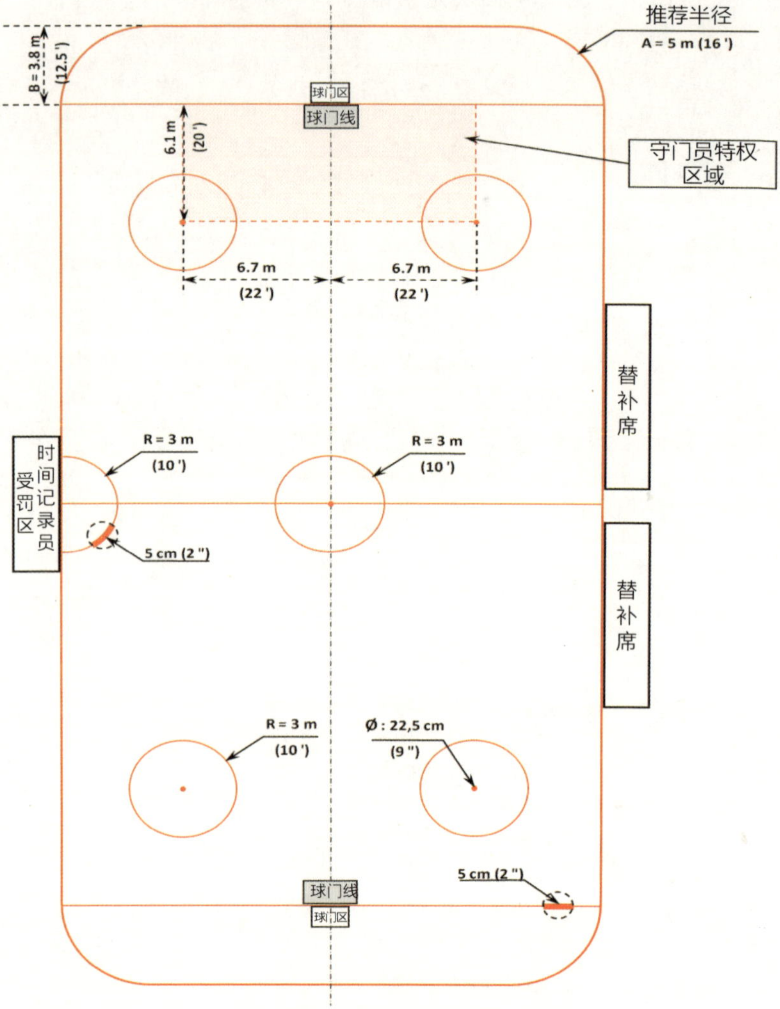

球场尺寸	60 m x 30 m	197' x 98'	50 m x 25 m	164' x 82'	40 m x 20 m	131' x 66'
A	6 m	19.7'	5 m	16.4'	4 m	13'
B	4.6 m	15'	3.8 m	12.5'	3 m	10'

50米 ×25米场地整体图

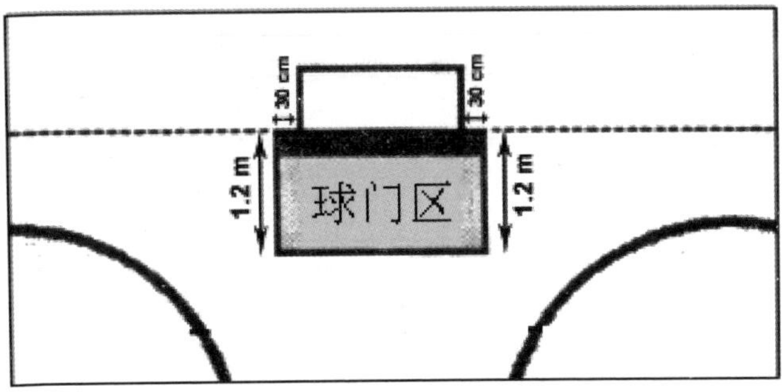

50米 ×25米场地球门区图

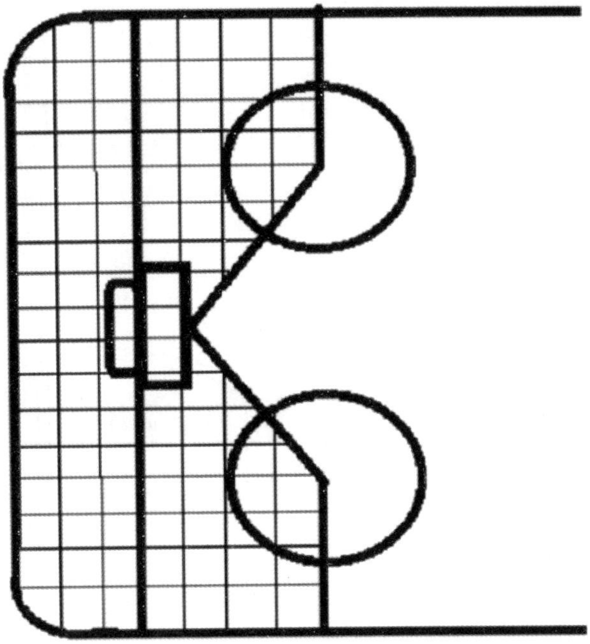

50米 ×25米场地守门员合法手传球区域

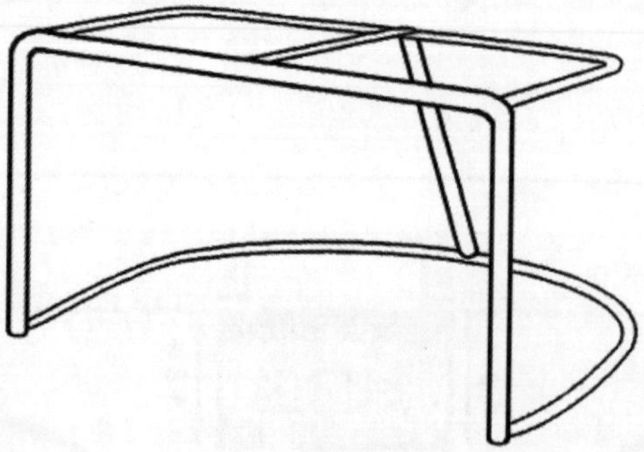

（1）透视图

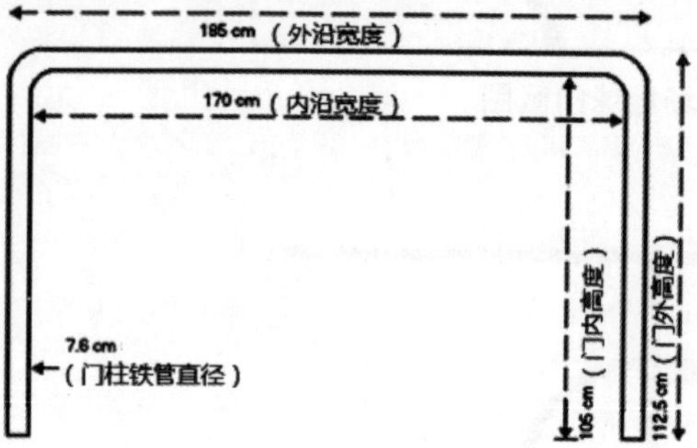

（2）正面图

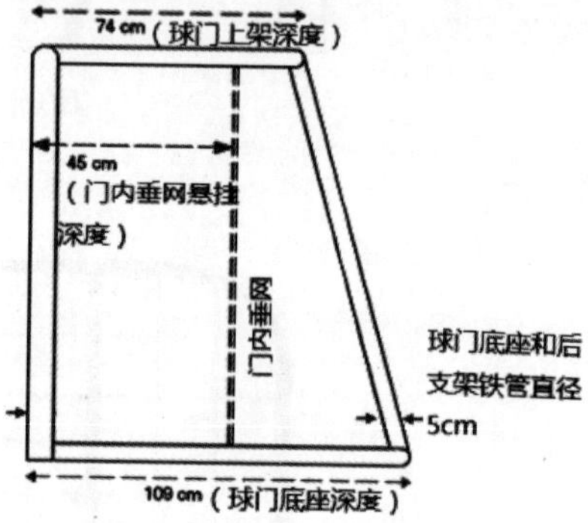

（3）侧视图

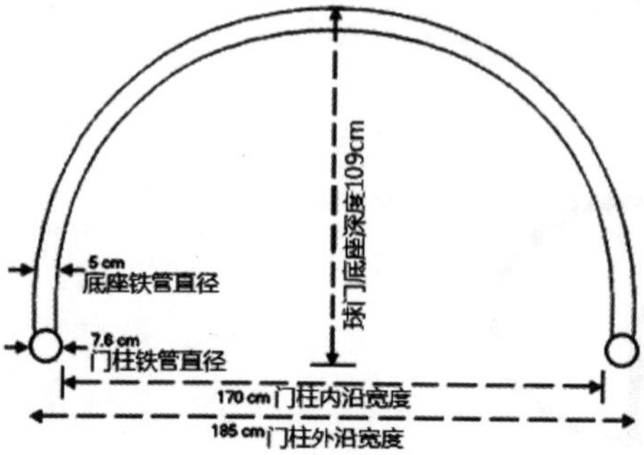

（4）底座结构图

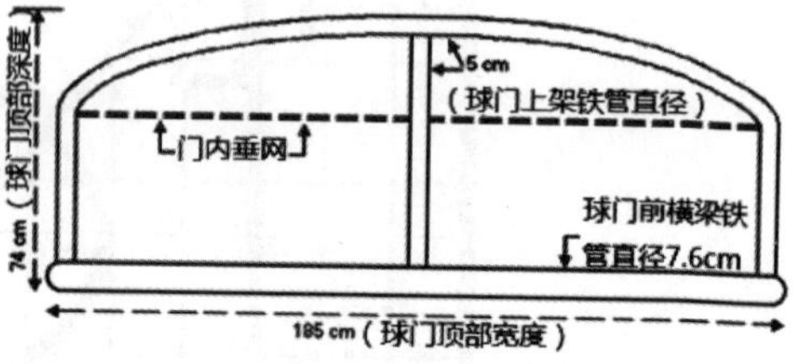

（5）顶部结构图

50米×25米场地球门结构图

附录 B　FIRS 判罚手势一览表

FIRS 判罚手势一览表

动作示范	手势名称		
	向界墙撞人	身体冲撞	杆柄杵人
动作图示			
动作要领	一手握拳，在胸前击打另一手的掌心	非握哨手置于对侧肩前，然后再向侧面伸出	两臂在胸前平屈，上臂手掌心向下，下臂握拳，下面的臂左右移动
动作示范	手势名称		
	非法冲撞	横杆推阻	背后冲撞
动作图示			
动作要领	两手握拳，在胸前向前转动	两手握拳相距约半米，在胸前向前伸出	两手掌张开向前，从体侧做向前推的动作

续表

动作示范	手势名称		
	暂缓判罚	延误比赛	肘顶人
动作图示			
动作要领	一手张开，手指并拢，臂从身体向上伸直，掌心向内	非握哨手的手掌张开横置于胸前，然后再伸直	一手拍另一臂的肘部
动作示范	手势名称		
	粗暴	射中球门	手传球
动作图示			
动作要领	一手握拳，向体侧伸直手臂	非握哨手指向球门	非握哨手的手掌张开，从体侧做向前推的动作

续表

动作示范	手势名称		
	违例	取消比赛资格	高杆
动作图示			
动作要领	双手叉腰	非握哨手轻拍头顶部	双手握拳，在脸侧前呈上下举起
动作示范	手势名称		
	钩人	抱人	干扰
动作图示			
动作要领	双手握拳呈前后，在腰侧前从前往后拉	一手在胸前握另一手的手腕	双手握拳在胸前交叉

续表

动作示范	手势名称		
	膝顶人	判罚点球	暂停
动作图示			
动作要领	双脚都着地的情况下，非握哨手轻拍一腿的膝部	双脚都着地的情况下，非握哨手轻拍一腿的膝部	在胸前用双手掌形成“T”字型
动作示范	手势名称		
	杆刃刺人	用杆击打	绊人
动作图示			
动作要领	双手向前做猛刺动作	用非握哨手砍握哨手的小臂	双脚都着地的情况下，非握哨手砍向膝部

续表

动作示范	手势名称		
	不良行为	好球、非犯规、非进球	
动作图示			
动作要领	在胸前用双手掌形成“T”字型	双手掌张开，双臂向体侧平伸出	

附件 C　FIRS 犯规速查表

表 1　FIRS 犯规速查表

序号	犯规描述	规则	处罚时间
1	整理服装和装备	6.4.5	2'
2	向界墙撞人	6.4.13	2'
3	球杆折断	6.4.11	2'
4	非法冲撞	6.4.12 A	2'
5	延误比赛	6.4.16	2'
6	肘顶人和膝顶人	6.4.17	2'
7	争球	6.4.4	2'
8	摔倒压球	6.4.18 A	2'
9	守门员犯规的处罚	6.4.7	2'
10	用手运球	6.4.20 A，B	2'
11	抱人	6.4.22 A	2'
12	钩人	6.4.23 A	2'
13	非法装备（守门员）	6.4.3 D	2'
14	非法装备（保护装备）	6.4.3 C	2'
15	非法装备（轮滑球鞋）	6.4.3 B	2'
16	非法装备（球杆）	6.4.3 A	2'
17	非法替换	6.4.6 C	2'
18	干扰	6.4.24 A	2'
19	干扰守门员	6.4.24 C	2'
20	离开运动员席或受罚席	6.4.27 B	2'
21	拒绝开始比赛	8.1 A	2'
22	粗暴	6.4.34 A	2'

续表

序号	犯规描述	规则	处罚时间
23	绊人	6.4.33 A	2'
24	高于肩部击球	6.4.21 C	2'
25	用杆击打	6.4.30 A	2'
26	横杆推阻	6.4.14 A	2'
27	高杆	6.4.21 C	2'
28	杆刃刺人和杆柄杵人（企图）	6.4.31 A	2+2'
29	第三次杆上犯规	6.1.7 C	GE
30	横杆推阻*	6.4.14 B	5'+GM
31	横杆推阻致伤	6.4.14 C	5'+GM
32	横杆推阻在球门区内的守门员	6.4.14 B	5'+GM
33	用杆击打*	6.4.30 B	5'+GM
34	用杆击打致伤	6.4.30 B	5'+GM
35	高杆*	6.4.21 D	5'+GM
36	高杆致伤	6.4.21 E	5'+GM
37	吵架中用杆击打	6.4.30 C	MP
38	杆刃刺人和杆柄杵人致伤	6.4.31 B	MP
39	离开运动员席或受罚席（发起打架）	6.4.27 F	2+2+GM
40	投扔球杆	6.4.32 A	2'+GM
41	向界墙撞人*	6.4.13	5'+GM
42	非法冲撞*	6.4.12 A	5'+GM
43	非法冲撞在球门区内的守门员	6.4.12 B	5'+GM
44	背后冲撞	6.4.26 A	5'+GM
45	打架（开始）	6.4.19 B	5'+GM
46	抱人*	6.4.22 A	5'+GM
47	抱人致伤	6.4.22 B	5'+GM
48	钩人*	6.4.23 A	5'+GM
49	钩人致伤	6.4.23 B	5'+GM

续表

序号	犯规描述	规则	处罚时间
50	干扰*	6.4.24 A	5'+GM
51	粗暴*	6.4.34 A	5'+GM
52	投扔球杆	6.4.32 B	5'+GM
53	绊人*	6.4.33 A	5'+GM
54	绊人致伤	6.4.33 B	5'+GM
55	粗暴致伤	6.4.34 B	5'+GM
56	肘顶人和膝顶人*	6.4.17 A	5'+GM
57	肘顶人和膝顶人致伤	6.4.17 B	5'+GM
58	打架（第一个介入）	6.4.19 E	GM
59	打架（离开比赛场地）	6.4.19 D	GM
60	守门员离开球门区争执	6.4.7 F	GM
61	警告后激怒对手	6.4.9 E	GM
62	干扰工作人员	6.4.9 J	GM
63	猥亵性语言或手势	6.4.29	GM
64	拒绝受罚	6.4.9 D	GM
65	干扰裁判（工作人员）	6.4.9 J	GM
66	一场比赛中第二次违例	6.1.7 D	GM
67	干扰裁判员捡球	6.4.9 B	MIS
68	向场内扔东西	6.4.9 I	GM
69	企图伤人	6.4.10	MP
70	背后冲撞（界墙或球门上）	6.4.26 B	MP
71	打架（意图伤害）	6.4.19 G	MP
72	故意踢对方	6.4.15 C	MP
73	攻击工作人员	6.4.28 A，B，C	MP
74	故意伤害对方	6.4.15 A	MP
75	移动球门	6.4.8	PS
76	判罚点球和直接得分	6.4.35	

续表

序号	犯规描述	规则	处罚时间
77	敲打界墙	6.4.9 C	10'
78	未经允许进入裁判区	6.4.9 K	10'
79	抗议	6.4.2	10'
80	抵抗受罚	6.4.9 D	10'
81	第三次小罚	6.1.7 A	10'
82	观众干扰	6.4.25	向主办单位报告情况
83	附加处罚再次受罚	6.1.7 B	GE

图书在版编目（CIP）数据

单排轮滑球教学与训练 / 刘艳欣，郑焕然主编. 北京：中国国际广播出版社，2024.12. --ISBN 978-7-5078-5708-5

Ⅰ. G862.8

中国国家版本馆CIP数据核字第202446NA34号

单排轮滑球教学与训练

主　　编	刘艳欣　郑焕然
策划编辑	刘　丽
责任编辑	林钰鑫
校　　对	张　娜
版式设计	邢秀娟
封面设计	赵冰波
出版发行	中国国际广播出版社有限公司［010-89508207（传真）］
社　　址	北京市丰台区榴乡路88号石榴中心2号楼1701 邮编：100079
印　　刷	北京汇瑞嘉合文化发展有限公司
开　　本	710×1000　1/16
字　　数	340千字
印　　张	24
版　　次	2024 年 12 月　北京第一版
印　　次	2024 年 12 月　第一次印刷
定　　价	148.00 元